NATURZEIT MIT KINDERN

TENERIFFA

Alexander Ramin | Torben Andersen

Teneriffa mit Kindern

45 Entdeckertouren

Chamorga
Taganana
La Cumbrilla
TF-12
TF-13
Tejina
TF-16
San Andrés
TF-11
SAN CRISTÓBAL
DE LA LAGUNA
SANTA CRUZ
DE TENERIFE
La Esperanza
TF-5
TF-1
TF-521
Candelaria
TF-24
Arafo
Güimar
TF-28
Puertito
de Güimar
El Escobonal
Paris de Abona
26
24
25
23
22
20
21
19
18
27
28
29
30

Reiseinformationen

Teneriffa ist mit etwa 2.000 Quadratkilometern die größte der Kanarischen Inseln. Der gesamte Archipel ist vulkanischen Ursprungs, was auf Teneriffa besonders deutlich wird. Der Vulkan Pico del Teide ist mit 3.715 Metern Höhe der höchste Berg Spaniens und gemessen vom Sockel der dritthöchste Vulkan der Welt. Trotz der südlichen Lage ist der Gipfel in den Wintermonaten häufig mit Schnee bedeckt, wodurch auch der Name Teneriffa entstanden ist. Weißer Berg, »tene ife«, bedeutet der Name der Insel in der Sprache ihrer Ureinwohner.

Der vulkanische Ursprung und die großen Höhenunterschiede prägen die Insel geografisch und klimatisch und sorgen für eine abwechslungsreiche Landschaft. Die eher geringen Abmessungen von maximal 83 Kilometer von Ost nach West und 54 Kilometer von Nord nach Süd lassen nicht erahnen, was sich auf dieser Fläche alles verbirgt. Mehrere deutlich voneinander getrennte Gebirgszüge unterteilen die Insel in verschiedene Klimazonen.

Während im Westen das Teno-Gebirge durch seine tiefen Schluchten fasziniert, sorgt im Osten das stark zerklüftete Anaga-Gebirge für eine atemberaubende Gebirgslandschaft mit ungewöhnlichen Felsformationen. Im Zentralmassiv, den Las Cañadas, ist es die pure Höhe, die beeindruckt. Die fast vegetationslose Lavalandschaft der La Caldera, einem riesigen Einsturzkrater, erzeugt nicht nur bei Erstbetrachtern Ehrfurcht. In den unterschiedlichen klimatischen Bedingungen der einzelnen Regionen hat sich auf der Insel ein Potpourri von Landschaftsformen entwickelt: Die scheinbar endlosen Pinienwälder der Corona Forestal, der fast magisch wirkende Nebelwald des Anaga-Gebirges, die wilde Küste im Norden, die

im Meer erkalteten Lavaströme und die Steilküste im Westen, die Badebuchten im Süden und das karge, wüstenartige Gebiet des Südostens.

Die Klimazonen der Insel

So variantenreich wie die Natur ist auch das Klima der Insel. Einen ganz besonderen Einfluss hat die von Nordwest nach Südost verlaufende Gebirgskette, die wie eine Barriere für den vorherrschenden Nord-Ost-Passatwind wirkt. So wird die feuchtwarme Luft in die höheren, kühleren Bereiche gezwungen. Daraus entsteht das im Sommer häufig zu beobachtende Wolkenmeer (mar de nubes) im Nordteil der Insel. Im Anaga-Gebirge herrscht dadurch oft dichter Nebel, wodurch die Bäume hier bartartige Flechten an den Ästen tragen. Im Norden ist es meist frühlingsartig und im Sommer nicht zu heiß. Die Temperatur liegt stets um die 20 Grad. Die Trockenheit und Hitze des Südostens erinnert dagegen an die nur etwa 300 Kilometer entfernte Sahara. Hier haben wir das ganze Jahr Sommer. Sehr unterschiedlich zeigen sich die Temperaturen in der 2.000 Meter hohen Caldera. Während es im Sommer auch mal Tage mit über 40 Grad gibt, liegt die Temperatur im Winter häufig unter dem Gefrierpunkt. Generell ist zu bedenken, dass das Wetter auf der Insel je nach Bereich sehr unterschiedlich sein kann. Regen oder Bewölkung ist oft nur lokal vorhanden. Bei Nordostpassat, der auf Teneriffa häufig weht, kann es im Norden bedeckt und regnerisch sein, im Süden dagegen sonnig. Auch die Höhe der Wolkendecke ist zu beachten, sie liegt üblicherweise bei 1.000 bis 1.500 Meter. So kann es in tieferen Gegenden regnen, während in den Bergen und in den Cañadas die Sonne scheint. Wir können dann bei Wanderungen in den Bergregionen auf das Wolkenmeer herabschauen.

Ein besonderes Klimaphänomen ist die »Calima«. Dieser Wind kommt direkt aus der Sahara und bläst rötlichen Sand bis zu den Kanaren. Die Sicht ist dann stark eingeschränkt und die Temperaturen klettern besonders im Sommer bis auf 40 Grad. Die Hitze der Calima verursacht bei einigen Menschen gesundheitliche Probleme wie Atemnot oder Bluthochdruck.

Norden oder Süden?

Die meistgestellte Frage von Urlaubern vor der ersten Teneriffa-Reise lautet: Wohnen im Norden oder Süden? Diese Frage ist in sozialen Medien viel diskutiert und auch emotional behaftet. Ganz objektiv ist der Norden grüner, abwechslungsreicher, landestypischer, im Gegensatz zum Süden aber vom Wetter her wechselhafter. Wer hauptsächlich Strandurlaub und viel Sonne möchte und dieses Buch nur für gelegentliche Ausflüge erworben hat, ist im Süden gut aufgehoben. Wir Autoren empfehlen zum Wandern aber ganz klar den Norden der Insel. Auch im Sommerhalbjahr steigt hier die Temperatur selten über 30 Grad.

Die beste Reisezeit

Teneriffa wird auch »Die Insel des ewigen Frühlings« genannt. Daraus lässt sich bereits ableiten, dass es sich um ein Ganzjahresreiseziel handelt. Im Winterhalbjahr zieht es auch Langzeitreisende aus Deutschland, Großbritannien und Skandinavien hierher. Teneriffa ist ein perfektes Ziel, um Licht, Sonne und Wärme in der trüben, dunklen Jahreszeit zu tanken. Auch für ausgedehnte Wanderungen eignet sich der Winter hervorragend. Im Sommer steigt dann die Zahl der Pauschaltouristen. In der Zeit von November bis Februar gibt es mehr Regentage, auch kann es über 1.000 Meter Höhe tageweise sehr kalt sein.

Planschen geht schon für die Kleinsten in der auslaufenden Brandung des Atlantiks.

Da im Juli und August die einheimische Bevölkerung zusammen mit dem Rest Europas Ferien hat, sind in dieser Zeit vor allem die Strände sehr voll. Unabhängig von der Jahreszeit gehen viele Spanier sonntags bei Sonnenschein an den Strand, sodass wir am Wochenende zu einem Ausflug in die Berge raten.

Auch wenn es keine echte beste Reisezeit gibt, empfehlen wir die Zeit von Oktober bis April. Dann ist es etwas ruhiger und für ausgedehnte Wanderungen nicht zu heiß. Wer gerne Strand und Wandern kombiniert, trifft im Oktober auf ganz besonders angenehme Wassertemperaturen. Wer eine grüne, blühende Insel erleben möchte, fliegt im April.

Einige besondere Ereignisse über das Jahr verteilt:

Dezember bis Februar: Der Teide präsentiert sich oft in weiß. In den Cañadas ist es kalt. Mit Glück kann man im Schnee toben und einen Schneemann bauen.

Februar / März: Die Mandelblüte beginnt. Besonders in der Region Santiago del Teide prä-

sentieren sich ganze Mandelhaine als weißes Blütenmeer.

April / Mai: Der Mohn blüht. Goldmohn ist an den Berghängen bei Arafo zu entdecken, im Teno-Gebirge blüht der Mohn rot.

Mai / Juni: In den Cañadas blühen die einzigartigen roten Tajinasten.

Juli bis September: Die Temperaturen locken an die Strände, auch da wo sonst keine sind: Durch die sommerlichen Strömungsverhältnisse entsteht der Strand von Buenavista jedes Jahr aufs Neue, ehe er Ende September wieder verschwindet.

Oktober / November: In dieser Zeit ist das Wasser am wärmsten. Bei einer Fahrt über die Insel können wir jetzt innerhalb weniger Stunden ganz unterschiedliche Wetter erleben.

Mittlere Durchschnittstemperaturen (Norden / Süden)

Norden	Jan	Feb	März	Apr	Mai	Juni	Juli	Aug	Sep	Okt	Nov	Dez
Tag max.	16	17	18	18	20	22	24	26	25	22	20	17
Tag min.	10	10	11	11	14	14	16	17	16	15	13	12

Süden	Jan	Feb	März	Apr	Mai	Juni	Juli	Aug	Sep	Okt	Nov	Dez
Tag max.	22	22	23	23	24	26	28	29	28	27	25	23
Tag min.	15	15	16	16	17	19	20	21	21	20	18	16
Wasser	19	18	18	18	20	20	22	22	23	23	21	20

Sprache und Identität

Die Kanarischen Inseln liegen lediglich 288 Kilometer von der marokkanischen Küste entfernt. Zur spanischen sind es dagegen über 1.200 Kilometer. Trotz der geografischen Zugehörigkeit zu Afrika ist die Inselgruppe aber politisch ein Teil Spaniens und gehört somit zur EU.

Die Kanarischen Inseln bestehen aus acht Hauptinseln. Diese sind in die zwei Provinzen Santa Cruz de Tenerife und Las Palmas unterteilt. Zusammen sind sie eine autonome Region Spaniens. Der Sitz der Regierung wechselt alle fünf Jahre zwischen den beiden Provinzen. Die Provinz Santa Cruz de Tenerife besteht aus den vier westlichen Inseln Teneriffa, La Palma, La Gomera und El Hierro.

Entsprechend der Staatszugehörigkeit ist die Amtssprache auf Teneriffa Spanisch. Gesprochen wird es mit dem Akzent »español atlántico« (atlantisches Spanisch). Kennzeichnend ist das Verschlucken des »s« am Ende vieler Wörter (z.B. Gracia-s). Über diese Besonderheit hinaus gibt es auch typische Ausdrücke in der Sprache der Canarios. Am häufigsten trifft man den Begriff »Guagua« (gesprochen ähnlich »wawa«), was Omnibus bedeutet. Wegen der systematischen Auslöschung der Ureinwohner bei der spanischen Eroberung ist wenig von der ursprünglichen Kultur und Sprache (Guanche) überliefert. Nur wenige Ortsnamen, die Bezeichnung der Insel Teneriffa selbst sowie Namen von Pflanzen erinnern an die primären Bewohner des Archipels.

Auch wenn es keine nennenswerten separatistischen Bestrebungen auf den Kanaren gibt, so ist den Canarios die eigene Kultur und Herkunft sehr

Papas arrugadas werden in Salzlake gekocht und als Beilage oder Tapas serviert.

wichtig. Auf den westlichen Inseln ist das deutlicher zu erkennen als auf den ostlichen. Man sieht sehr vereinzelt die Aufschrift »Canarias libre« (freie Kanaren) auf Mauern.

Etwa 900.000 Menschen leben auf Teneriffa. Sie heißen Tinerfeños und fühlen sich sehr stark mit ihrer Insel verbunden. Ihren Spitznamen »Chicharreros« tragen sie mit Stolz. Die Entstehung des Wortes ist auf den regelmäßigen Genuss der Chicharros, einer Makrelenart, zurückzuführen.

Hervorzuheben ist unbedingt die Kinderfreundlichkeit. Auf tobende und auch laute Kinder in Restaurants müssen sich alle Urlauber einstellen. Das ist hier nichts Außergewöhnliches. Ebenso ist es nicht ungewöhnlich, dass die Einheimischen, insbesondere in den »Guachinches« genannten Weinrestaurants, zusammen singen und musizieren. Dieses folklorische Feiern wird »Tenderete« genannt und zumeist mit der kanarischen Gitarre, der Timple, begleitet.

Viele Tinerfeños haben verwandtschaftliche Beziehungen nach Südamerika, insbesondere nach Venezuela.

Spezialitäten

Die Küche der Kanaren ist historisch von den Einflüssen der Ureinwohner, den spanischen Eroberern des 15. Jahrhunderts und der engen Beziehung zu Südamerika geprägt. So unterscheiden sich kanarische Gerichte stark von denen des spanischen Festlands.

Durch die Insellage sind **Fisch und Meeresfrüchte** besonders beliebt und in großer Auswahl zu finden. Als Spezialität ist einmal der Chicharro, die Bastardmakrele, zu nennen. Sie wird auf Teneriffa typischerweise mit Kopf, Haut und Schwanzflosse verspeist. Je nach Jahreszeit finden wir eine Vielzahl von Brassen- und Barbenarten sowie Makrele, Kabeljau, Tinten- und Thunfische, Muränen, Krebse, Langusten und Garnelen auf den Speisekarten. Allein den Tintenfisch gibt es in vielen Größen und unterschiedlichen Arten – von den kleinen frittiert servierten Chipirones über Chocos (Sepia) bis hin zum Pulpo (Oktopus). Besonders typisch sind Lapas (Napfschnecken). Sie werden von der Felsenküste geerntet und sehen aus wie Muscheln. In den Fischrestaurants können die Fische meist an der Theke selbst ausgesucht werden.

Seit dem 16. Jahrhundert gibt es auf Teneriffa Wildkaninchen, die sich stark vermehrten und so zur lokalen Spezialität avancierten. Das **Conejo en Solmorejo**, mariniertes Kaninchen, ist ein typisches Gericht auf der Insel und wird vor allem an Festtagen serviert.

Kartoffeln und Süßkartoffeln sind die gängigsten Beilagen. Besonders typisch sind die Papas arrugadas (schrumpelige Kartoffeln), die in einer Salzlake gekocht werden und somit beim Servieren eine feine Salzkruste aufweisen. Traditionell werden sie in Meerwasser eingekocht, schneller geht es mit einer großen Menge Salz im Wasser [› Seite 323]. Papas arrugadas werden als Tapas, Vorspeise oder zum Hauptgericht serviert. Dazu gibt es **kanarische Mojos**, verschiedene Saucen. Die Mojo verde (grüne Sauce) basiert auf Koriander und Petersilie, die Mojo rojo (rote Sauce) auf Paprika und Tomaten. Beide werden mit viel Olivenöl und Knoblauch angerührt.

Lapas mit Mojo verde serviert.

Auch **Ziegenkäse** (queso de cabra) wird lokal hergestellt. Es gibt ihn in vielen Sorten vom milden Weichkäse (queso blanco) bis zum stark gereiftem Schnittkäse mit würzigem Geschmack. Auch mit Kräutern, Krusten oder Honig überzogen ist der lokale Ziegenkäse sehr beliebt. Typisch kananarisch dabei ist ein Überzug aus Gofio.

Gofio ist ein Produkt der Ureinwohner und wird durch Vermahlen von geröstetem Getreide und Meersalz hergestellt. Früher wurde Gofio als Brotersatz gegessen, heute wird es oft mit anderen Zutaten vermischt und als Beilage gereicht.

Auf Teneriffa gibt es fünf **Weinanbaugebiete** mit offizieller regionaler Bezeichnung. Hauptsächlich werden Reben der Palomino-Traube angebaut, die Listan negra und Listan blanco. Der Wein ist auf dem Festland eher unbekannt, da die Menge für einen Export kaum ausreicht. Auf Teneriffa finden wir Wein von der Insel in lokalen Geschäften, aber auch in einigen größeren Supermärkten. Im Weinmuseum Casa del Vino **[› Seite 117]** gibt es die größte Auswahl. Eine Besonderheit ist der Bananenwein (Platé), der aus auf Teneriffa angebauten Bananen hergestellt wird.

Der **Bananenanbau** ist ein wichtiger Wirtschaftszweig der Insel und die Früchte sind aus der Küche nicht wegzudenken. Die Sorte Plátano Canarias ist

etwas kleiner und aromatischer als ihre südamerikanischen Verwandten und sollte unbedingt probiert werden.

Typische Süßspeisen Teneriffas sind verschiedene Produkte mit Gofio, entweder mit Mandeln, Honig, Bananen oder anderen Früchten. Auch wird der Gofio Teig oft als Kuchen oder Schokoriegel verwendet. Sehr beliebt und in fast jedem Restaurant zu finden ist das auf Karamellbasis zubereitete Polvito Uruguayo. Wie der Name schon andeutet, handelt sich um ein Rezept aus Südamerika. **[› Seite 325]**

Eine besondere **Kaffeespezialität** hat dagegen ihren Ursprung auf der Insel: der Barraquito. Er besteht aus fünf Schichten und besonders der Liquor 43 macht ihn zu einem einzigartigen Geschmackserlebnis. Je nach Region werden verschiedene andere Liköre verwendet. Im Norden der Insel wird das Getränk auch oft Zaperoco genannt.

Baden

Der Atlantik lädt von Mai bis Dezember mit Wassertemperaturen zwischen 20 und 23 Grad zum Baden ein. In den Monaten Januar bis April liegt die Temperatur meist bei 18 bis 19 Grad. Viele Urlauber planen deshalb einen Badeurlaub auf Teneriffa. Abwechslungsreiche Strände locken auf der Insel, auch wenn sie weniger Sandstrände zu bieten hat als die Nachbarinseln Gran Canaria oder Fuerteventura. Im Süden finden sich kilometerlange Küstenstreifen mit sehr touristischem Charakter. Hier gibt es meist eine Promenade und Hotels oder Appartement-Anlagen direkter am Meer. Trotzdem sind alle Strände auf der Insel frei zugänglich. Besonders beliebt ist die Küste im Südwesten zwischen Los Cristianos und Adeje. Sie bietet meist ruhiges Meer und eine gute Infrastruktur. An der hellen Farbe der Strände ist erkennbar, dass es sich hier nicht um natürlich angespülten Sand handelt. Die Naturstrände der Insel sind allesamt schwarz.

An der Küste im Nordwesten locken einige wunderschöne Badebuchten mit tiefschwarzem Sand, traumhaften Felsen

Vorsicht Wellen

Teneriffa liegt mitten im Atlantik. Das bedeutet, dass wir hier mit hohen Wellen rechnen müssen, die auch extrem gefährlich werden können. Mehr als 20 tödliche Badeunfälle hat Teneriffa jedes Jahr zu verzeichnen. Die meisten davon sind durch zu sorglosen Umgang mit Wellen, Sog und Brandung verursacht. Die Flaggen an bewachten Stränden sollten deshalb unbedingt beachtet werden. Bei rot ist das Baden lebensgefährlich, eine gelbe Flagge bedeutet »Vorsicht beim Baden«. Das Wasser ist an diesen Tagen nur für geübte Schwimmer geeignet. Wer unbewachte Strände besucht oder Wanderungen am Meer unternimmt, sollte sich vorher unter **www.aemet.es** über Wellenwarnungen informieren.

Bei üblicher Wetterlage (Nordostpassat) ist die Küste im Nordwesten der Insel am stärksten betroffen. Der dort liegende Strand »El Socorro« heißt übersetzt nicht von ungefähr »Hilfe«. Aber auch die Badestrände im Süden können bei anderen Wetterlagen durchaus von hohen Wellen betroffen sein. Für kleine Kinder oder ungeübte Schwimmer sind Strände mit vorgelagerter künstlicher Lagune ideal, etwa die Playa Teresitas nördlich von Santa Cruz oder Playa San Juan und Abama im Südwesten.

Charcos und Piscinas Naturales

Auch wenn es viele Badestrände auf der Insel gibt, sind die Charcos in den felsigen Teilen der Küste eine gute Alternative. Charco heißt eigentlich Pfütze oder Tümpel, hier auf den Kanaren sind es felsige Naturschwimmbäder, die sich an den Ufern durch den Abfluss der Lava und Erosion geformt haben. Bei Erstarren der Lava im Meer bilden sich oft bizarre Formationen, die mit Wasser gefüllt einem kristallklaren Meerwasserschwimmbad gleichen.

Es gibt diverse offizielle Charcos, die mit Parkplatz, Wegen und teilweise sogar mit Geländern ausgestattet sind. Die meisten finden sich an der Nordwestküste. Besonders schön sind der Charco del Viento in La Guancha und der Charco de la Laja in San Juan de la Rambla.

Vor allem für Kinder ist so ein Charco oft die spannendere Alternative zum bekannten Badestrand. Badeschuhe sind in der felsigen Umgebung natürlich Pflicht. **Beim Baden in Charcos ist besondere Vorsicht geboten**, sie sind nur bei ruhigem Meer sicher. Bei Sturm- und Wellenwarnung sollten Charcos nicht betreten werden.

Im Vergleich zu den rein natürlich entstandenen Charcos hat man bei den »Piscinas Naturales« nachgeholfen. Auch hier handelt es sich um Badestellen im Felsen. Sie wurden aber zusätzlich mit Mauern gesichert. Teilweise sind die Piscinas auch betonierte Becken, in die bei Flut das Wasser hineinläuft. Sie sind manchmal sehr groß, in Bajamar gibt es sogar gleich zwei Becken mit 50 Metern Länge. Die schönsten Piscinas finden sich an der Nordküste (Bajamar, Mesa del Mar, Punta del Hildalgo, El Caletón). Aber auch an der Südküste gibt es einige Perlen wie zum Beispiel in Alcalá und Los Gigantes.

Die schönsten Charcos und Piscinas Naturales sind jeweils unter den Bademöglichkeiten der Regionen genannt.

und herrlicher Brandung. Einerseits bedeutet dies viel Spaß, besonders für Kinder, andererseits ist hier auch mehr Vorsicht geboten. Auf Teneriffa kommen jedes Jahr mehrere Menschen bei Badeunfällen ums Leben. [› Seite 14]

An vielen Stellen finden sich auch Badegelegenheiten an Felsufern. Oft sind sie mit Leitern versehen. Hier ist das Wasser meist kristallklar und schimmert in allen Blautönen. Allerdings muss hier bei Wellengang besonders vorsichtig agiert werden. Es ist zu bedenken, dass bei großen Wellen oft nicht das Hineingehen ins Wasser problematisch ist, sondern das wieder Hinauskommen.

Ein einmaliges Erlebnis ist das Baden in den Charcos [› Seite 15].

Außer dem Atlantik gibt es auf Teneriffa keine weiteren natürlichen Bademöglichkeiten. Nur einige Barrancos (spanisch für Schluchten) im Teno- und Anaga-Gebirge führen in den Wintermonaten Wasser. Zum Baden sind sie aber in aller Regel nicht genug gefüllt.

Schnorcheln

Der Atlantik ist fischreich und bietet daher schöne Schnorchelerlebnisse. Mit Glück sind schon nahe am Strand Fische zu sehen, besser geeignet sind felsige Badestellen. Das Wasser ist hier kristallklar und rund um die Felsen sind meist viele Fische, Oktopusse und andere Meerestiere zu sehen. Durch die vulkanisch entstande-

In einigen Charcos und Piscinas naturales können auch kleine Nichtschwimmer gefahrlos baden.

ne Küste sind unter Wasser auch kleine Höhlen und ungewöhnliche Felsformationen zu entdecken. Empfehlenswerte Schnorchelstellen sind zum Beispiel Punta de Teno [› Seite 36], El Guincho [› Seite 108] und Mesa del Mar hinter dem Schwimmbad [› Seite 154]. Für kleinere Kinder ist der Strand Playa de las Arenas bei Buenavista [› Seite 40] von Juni bis September hervorragend geeignet für erste Schnorchelversuche, denn hier finden sich viele Felstümpel gleich neben dem Sandstrand.

Empfehlen können wir auch geführte Schnorcheltouren etwa ab Los Gigantes oder Los Cristianos [› Seite 40]. Vom Boot aus sind die Eindrücke oftmals noch intensiver und interessanter. Auch spezielle Touren zu Meeresschildkröten können gebucht werden.

Damit das Schnorcheln wirklich Spaß macht, muss die Brille gut sitzen. Ein einfacher Test hilft bei einem ersten Urteil: Die Brille vor das Gesicht halten und tief einatmen. Eine passende Brille »klebt« jetzt auch ohne zusätzliche Fixierung mit Band am Gesicht. Flossen sind für die Jüngeren erstmal nicht nötig und überfordern am Anfang sogar meist. Einfach zu nutzen sind Vollgesichts-Schnorchel-Masken mit integriertem Schnorchel. Erhältlich sind diese zum Beispiel bei Decathlon in La Laguna. Für erste Schnorchelerlebnisse am Strand sind auch Schwimmbrillen geeignet.

Beim Spielen im flachen Wasser am Strand können Kinder prima das Schnorcheln üben. Erst wenn sie sich sicher fühlen und sich ungezwungen bewegen, nimmt man sie mit ins tiefere Wasser. Weil man mit dem Kopf unter Wasser Entfernungen schlechter beurteilen kann und leichter die Orientierung verliert, sollten Kinder nie alleine losziehen! Erst wenn sie sicher schwimmen und ihre Kraft gut einschätzen können, brauchen sie keine Begleitung mehr.

Tauchen

Die bizarre Unterwasserwelt und der Artenreichtum machen Teneriffa zu einem geschätzten Ziel für Taucher. Es gibt viele Tauchschulen, die Kursangebote für Kinder ab acht Jahren haben.

Tauchen mit Flasche muss man lernen. Entweder man belegt schon zu Hause einen Tauchkurs und kann dann auf Teneriffa in einer einzigartigen Unterwasserwelt seine Kenntnisse einsetzen, oder man entscheidet sich direkt für einen Urlaub, in dem das Tauchenlernen die wichtigste Rolle spielt. Mit ein paar Stunden ist es hier nämlich nicht getan. Für erfahrene Taucher gibt es rund um die Insel viel zu sehen: Meeresschildkröten, Stachelrochen, Barrakudas und eigentlich alles, was den Atlantik bevölkert.

Auch viele Wracks sind hier zu ertauchen. Will man Kinder mit einbeziehen, braucht man eine Tauchschule, die über die passende Ausrüstung verfügt. PADI-Tauchschulen arbeiten bei der Ausbildung nach einem vom Verband entwickelten Lehrprogramm für den »Junior Open Water Diver« ab zehn Jahren. Ab acht Jahren bieten die meisten Schulen den »Bubblemaker Kids Course« an. Mehrere Tauchschulen, wie zum Beispiel Ocean Trek in Adeje, die Scubana in Radazul und der Dive Center Aquanautic Club Tenerife in Playa Paraiso unterrichten auch auf Deutsch.

Wellenreiten:
Mahalo Surf School in Bajamar
Kurse für Kinder ab 8 Jahren.
www.escuelacanariadesurf.com

Playa las Americas IKA IKA Surf School
Kurse für Kinder ab 6 Jahren.
www.kaikasurfschooltenerife.com

Playa las Americas Tenerife Surf Point
Kurse für Kinder ab 6 Jahren.
www.tenerifesurf.es

Playa las Americas
Kurse für Kinder ab 6 Jahren.
www.tenerifesurfing.com

Windsurfen und Kiten:

El Médano: www.surfcenter.eu
Tel. 0034 642 850905 (auch WhatsApp)
www.redrocksurf.com / Tel. 0034 635 064619

Los Cristianos: www.facebook.com/velaloscristianos

SUP:

El Médano Redrocksurf: *www.redrocksurf.com*
SUP Los Gigantes: *www.nautilossup.com*

Segeln:

Segelkurse und Verleih von Jollen.
www.facebook.com/velaloscristianos

Kajak:

Palm Mar: Kajak und Schnorcheln mit Schildkröten, ab € 39, Kinder ab 7 Jahren.
www.granazultours.com

Los Gigantes: Seekajak an der Steilküste ab € 30, Kinder unter 10 Jahren € 10.
www.tenoactivo.com

Kanu, SUP und Surfen

Ob Kanu am Strand, SUP vor der Steilküste, Surfen und Kiten in den Wellen des Atlantiks – auf Teneriffa findet sich das gesamte Programm des Wassersports.

Durch die Dünung des Atlantik ist Teneriffa ein Eldorado für Wellenreiter. Fast alle Strände, besonders aber die Westküste, sind bei Surfern beliebt. Allein schon, ihnen zuzusehen, macht Spaß. Wellenreiten für Anfänger gibt es im Süden in **Playa de las Americas**, die meisten Surfschulen befinden sich an der Calle México. Dort gibt es sogar ausgewiesene und getrennte Zonen für Wellenreiter und Windsurfer. Kinderkurse werden bereits ab sechs Jahren angeboten.

Die **Surfspots** an anderen Stellen der Insel sind nur für erfahrene Wellenreiter geeignet. Bekannte und populäre Spots gibt es in El Médano, Punta del Hidalgo, Playa Martiánez und El Socorro.

Sehr beliebt und besonders für Kinder geeignet ist **Bodyboarden**. Ausgestattet mit einem speziellen Kurzboard und kleinen Flossen lassen sich so wunderbar erste Erfahrungen mit den Wellen machen. Die

Ausrüstung kann man auch auf der Insel kaufen.

Auch **Windsurf- und Kiteschulen** finden sich im Süden sehr zahlreich. Für ambitionierte Windsurfer oder Kiter ist El Médano ein weltweit bekannter Surfspot mit fast garantiertem Wind. Auch internationale Wettkämpfe werden hier ausgetragen. Windsurfkurse gibt es für Kinder ab acht Jahren an den Stränden bei Playa las Americas.

Verleihstationen für **Kajaks und SUP-Boards** finden sich an unzähligen Stränden des Südens, zum Beispiel in Playa las Americas oder Playa San Juan. Besonders empfehlenswert ist eine SUP- oder Kajaktour vor der Steilküste von Los Gigantes, wo wir vom Wasser die atemberaubenden Klippen erleben. Bei passendem Wetter und ruhigem Meer geht es direkt am Hafen los. Unterwegs können wir schöne Bade- oder Schnorchel-Stopps einlegen. Wir empfehlen die Buchung für mindestens zwei Stunden, da der Weg zur Steilküste doch recht lang ist. Solche Ausflüge im Kanu eignen sich für Kinder ab etwa acht Jahren, die sehr sicher schwimmen. Auch größere Kids sollten dabei nicht alleine paddeln, sondern im Boot eines Erwachsenen sitzen. Empfehlen können wir auch die Kajaktouren im Süden ab Palm Mar zu den Meeresschildkröten.

An den Stränden im Süden werden auch Parasailing, Jetski und Banana-Boat-Touren angeboten.

Ausflüge mit dem Boot

Ein absolut familientaugliches Vergnügen sind Schiffsausflüge aller Art. Geboten wird alles: von der Ein-Stunden-Tour bis zum Tagesausflug. Besonders spannend sind Fahrten an die Steilküste bei Los Gigantes mit atemberaubendem Blick. Viele Touren starten auch in den Häfen Los Cristianos und Costa Adeje. Wal- und Delfinbeobachtung sind üblicherweise gleich mit dabei. Oft ist auch ein Badestopp eingeplant.

Die Vielfalt der Angebote ist immens. Die großen Katamaran-Touren sind preiswert, aber recht voll. Es gibt Party-Boote, die eher für Jugendliche geeignet sind, und Touren mit Schlauchbooten, Segelbooten oder größeren Motoryachten. Wir empfehlen Ausflüge mit geringerer Personenzahl, da man hier viel ungestörter und entspannter die einzigartige Landschaft und Tierwelt erleben kann. Die Preise variieren von €20 pro Person für Ausflüge mit dem Katamaran bis zu €70 für private Touren. Kinder zahlen meist die Hälfte. [› Tour 36]

Abseiltouren

Wasserführende Canyons sind auf Teneriffa nur vereinzelt und auch nur im Winter anzutreffen, daher hat sich hier eine Alternative zum Canyoning etabliert, die durchaus auch Kindern Spaß macht. Abseil-Touren führen durch eine trockene Schlucht und sind nicht weniger aufregend als ihr nasses Pendant. Auf Teneriffa werden sie zum Beispiel im Barranco de los Arcos angeboten. [› Tour 18]

Hochseilgärten

Was wir als Hochseilgarten kennen, heißt in Spanien »Parque Forestal«. Zwischen hohen Bäumen sind dicke Stahlseile gespannt. Baumstämme, Brücken und schaukelnde, trapezähnliche Konstruktionen hängen in fünf bis 30 Metern Höhe zwischen den Bäumen. Professionell angeseilt und gesichert steigt man hinauf und hangelt sich von einem Ende des Parcours zum anderen. Hochseilgärten sind auf Teneriffa noch nicht weit verbreitet. Der bisher einzige ist der Forestal Park im Esperanzawald. **[› Tour 21]**

Klettern und Bouldern

Teneriffa ist ein Kletterparadies. Wo Berge und Schluchten sind, da wird auch geklettert. Teneriffa bietet über 1.000 Routen in den Schwierigkeitsgraden 3 bis 8c (französische Skala) und natürlich unzählige Boulder. Ausführlicher widmen wir uns dem Klettern auf **[› Seite 215]**, inklusive Tourenvorschlägen und Ausflugstipps für schöne Tage am Fels. Bei allen Wanderungen erwähnen wir Kletter- und Bouldermöglichkeiten direkt am Weg.

Fahrradtouren

Auch wenn Teneriffa ein Eldorado für Profi-Biker ist, die in den Cañadas auf 2.000 Metern ihr Höhentraining absolvieren, gibt es für Freizeit-Radler kaum fahrbare Strecken. Fahrradwege sind selten und so teilt man sich üblicherweise die Fahrbahn mit den Autos. Auch haben die Straßen oft abenteuerliche Steigungen, die für Kinder kaum zu schaffen sind. Es gibt eine Ausnahme: Am Westkap, dem Punta de Teno, ist die Straße zum Leuchtturm von 10 bis 19 Uhr für private PKW gesperrt. Hier findet sich auch ein Fahrradverleih. Kinderräder gibt es dort nicht, sodass die einzige Fahrradtour in diesem Buch erst für Teenager ab 14 Jahren funktioniert. **[› Tour 9]**

Für begeisterte Fahrrad-Familien mit großen Kids gibt es geführte Touren und auch einen Fahrradverleih inklusive E-Bikes bei Bikeexperience Tenerife.
Touren ab €39 pro Person.
www.bikeexperiencetenerife.com

Gleitschirmfliegen

Teneriffa ist ein Eldorado für Gleitschirmpiloten. Bei gutem Wetter sind die bunten Schirme zu Dutzenden am Himmel zu erkennen. Kein Wunder, denn auf Teneriffa kann man ganz einfach mit dem Auto auf 2.000 Meter Höhe fahren und von dort bis an den Strand gleiten. Am Landeplatz bei Adeje am Playa de la Enramada ist für Zuschauer viel geboten.

Für Tandemflüge und auch Kurse zum eigenständigen Gleitschirmfliegen gibt es viele Anbieter. Bei FlyTenerife im Süden können schon Kinder ab 1,20 Meter Körpergröße und fünf Jahren im Tandemschirm mitfliegen, bei Ibrafly im Norden gilt ein Mindestgewicht von 35 Kilo.
www.ibrafly.net
www.flytenerife.com

Reiten

Es gibt mehrere Reitställe auf der Insel. Hauptsächlich werden Ausritte in die Wälder angeboten, für fortgeschrittene Reiter auch Tagestouren oder mehrtägige Reittouren. Für kleinere Kinder gibt es die Möglichkeit, auf dem Reitplatz mit einem Pony erste Reiterfahrungen zu sammeln.

Zwei Reitställe, die Touren in deutscher Sprache anbieten, erwähnen wir bei den Regionen »Norden« und »Süden«. Einen Ausritt in die Wälder des Nordens beschreiben wir bei **[› Tour 14]**.

Wandern auf Teneriffa

Zu Fuß lassen sich die Naturschönheiten der Insel am besten entdecken. Deshalb haben wir in diesem Buch Wanderungen in verschiedenen Schwierigkeitsgraden für alle Altersstufen zusammengestellt. Vom Spaziergang bis zur kleinen Bergtour ist alles dabei. Wir laufen durch Schluchten (Barrancos), entlang der Küste am tosenden Atlantik, in den Bergen, dem Esperanza-Wald im Norden oder in der Vulkanlandschaft am Fuße des höchsten Bergs Spaniens. Auf allen Strecken gibt es Plätze zum Baden, Klettern oder Spielen und das Naturerlebnis steht im Vordergrund.

In allen Regionen gibt es, neben anspruchsvollen Bergwanderungen auch Routen, die sich für Familienwanderungen mit moderaten Höhenmetern und Wegstrecken eignen.

Der einzige Fernwanderweg auf der Insel ist der GR 131 (Naturwanderweg Anaga-Chasna), der über alle großen Inseln der Kanaren führt. Auf Teneriffa durchquert er das Zentrum der Insel in südwestlicher Richtung, vom Ort La Esperanza bis in die Altstadt von Arona. Aufgrund seiner Länge, die etwa 90 Kilometer beträgt, läuft man den Weg in fünf Etappen. Der Weg ist anspruchsvoll und für Familien mit Kindern wenig geeignet. Einem besonders schönen Teilstück des GR 131 folgen wir aber bei [› **Tour 42**].

Die Wanderwege auf der Insel sind sehr unterschiedlich und die Auswahl reicht von gut ausgebauten und markierten Wegen bis hin zu Kraxeleien auf kaum erkennbaren Pfaden. Viele Wege führen über Lavafelder, auf deren spitzen Steinen man nicht ganz so gemütlich läuft. Kindern macht das meist weniger aus als Erwachsenen. Sie schätzen die größeren Lavabrocken besonders als Kletterfelsen, während die Erwachsenen sich an der ungewöhnlichen Landschaft und den grandiosen Ausblicken erfreuen.

Die beste Wanderzeit

Teneriffa ist ganzjährig ein gutes Wanderziel. Weder an der Küste noch in den Bergen ist mit jahreszeitlich bedingten Einschränkungen zu rechnen. Nur nach selten auftretenden starken Schneefällen kommt es zu zeitweisen Absperrungen der betroffenen Bergstraßen. In den Küstenregionen des Nordens können bei Wellenwarnungen niedrig gelegene Küstenabschnitte gesperrt werden. Außerdem sollte man das Betreten von Schluchten bei und nach Regenfällen unterlassen. Gleiches gilt für Wanderungen an Steilhängen. Diese sollten auch bei starkem Wind gemieden werden.

Für Touren in den Schluchten des Teno-Gebirges ist es besonders wichtig, auch das Wetter in höher gelegenen Lagen im Auge zu behalten, da sich die Bäche bei kräftigem Regen weiter oben in den Bergen schnell in reißende Flüsse verwandeln können.

Wandern mit Kindern

Wer mit Kindern unterwegs ist, muss umdenken. Kinder wandern anders. Sie tauchen tiefer ein in die Natur. Wir Erwachsenen laufen oft erstaunlich achtlos an spannenden Dingen vorbei, weil wir nur das Ziel und das Vorankommen im Blick haben. Wenn Kinder draußen unterwegs sind, wollen sie alles betrachten, was am Wegrand wächst oder krabbelt. Auch toben, spielen und klettern steht hoch im Kurs. Dazu braucht es Zeit und die richtige Umgebung. Für uns Erwachsene ändert sich dabei nicht nur das Wandertempo, sondern auch der Blickwinkel.

Die ersten Touren mit jüngeren Kids sollten eher kurz sein, denn um auf Kinderart zu wandern, braucht es Zeit. Vor allem mit den Jüngsten geht es eher gemächlich vorwärts.

Auf Teneriffa ist es einfach, das Wandern spielerisch anzugehen, denn überall gibt es etwas zu entdecken: An der Küste locken Wasserfontänen der Atlantikdünung, brüllende und fauchende Wasserlöcher. Viele andere Stellen laden zu einem Badestopp ein. In den kleinen Tümpeln können wir Meersalz schürfen oder kleine Fische beobachten. Der Esperanza-Wald sieht aus, als sei er direkt aus einem Märchen entsprungen. In den Vulkangebieten der Cañadas regen dann bizarre Felsformationen die Fantasie an und viele Stellen eignen sich zum Klettern und Versteckspielen. Die Umgebung aus Lava lädt auch dazu ein, sich mit dem Vulkanismus zu beschäftigen und vielleicht auch zu einem ausgedehnteren Exkurs über die Entstehung unserer Erde.

Überall auf Teneriffa treffen wir auf Kakteen und Wolfsmilchgewächse, sodass die Landschaft ganz anders aussieht als zu Hause. An den Wanderwegen begegnen wir häufig Eidechsen, die ein gutes Stück größer sind als bei uns. Sie lassen sich leicht mit Gemüse- oder Salatresten anlocken, sodass sich um uns herum gleich etliche tummeln und wir sie in Ruhe beobachten können.

Von breiten Wegen und schmalen Pfaden

Kinder langweilen sich auf breiten, ebenen Fahrwegen und Straßen – ein schmaler, steiniger Pfad weckt dagegen schnell neue Lebensgeister. Felspassagen, an denen man klettern kann, kleine Treppen oder enge Durchgänge zwischen Felsbrocken sprechen Spieltrieb und Fantasie an und sorgen für Begeisterung. Solche abenteuertauglichen Wanderwege finden sich auf Teneriffa überall. Die meisten dieser Pfade sind gefahrlos auch mit jüngeren Kindern zu begehen. Es gibt auf Bergpfaden, an der Steilküste und in den Schluchten aber auch riskantere Stellen, an denen Eltern einen wachen Blick auf ihre Kinder haben sollten und gegebenenfalls unterstützend eingreifen müssen. In unseren Tourenvorschlägen vermerken wir anspruchsvolle Stellen im Steckbrief und in der Wegbeschreibung. Für die Kleinsten sind Touren mit riskanteren Stellen zunächst tabu.

Planung und Motivation

Als Ziel einer Kinderwanderung eignen sich Plätze, an denen man gut spielen kann – und das wird selten der von Erwachsenen anvisierte Berggipfel sein. Ein zünftiges Picknick im Zauberwald, am Wasserlauf oder eine abgelegene Sandbucht zum Baden sind eher nach Kindergeschmack. Viele unserer Strecken berühren da-

her irgendwo Wasser, obwohl es auf Teneriffa keine großen Seen oder Flüsse gibt. Aber auch künstliche Wasserläufe oder kleine Rinnsale können spannend sein. Einige unserer Wege führen am Atlantik mit tosender Brandung entlang. Auch die Lavafelder der Cañadas sind ein spannendes Ziel, weil die Landschaft für uns so ungewöhnlich ist.

Kinder motiviert ein erreichbares Ziel vor Augen. Es ist daher ratsam, die Strecke in mehrere überschaubare Etappen zu unterteilen und öfter eine Pause zu machen. Ein Stopp am Meer, am Kletterfelsen oder an einem Platz mit toller Aussicht sorgen für schnell erreichbare Zwischenziele. Ein kleiner Snack gibt neue Energie für den weiteren Weg.

Alle, die mit Kindern unterwegs sind, kennen nicht nur fröhlich laufende Kids. Durststrecken, wie sie immer wieder vorkommen, lassen sich mit Spielen oder Singen überbrücken. Ideen für Wanderspiele haben wir auf dem Blog des Naturzeit Reiseverlags unter www.wandern-mit-kindern.info zusammengestellt.

Ältere Kinder können wir an der Planung beteiligen. Unterwegs die Richtung mit der GPS-Funktion des Smartphones überprüfen, Markierungen suchen, Karte lesen oder auch mal die Führung der Gruppe

alleine übernehmen, ist spannend und macht aus lustlosen »Mitläufern« aktive, begeisterungsfähige Wanderer.

Geocaching

Auf Teneriffa gibt es über 200 Geocaches. Beim Geocaching werden mit Hilfe von GPS Koordinaten Schätze gesucht, Rätsel gelöst oder spezielle Orte entdeckt. Besonders für Kinder ist dies oft eine zusätzliche Motivation. Auch als Erwachsene entdecken wir so vielmals noch unbekannte und besondere Stellen, da die Geocacher die Schätze meist an besondere Orte legen. Zum Mitmachen brauchen wir lediglich ein Smartphone. Die App »Geocaching« ist für IOS und Android verfügbar. Es ist auch möglich die Touren vorher am PC zu planen und die Beschreibungen auszudrucken. Die PC-Version ist kostenfrei, die App bietet kostenlos nur einige einfache Geocaches an.

Ausrüstung

Für alle Touren im Gebirge sind Wanderschuhe unbedingt notwendig, auch für Kinder. Bei den Wanderungen an der Küste reichen oft auch Halbschuhe. Trekkingsandalen empfehlen wir für Teneriffa nicht, da sich oft kleines Vulkangestein unter den Füßen sammelt und den Wanderspaß reduziert. Normale Sandalen sind völlig ungeeignet!

Wer Rücken und Knie schonen will oder ein Kind in der Trage trägt, ist in den Bergen mit Wanderstöcken gut beraten. Außerdem gehört reichlich Wasser ins Gepäck. Auch die Kinder sollten regelmäßig trinken. Der Wasserbedarf ist an heißen Tagen sehr hoch. Die Möglichkeit zur Einkehr besteht selten. Ein leckeres Picknick gehört also ebenso in den Rucksack. Wer seine Kinder fürs Wandern begeistern will, sollte dabei ruhig auch zur Lieblingssüßigkeit greifen. So lässt sich die Zeit zu Fuß mit einem gemütlichen Stopp auf Felsen, an einem Wasserlauf oder im Schatten eines Baumes sehr gut auflockern und die Motivation für den weiteren Weg erhöhen. Wichtig sind außerdem ein gut sitzender Sonnenhut und Sonnencreme mit hohem Lichtschutzfaktor. An kühleren Tagen gehören besonders im Winter in den höheren Lagen unbedingt eine wind- und wasserdichte Jacke und ein warmer Pullover für die Wanderpausen in den Rucksack.

Gerade für Wanderungen in abgelegenen Gebieten und für abenteuerliche Touren empfiehlt sich ein kleines Erste-Hilfe-Set. Die Notrufnummer 112 ist dank des hervorragenden Mobilfunknetzes von nahezu überall erreichbar. Dazu ist ein voller Akku im Telefon und eine zusätzliche Power-Bank sinnvoll.

Kinder in der Kraxe

Die Wanderwege auf Teneriffa eignen sich nicht zum Wandern mit dem Kinderwagen. Kinder unter vier Jahren können in einer Babytrage oder einer Kraxe mitgenommen werden. Babys bis etwa sechs Monate sind in einer Babytrage oder einem Tragetuch gut aufgehoben. Die Trage wird mit Steckschnallen befestigt und meistens vorne getragen.

Kleinkinder nimmt man auf Wanderungen in unwegsamem Gelände am besten in einer Kraxe mit. Dazu müssen sie bereits sicher über längere Zeit frei sitzen können. Für größere Touren sollten sie mindestens ein Jahr alt sein. In Bezug auf die Passform muss eine gute Kindertrage die gleichen Kriterien erfüllen wie ein guter Tourenrucksack: Sie braucht einen breiten, gut gepolsterten Hüftgurt, der das Gewicht fast komplett auf die Beckenknochen überträgt, die passende Rückenlänge sowie verstellbare Schultergurte. Mit einem Kind in der Rückentrage sind Wege mit schwierigen oder ausgesetzten Passagen erst einmal tabu. Da die Last im Rucksack lebendig ist und sich bewegt, bringt sie Wandernde auch leichter aus dem Gleichgewicht als ein normaler Rucksack mit demselben Gewicht.

Da sich die Kinder in ihrem luftigen Sitz nicht bewegen können, kühlen sie schnell aus. Handschuhe und warm verpackte Füße sind an kühlen Tagen im Winter wichtig. An heißen Tagen muss ein Kleinkind gut vor der Sonne geschützt werden. Regelmäßige Pausen sorgen für Abwechslung und Bewegung.

Die Touren in diesem Buch

Altersgrenzen und Schwierigkeitsgrad

Für jede Tour gibt es im Infokasten auf der ersten Seite eine Altersempfehlung. Alle Altersgrenzen sind durchschnittliche Werte. Eine Familie mit Bergerfahrung kann bei der Auswahl der Touren mutiger sein als Wanderneulinge. Wanderwege an der Küste oder in den Cañadas sind oft einfacher zu gehen. Im Teno- und Anaga-Gebirge muss man immer mit recht anspruchsvollem Gelände rechnen.

Auch mit älteren Kindern sollten Familien nicht gleich mit technisch schwierigen Touren beginnen. Wichtige Hinweise auf den Anspruch einer Tour gibt die Beschreibung unter »Anspruch und Charakter« im Tourensteckbrief. Auch die Anzahl der Wanderstiefel im Balken des Steckbriefes kennzeichnet den technischen Schwierigkeitsgrad: Ein Stiefel markiert eine Einsteigertour, für Wanderungen mit drei Stiefeln sollte man schon Bergerfahrung gesammelt haben.

Gehzeiten

Um Länge und Anspruch einer Tour möglichst überschaubar zu halten, geben wir immer Strecke und Höhenmeter sowie eine ungefähr zu erwartende Gehzeit an. Da die Geschwindigkeit von Kindern selbst innerhalb einer Altersgruppe recht unterschiedlich ist, sind die angegebenen **Gehzeiten großzügig am Tempo eines Erwachsenen gemessen**.

Mit Kindern zwischen vier und sechs Jahren ist mit mindestens 50 Prozent längeren Gehzeiten zu rechnen. Die Zeit für Pausen ist dabei noch nicht eingerechnet. So wird aus einer Tour mit einer reinen Gehzeit von ein bis zwei Stunden mit Kindern im Vorschulalter ein vollwertiger Halbtagesausflug. Auch mit Grundschulkindern sollten Sie noch deutlich

längere Gehzeiten kalkulieren. Mit der Zeit entwickelt sich ein Gefühl für das individuelle Tempo der eigenen Familie.

Orientierung

Wanderwege sind oft mit Farbpunkten oder Markierungen an Bäumen und Steinen, oft auch mit Steinmännchen gekennzeichnet. Dabei erkennt man die offiziellen Wanderwege an Schildern oder weiß-farbiger Markierung, oft mit der Nummer des Wanderweges.

Die Wanderungen in diesem Buch führen nicht alle über markierte Wanderwege, sondern auch über Trampelpfade. Diese sind aber meist gut als solche zu erkennen. Selten geht es auch mal querfeldein. Normalerweise sollten die Beschreibung und die Karte im Buch zusammen mit der Markierung vor Ort ausreichen, um unsere Wanderungen sicher zu finden. Zusätzliche Karten sind nicht notwendig. Sehr hilfreich ist jedoch die Verwendung einer digitalen Karte in Verbindung mit unsereren GPS-Tracks.

GPS-Daten

Die Parkplätze an den Wanderrouten sind oft nicht ganz so leicht zu finden. Die in der Anfahrtsbeschreibung genannten GPS-Daten helfen dabei, sie sicher zu lokalisieren. Sie lassen sich einfach in ein normales Navigationsgerät im PKW oder in die Navigations-App auf dem Handy eingeben.

Außerdem stellen wir zu allen Wanderungen unter www.naturzeit-verlag.de auch GPS-Tracks zur Verfügung, die kostenlos heruntergeladen werden können. Die Daten sind teilweise von den Autoren im Gelände und teilweise anhand einer digitalen Karte erfasst und unterstützen mit Hilfe von GPS-Gerät oder Handy-App die Orientierung unterwegs.

Verlassen Sie sich nie ausschließlich auf ihr Handy und die GPS-Daten, sondern beachten immer auch die Wegbeschreibung im Buch. Richten Sie sich im Zweifelsfall immer nach den Gegebenheiten im Gelände und Markierungen vor Ort. Trotzdem können Wander-Apps und die Ortung per GPS sehr hilfreich sein, um den eigenen Standort zu überprüfen. Auch wenn wir bewusst vom Weg abweichen möchten, unterstützt uns die Wander-App. Vorsicht: In engen Schluchten oder an überhängenden Berghängen ist teilweise kein GPS-Empfang möglich.

Höhenprofile

Höhenprofile eignen sich ganz besonders gut, um sich einen schnellen Überblick über eine Tour zu verschaffen. Wenn die Kinder dann unterwegs genau wissen wollen, wie weit es noch ist, wo sie gerade sind und ob es noch lange bergauf geht, findet sich hier schnell die passende Auskunft.

Unterwegs auf Teneriffa

45 Wander- und Entdeckertouren
in den Vulkanbergen und am Meer

Das Teno-Gebirge ist eine wilde, alpin geprägte Bergkette ganz im Westen der Insel. Viele Schluchten, im Spanischen »Barrancos« genannt, durchziehen das Gebiet. Es ist das älteste Gebirge Teneriffas und war ursprünglich eine eigene Insel. Infolge der Erosion blieben die heutigen spitzen vulkanischen Gebirgszüge mit den tiefen Einschnitten übrig. Der Gebirgszug ist bis zu 1.300 Meter hoch und fällt an der Westseite senkrecht ins Meer ab. Die Klippen gehören zu den spektakulärsten Landschaften auf Teneriffa.

Eine einzige Bergstraße führt von Süd nach Nord von Santiago del Teide über das touristisch beliebte Bergdorf Masca bis hinunter nach Buenavista. Viele Grat- oder Schluchtenwanderungen laden zum Entdecken des Gebirges ein. Die kleinen Ortschaften wirken verschlafen und romantisch. Von dort zeigt sich ein atemberaubender Blick auf das Meer bis hin zur Nachbarinsel La Gomera.

Mit dem Auto können wir zur Steilküste selbst nur an den Rändern bei Los Gigantes und am Punta de Teno **[› Tour 9]** *gelangen. Sonst ist sie nur zu Fuß* **[› Tour 2, 4 und 5]** *oder mit dem Boot* **[› Tour 36]** *zu erreichen.*

Baden im Teno

Durch die Steilküste bietet das Teno-Gebirge zwar spektakuläre Blicke, die Strände oder Buchten sind aber nur über lange Wanderungen oder mit dem Boot erreichbar. Wir erwähnen hier nur die einfachen Bademöglichkeiten am Rand des Gebirges.

1 Playa de la Arena

GPS N 28°13'49.7", W 16°50'26.2"
Die sehr geschützte, von Felsen eingerahmte Badebucht mit tiefschwarzem Sandstrand befindet sich inmitten der Ferienanlagen von Puerto Santiago / Los Gigantes. Daher gibt es auch eine klassische Promenade mit vielen Läden direkt über dem Strand. WC, Duschen und Badeaufsicht sind vorhanden. Der Verleih von Strandliegen und Sonnenschirmen wird ebenfalls angeboten.

2 Charco de Isla Cangrejo de Santiago del Teide und Piscina natural Acantilado de Los Gigantes

GPS N 28°14'30.1", W 16°50'35.3"
Das schöne Naturschwimmbad liegt in Basaltfelsen und ist mit einer Betonwand vom Meer getrennt. Durch den leichten Einstieg über eine Treppe ist es auch für kleine Kinder gut geeignet. Man hat von hier einen tollen Blick auf die Küste und so ist der Charco auch ein beliebter Ort für den Sonnenuntergang. Es gibt keinerlei Service. Parken können wir etwas oberhalb im Wohngebiet GPS N 28°14'29.2", W 16°50'31.5", von wo aus wir über Treppen zum Schwimmbad gelangen.

3 Playa de los Guíos

GPS N 28°14'50.5", W 16°50'26.0"
Der Strand liegt genau nördlich der großen Hafenmole von Los Gigantes und bietet einen atemberaubenden Blick auf die Steilküste. Er ist auch für Kinder gut geeignet. Durch die vielen Boote, Jetskis und ähnliche Wasserfahrzeuge ist es nicht unbedingt ruhig. Das Parken in Los Gigantes ist durch die engen Straßen nicht immer einfach. Parkmöglichkeiten gibt es am Hafen (gebührenpflichtig) oder in den vielen Seitenstraßen des Ortes.

»Isla Baja«, untere Insel, wird der Landstrich im Westen Teneriffas zwischen Buenavista und Garachico genannt. Er besticht durch seine wunderbare Aussicht auf das Teno-Gebirge auf der einen und das Meer auf der anderen Seite. Die Küste ist felsig und rau, die Brandung des Atlantiks formt die Landschaft. Hier und da finden sich kleine Badebuchten oder Charcos, natürlich entstandene Felsentümpel, die zum Baden oder Spielen einladen. Die Dörfer sind sehenswert und viele haben einen bezaubernden Ortskern. Nur die Stadt Garachico ist wegen des landestypischen Charmes und ihrer historischen Altstadt mittlerweile tagsüber recht gut besucht.

Die Hauptverbindung führt von Buenavista über die TF-42 nach Garachico. Auf einigen abenteuerlich steilen Straßen kann man auch die 800 Meter höher gelegene Straße TF-82 erreichen und hat hier einzigartige Ausblicke auf die felsige Küste und die Ortschaften.

Einkaufen im Dorfladen aus dem letzten Jahrhundert.

Ausflugsziele im Teno

Eine Fahrt auf der Landstraße TF-436 durch das Teno-Gebirge gehört zu jedem Teneriffa-Urlaub. Abenteuerliche Straßen, unvergessliche Ausblicke und verträumte Orte machen den Ausflug zu einem Erlebnis.

Um die imposante Steilküste des Teno-Gebirges zu sehen, besucht man am besten die Aussichtspunkte in Los Gigantes wie zum Beispiel den **Mirador Archipenque** oder die Punta de Teno. [› Tour 9]

4 Playa Punta de Teno

GPS N 28°20'33.8", W 16°55'11.5"
Ganz im Norden des Teno liegt diese kleine Badebucht. Sie besteht aus Sand mit Steinen und Kieseln und ist mit einer Steinmole gegen die Wellen gesichert. Daher können hier auch kleinere Kinder baden. Der Zugang mit dem eigenen PKW ist nur von Dienstag bis Freitag vor 9 Uhr (Juli bis September), vor 10 Uhr (Oktober bis Juni) beziehungsweise Montag bis Donnerstag nach 20 Uhr (Juli bis September) oder 19 Uhr (Oktober bis Juni) möglich. Ansonsten kann man mit der Buslinie 369 im Stundentakt ab Buenavista »Estacion de Guaguas« oder Haltestelle »Cruz de Toledo« für €1 oder mit dem Taxi für €12 ab Buenavista dort hingelangen. [› Tour 9]

5 Ecomuseo Agricoltor in San José de los Llanos

GPS N 28°19'09.2", W 16°47'48.8"
Das Ökomuseum zeigt das Leben der Bauern in früherer Zeit. Dazu wurde das alte Dorf Partido de Abajo am Originalstandort teilweise wieder aufgebaut. Interaktive Erklärungen, Videos und Augmented-Reality-Elemente (auch in deutscher Sprache) in

Festlich geschmückt: die Iglesia de San Fernando Rey in Santiago del Teide.

neun thematisch aufgeteilten Räumen vermitteln Informationen über den Ursprung des Dorfes, die Arbeit auf den Höfen und Feldern und die Lebensweise der Bewohner. Die erforderliche App (XR Ecomuseo de el Tanque) kann vor Ort heruntergeladen werden, freies WLAN ist vorhanden. Wegen der guten Einführung in die Geschichte und die besondere Natur des Teno-Gebietes eignet sich das Museum hervorragend zum Kennenlernen der Region. Wer die anstrengenden Teno-Touren scheut, kann hier vom Museum auch eine halbstündige Tour zu den Feuchtgebieten Charcas de Erjos unternehmen.
Geöffnet Oktober bis Mai, Di bis So 10.30 – 17.30 Uhr, Juni bis September 11 – 18 Uhr. Eintritt frei. www.ecomuseodeltanque.es

6 Santiago del Teide

Der schmucke Ort Santiago del Teide liegt ganz im Süden des Teno-Gebirges und ist mit vielen Bars und kleinen Restaurants ein reizvolles Ziel. Sehenswert ist auch die auffällige, arabisch anmutende Kirche Iglesia de San Fernando Rey auf dem zentralen Platz. Der Ort selbst liegt bereits auf 930 Metern Höhe und ist über die Autobahn gut zu erreichen. Aus dem Norden kommt man über den 1.117 Meter hohen Erjos-Pass, wo sich auch viele Aussichtspunkte mit Blick auf den Teide befinden.

7 Mirador Tancón

GPS N 28°14'23.1", W 16°50'43.8"
Vom Aussichtspunkt haben wir einen guten Blick über die Steilküste und die Stadt Los Gigantes. Es gibt hier auch einen kleinen Spielplatz direkt am Meer. Unterhalb liegen die **Höhle Cueva del Tancon** mit einzigartigen Basaltformationen und ein ziemlich spektakulärer Charco, der aber zum Baden für Kinder nicht geeignet ist. Parken können wir in der Calle la Hondura, hier gibt es auch ein großes Parkhaus.

8 Mirador Archipenque

GPS N 28°14'25.3", W 16°50'13.0"
Von diesem Aussichtspunkt haben wir einen sehr schönen Blick über die Steilküste des Teno-Gebirges. Hier gibt es auch die kleine Bar-Cafetería Mirador de Archipenque mit einem spektakulären Blick von den Tischen auf die Küste. Ein buntes Fischerboot bietet ein schönes Fotomotiv.

Wer **noch näher an die Steilküste** möchte, fährt zu dem kleinen Schotterplatz bei GPS N 28°14'52.9"N, W 16°50'17.2" an der Calle Tabaiba. Es handelt sich nicht um einen offiziellen Aussichtspunkt, die beste Sicht gibt es hier aber auf jeden Fall.

9 Masca

Das Bergdorf Masca erfreut sich bei Teneriffa-Besuchern besonderer Beliebtheit. Einerseits beginnt hier die bekannte Wanderung durch die Masca-Schlucht [› Tour 4], andererseits steht das schmucke Dorf für das ursprüngliche Teneriffa fernab des klassischen Tourismus. Von Masca aus bietet sich ein herrlicher Blick in die Schlucht. Ursprünglich war das Dorf von Landwirtschaft geprägt, was man an den vielen Terrassen sieht, die das Dorf umgeben. Die vielen Tagesbesucher haben den Ort mit etwa 100 Einwohnern mittlerweile stark verändert. Es finden sich mehrere Bars und Restaurants. Das Parken im Ort ist für maximal zwei Stunden möglich.

10 Mirador de la Cruz de Hilda

GPS N 28°18'46.8", W 16°50'44.6"

Auf 780 Metern Höhe befindet sich dieser schöne Aussichtspunkt mit Blick über die Schluchten und Berggipfel des Teno-Gebirges. Von hier haben wir auch den schönsten Blick auf das Bergdorf Masca. Der Mirador ist die Dachterrasse einer Cafeteria, die sich für eine Pause anbietet. Es gibt Snacks oder Kaffee und Kuchen. Die Öffnungszeiten der Cafeteria sind Samstag bis Donnerstag 10–18 Uhr. [› Tour 5]

11 Mirador Altos de Baracán

GPS N 28°19'39.9", W 16°51'22.3"

Der Aussichtspunkt bietet bei der üblichen Wetterlage eine Besonderheit: Hier lassen sich die Wetterzonen der Insel recht eindrucksvoll erleben, denn die Wolkengrenze hängt oft genau am Berggrat. Mit Glück steht man in der Sonne und kann auf der andern Seite der Berge den Regen fallen sehen. Die Terrassen, die in den Berg geschlagen wurden, um in dieser schroffen Bergregion Landwirtschaft zu ermöglichen, liegen weit unter uns.

12 Teno Alto

GPS N 28°20'36.4", W 16°52'36.8"

Das kleine Dorf (80 Einwohner) ist einer der ursprünglichsten Orte der Insel. Dieser entlegene Winkel Teneriffas wurde erst 1972 mit einer Straße angeschlossen und ist bis heute das lokale Zentrum der Ziegenhaltung. Wer sich hierhin verirrt, wird überall im Ortszentrum mit »Se vende queso« auf den hauseigenen Käse aufmerksam gemacht. Die kleinen, urigen Bars bieten einfache, kanarische Küche und hier scheint in der Tat die Zeit still zu stehen. Die Zufahrt geht von der TF-436 über eine sehr enge, kurvige Straße bis in den Ort [› Tour 7]. Direkt am Beginn der Straße in El Palmar befindet sich ein

Blick auf das Dorf Masca

Besucherzentrum mit Informationen zum Teno-Gebirge.

13 Punta de Teno

Die Punta de Teno, die Spitze des Teno, ist der westlichste Punkt Teneriffas. Auf den beiden Seiten der Landspitze mit dem in klassisch rot-weiß gehaltenen Leuchtturm erkennt man auf kleinstem Raum den Kontrast zwischen der rauen und wilden Nordwestküste und der eher ruhigen Südküste. Zusätzlich genießen wir einen spektakulären Blick auf die gigantischen Klippen im Südosten. Auch die einzige Zufahrtsstraße zur Punta ist spektakulär, direkt neben der Fahrbahn fällt der Fels über 100 Meter senkrecht ins Meer. Mancher Filmfan mag erkennen, dass die Anfangsszenen für »The Fast and the Furious 6« hier gedreht wurden.

Der Zugang mit dem eigenen PKW ist nur eingeschränkt möglich. [› Seite 36 und Tour 9]

Ausflüge auf dem Wasser

14 Los Gigantes

Im Hafen von Los Gigantes gibt es ein großes Angebot von Bootstouren – einerseits zu Walen und Delfinen, andererseits zu den Klippen des Teno-Gebirges. Die Touren werden meist als Kombi-Touren angeboten. Eine Tour zu den Walen und Delfinen mit Schnorchelstopp an der Steilküste ist ein wirklich besonderes Erlebnis [› Tour 36]. Direkt am Hafenbecken werben die Anbieter und machen auf ihre Touren und Abfahrtszeiten aufmerksam.

SUP und Kajak

Bei **Teno Activo** werden auch SUPs und Kajaks angeboten, mit denen man die eindrucksvolle Felswand vom Wasser aus betrachten kann.
Geführte Kajaktour 2 Stunden €30, Kinder unter 10 Jahren €10.
Kajak 2 Stunden €17,50, Tag €35.
SUP-Verleih 2 Stunden €15, Tag €35, Tel. 0034 618000972.
www.tenoactivo.com

Whale-Watching in Los Gigantes

Bootsausflüge zu den Walen und Delfinen beinhalten üblicherweise einen Badestopp sowie Getränke und Snacks an Bord.

Maritima Acantilados bietet Touren auf vier verschiedenen Booten:
› Nashira Uno, Motor-Katamaran mit Unterwasserblick, 11 Uhr, 3 Stunden €35, Kinder bis 11 Jahre €17,50.
› Gladiator U, Schnellboot, 11, 13 und 15 Uhr, 2 Stunden, Wale und Masca-Bucht, €20.
› Inia, RIB Speedboot, 11 Uhr, 1,5 Stunden Ausflug zu den Walen und der Küste (ohne Verpflegung), €20.
› Lady Elsie, Segelboot, 11 und 14 Uhr, 3 Stunden, €50. *Tel. 0034 922861918.*
www.maritimaacantilados.com

Masca-Express / Flipper Uno hat drei verschiedene Touren im Programm:
› Flipper Uno: Kutter mit Party-Atmosphäre, Getränke und Essen inklusive, 3 Stunden, täglich 11, 14.30, 17.30 Uhr, €34, Kinder bis 12 Jahre €17.
› Masca-Express: Schnellboote, 2 Stunden, stündliche Abfahrten ab 10.30 Uhr, €20.
› Los Rapidos: RIB-Speedboote, 1,5 Stunden, täglich stündliche Abfahrten ab 9 Uhr, €20.
Tel. 0034 922867049. www.flipperuno.com

MPC Yacht Charter
Die Crew der El Mojo Picón bietet Touren für bis zu zehn Personen an.
3 Stunden Tour €60, Kinder bis 11 Jahre €30. 10, 13, 16 Uhr. Tel. 0034 629180382.
www.mpcyachtcharter.com

Motoryacht Karolin Sophie
Auf der 17 Meter langen Motoryacht werden zweistündige Ausflüge angeboten.
€35, Sonntag bis Freitag 11 und 13.15 Uhr. Tel. 0034 667663837. dolphinwhalewatch.com

Third Element Charters:
Die Crew der Mugen bietet Touren auf ihrem Segelboot (Bavaria Cruise 45) auch in deutscher Sprache an. Es werden Halb- und Ganztagesausflüge mit maximal 9 Personen angeboten. Privater Bootcharter 3 Stunden €350, Ganztagesausflug €800.
Halbtagestour (3 Stunden) €65 für Erwachsene, €35 für Kinder von 3–6 Jahren. Babys kostenlos.
Tel. 0034 678806900.
www.thirdelementcharters.com

SUPs und Kajaks gibt es auch bei **Nautilos SUP**
Kajak-Verleih 2 Stunden €17,50, SUP-Verleih 2 Stunden €15, Tel. 0034 922860965. www.nautilossup.com

Tauchtouren

Diving Angel bietet Touren für Anfänger bis zum zertifizierten Taucher. Kinder können ab zehn Jahren teilnehmen. Außerdem werden Schnorchelausflüge angeboten, an denen man auch ohne Vorkenntnisse teilnehmen kann.
Schnorcheltour €25, Schnuppertauchen €75, Tauchkurse ab €125. www.diving-angel.com

Wandern im Teno

Bedingt durch die Höhenunterschiede, die schroffen Felsen und tiefen Schluchten sind Wanderungen im Teno meist anspruchsvoller Natur und eher für größere Kids geeignet. Für die kleineren Wanderer empfehlen wir die Gratwanderungen in verkürzter Form oder [› Tour 7] am Rande des Gebirges.

15

Von der einfachen [› Tour 9] am Punta de Teno haben wir eine gute Sicht auf die schroffen Berghänge des Gebirges. Bei Wanderungen im Teno ist immer auf eine stabile Wetterlage zu achten. Trotz Sonne im unteren Bereich kann Regen in den höheren Lagen schnell zu gefährlichen Fluten führen. Plötzliche Wolkenbildung ist im Teno nicht selten, sodass immer eine Regenjacke in den Rucksack gehört. In den Schluchten und an Berghängen ist der GPS-Empfang oft eingeschränkt.

Baden an der Isla Baja

Die Felsenküste der Isla Baja ist rau und wild, der Atlantik drückt hohe Wellen auf die felsige Küste. Baden ist daher nur in wenigen Buchten und Charcos möglich. In diesen geschützten Zonen sind einzigartige Badeerlebnisse auch für Kinder möglich. Das Meer und die Tide müssen hier beim Baden immer im Auge behalten werden. Bei Wellenwarnungen ist das Baden gefährlich – vor allem wenn auch noch Hochwasser dazukommt.

15 Charco Las Mujeres

GPS N 28°22'10.7", W 16°52'29.3"
Dieser große und am Boden feinsandige Charco ist einer der schönsten Naturbecken der Insel. Bei hohen Wellen spritzt gerne einmal Frischwasser hinein und läuft gurgelnd wieder ab. Die Tiefe ist jahreszeitlich unterschiedlich, bietet aber meist Stehhöhe, besonders im hinteren Bereich. Er ist auch zum Schnorcheln für Kinder geeignet. Der Zugang erfolgt über einen Steinweg und kleine Badeplattformen aus Stein. Ein großer Parkplatz befindet sich oberhalb des Charcos.
Zufahrt über Buenavista in Richtung Westen auf der TF-445 Richtung Punta de Teno. Beim Kreisel am Ortsende rechts zum Golfplatz, beim nächsten Kreisel geradeaus bergab. Vorbei an der Abfahrt zum Playa Las Arenas, dann die zweite Straße rechts durch die Bananenplantagen.

16 Playa de las Arenas

GPS N 28°22'15.3", W 16°52'14.7"
Für uns ist dies einer der schönsten Strände der Insel. Er bietet viel Abwechslung, besonders für Kinder. Der feinsandige Strand ist bewacht (Flaggen beachten) und bei Niedrigwasser geht es flach ins Meer. Dadurch brechen sich die hohen Wellen weit draußen. So können auch kleinere Kinder in den auslaufenden Wellen

baden. Größere Kinder haben viel Spaß mit dem Bodyboard. Neben dem Strand sind eine Vielzahl von Charcos, Tümpeln und kleinen Felsenflüssen zu finden. Hier gibt es viel tun und zu entdecken: Krabben fangen, den Fischen zuschauen, schnorcheln oder einfach am Wasser spielen zählen zu den Lieblingsbeschäftigungen unserer Kinder.
Zufahrt wie beim Charco Las Mujeres, jedoch folgen wir der Beschilderung zum Strand. Es gibt dort einen kleinen Kiosk. Der Strand ist nur von Juni bis September sandig, im Winter sind leider meist ausschließlich Felsen zu sehen. **[› Tour 10]**

17 Playa de Los Barqueros

GPS N 28°22'30.6", W 16°51'35.6"
Dieser Felsenstrand mit großen Steinen ist eher für größere Kinder zum Schnorcheln und Schwimmen geeignet. Dafür ist er üblicherweise wenig besucht. Er liegt in einer geschützten Bucht und es gibt dadurch weniger Wellen als üblich.
Parkplatz an der Kirche Ermita de Nuestra Señora del Carmen. Zufahrt durch den Ort und vor dem Friedhof links abbiegen. **[› Tour 10]**

18 Piscinas naturales el Caletón und Playa de Garachico

Hier gibt es wunderschöne, aus verschiedenen Lavabecken bestehende Badestellen im Felsen. Das große Becken ähnelt einem Fluss. Das Gelände ist gut mit Wegen, Podesten, Treppen, Badeleitern und betonier-

16

ten Liegeflächen erschlossen. Die sehr geschützten Pools in den hohen Felsen sind auch für Kinder geeignet. Schnorcheln ist gut möglich. Rettungsschwimmer sind vor Ort, Flaggen beachten! Gleich nebenan gibt es ein Restaurant mit Außenterrasse. Die Pools sind sehr beliebt und bei gutem Wetter oft überlaufen. Bei hohem Seegang ist die Badestelle üblicherweise gesperrt.

Am Ortseingang gibt es noch einen sehr geschützten Kieselstrand. Er ist durch die tief eingeschnittene Bucht sehr ruhig, daher auch für Kinder geeignet. Empfehlenswert in Verbindung mit einem Stadtbummel durch Garachico **[› Tour 13]** oder mit einem Eis in der Stadt.
Parkplätze für beide Bademöglichkeiten befindet sich am Ortseingang bei GPS N 28°22'18.5", W 16°46'04.9" an der Mole und auf dem ehemaligen Fußballplatz bei GPS N 28°22'29.7", W 16°45'47.4".

18

Ausflugsziele in Isla Baja

Die Isla Baja ist eine ruhige Gegend, der Tourismus ist hier deutlich weniger ausgeprägt als auf dem Rest der Insel. Die Orte wirken verträumt und ursprünglich. Die Ortskerne locken mit kleinen Bars, schönen Plazas und einem tollen Blick auf das Meer auf der einen und die Berge auf der anderen Seite.

19 Buenavista del Norte

Die Stadt mit dem ansprechenden Namen »Schöne Aussicht des Nordens« ist eine Perle. Vielleicht verkannt, vielleicht zu abgelegen, hat sich der Tourismus hier noch nicht festgesetzt – vom großen Golfplatz und dem angrenzenden Hotel mal abgesehen. Im Ort sitzen Einheimische beim Cortado auf der Plaza de los Remedios in der einen oder anderen Bar oder Cafeteria. Der Ort ist auch das Zwischenziel unserer [› Tour 10], die am Wasser entlang in den Ort führt. Auch wenn auf der Isla Baja die Stadt Garachico als das Highlight der klassischen Ortschaften gilt: ein Besuch in Buenavista macht gerade wegen des Fehlens des Tourismus mehr Freude. Hier finden wir die typischen kanarischen Balkone an den Häusern, einen zentralen Platz mit Cafeteria, eine Kirche und alles, was zu einem charakteristischen Ort auf Teneriffa gehört. Parken kann man überall in der Stadt.

20 El Rayo Buenavista Del Norte

GPS N 28°23'32.8", W 16°49'57.8"

Der Blitz, wie dieser Ort auf Deutsch übersetzt heißt, ist ein Felsenbogen über einer kleinen Bucht. Nebenan steht der große, wenn auch nicht unbedingt schöne weiße Leuchtturm von Buenavista. Immerhin ist er ungewöhnlich mit seiner offenen Treppe. Ein Highlight für die Kinder ist bei gutem Wetter der große Charco gleich hinter dem Felsenbogen, in dem sich herrlich baden und schnorcheln lässt. Der Zustieg ist nicht ganz einfach zu finden, es sollte mit größter Vorsicht abgestiegen werden. Der Parkplatz befindet sich am Fuß des Leuchtturms.

Gelassene Ruhe auf der Plaza von Buenavista del Norte.

Den Ort Garachico verschüttete 1706 ein Lavastrom. Er wurde komplett neu aufgebaut.

21 Das Walskelett

GPS N 28°23'32.8", W 16°49'57.8"
Im Jahr 2007 wurde hier das Skelett eines Seiwal-Weibchens ausgestellt. Es war 16 Meter lang und wog ungefähr 20 Tonnen. Gefunden wurde der tote Wal vor Gran Canaria und dann als Ausstellungsstück konserviert. Er sollte erst an prominenten Orten ausgestellt werden, gewählt wurde dann doch das sehr ruhige Los Silos. Gleich neben dem Skelett findet sich der Charco Los Chochos, der über eine Treppe und mit Badeplattform betreten werden kann. Also Badesachen nicht vergessen! [› Tour 11]

22 Mirador el Tanque und Mirador Lomo Molino

GPS N 28°21'34.9", W 16°47'08.7"
Diese beiden Aussichtspunkte sollte man nicht verpassen. Beide bieten spektakuläre Blicke auf die Isla Baja und auf der anderen Seite auf die Bergdörfer des Nordens und den gewaltigen El Teide im Hintergrund. Am Mirador Lomo Molino befindet sich auch ein Restaurant mit einem wahrlich herrlichen Ausblick. Der Mirador El Tanque liegt nur 800 Meter weiter Richtung Tierra del Trigo und ist kein offizieller Aussichtspunkt. Wer Serpentinen, kurvenreiche und steile Straßen nicht scheut, dem empfehlen wir eine Rundtour von Los Silos hoch nach La Tierra del Trigo [› Tour 8], zu den Aussichtspunkten, über El Tanque nach San Juan del Reparo und dann die TF-421 hinunter nach Garachico. Es geht mehr als 500 Meter rauf und wieder runter. Die Serpentinen sind teilweise atemberaubend.

23 Kamelreiten im Camello Center

GPS N 28°20'57.4", W 16°47'18.1"
Wer gerne einen Ritt auf dem Kamel durch die Landschaft am Rande des Tenos erleben möchte, kann hier den Kamelpark besuchen. Kamele waren auf den Kanaren lange Zeit beliebte Arbeitstiere und in dem warmen Klima Pferden oft überlegen. Die Ausritte dauern etwa 30 Minuten. Es gibt auch Ponys und Esel.
Geöffnet Fr bis Mi 10–17 Uhr.
Eintritt €10, Kinder €7.
www.camellocenter.es

Garachico

Das Dorf hat eine lange Geschichte und war im 16. und 17. Jahrhundert der bedeutendste Hafen der Insel. Beim Ausbruch des Vulkans Garachico, wurde die Stadt am 5. Mai 1706 fast völlig zerstört, später aber nach altem Vorbild wieder aufgebaut. Das Zentrum des historischen Ortes ist heute eine autofreie Fußgängerzone. Einen Rundgang durch Garachico beschreiben wir bei [› Tour 13].

200 m

STRECKE

5,5 km

2 h 30

ab 6

Tour 1: Risco Blanco

Am Rande des Teno

Unsere erste Tour im schroffen und zerklüfteten Teno-Gebirge führt uns auf dem südlichsten Grat bis zum Risco Blanco, einem beeindruckenden Felsen, der sich durch seine helle Färbung deutlich vom Rest des Gebirges abhebt. Beeindruckende Aussichten hinunter in die wilden Schluchten und auf das gesamte Teno-Gebirge geben uns einen schönen Eindruck dieser Region. Am Wegrand wachsen riesige Kakteen, Agaven und verschiedene Wolfsmilchgewächse.

TOUREN-STECKBRIEF

Anfahrt: Über die TF-82 von Los Gigantes bergauf oder von Santiago del Teide bergab nach El Molledo. Im Ort und um den Kirchplatz gibt es bei **GPS N 28°17'13.5", W 16°48'49.7"** genug Parkplätze.

Bus: Buslinien 325 (Puerto de la Cruz – Los Gigantes), 460 (Icod de los Vinos – Adeje), 462 (Guía de Isora – Los Gigantes), Haltestelle El Molledo.

Anspruch und Charakter: Bergwanderung auf felsigen Pfaden und meist gut befestigten und erkennbaren Wegen. Im zweiten Drittel der Wanderung erfordert ein schmaler, manchmal schlecht erkennbarer Felsweg gute Orientierung und Trittsicherheit.

Highlights: Atemberaubende Aussicht in zwei Schluchten und auf das Teno-Gebirge.

Einkehr: Keine. Wasserstelle kurz vor Ende der Wanderung.

In der Nähe: Playa de los Guíos, Ecomuseo, Santiago del Teide.

Wanderung: Los geht es am Kirchplatz in El Molledo. Von der Kirche aus überqueren wir den Kreisel mit dem riesigen Baum und gehen gegenüber in die **Calle la Calzada**. Wir folgen der engen, wenig befahrenen Straße bergab. Unten angekommen gehen wir rechts zwischen **zwei Mauern** hindurch und können den markierten Start des Wanderweges schon erkennen.

Weiter geht es geradeaus auf dem mit farbigen Kennzeichen versehenen Weg. Wir folgen nicht dem TF-65 hinab nach Puerto Santiago / Tamaimo, sondern der gelb-weißen Markierung links den Berg hinauf. Nach 200 Metern ignorieren wir einen Abzweig scharf rechts hinauf und gehen weiter rechts um eine Felsnase herum. Von hier sehen wir schon ein **Schild** ①. Dort geht es links hinab Richtung Circular El Molledo (TF-65.3). Hier kommen wir auf dem Rückweg über den TF-65.1 wieder hinunter.

Es geht nun an der linken Seite des Berggrates weiter und immer leicht bergab. Wir genießen den Blick hinunter auf den Ort Tamaimo und den Atlantik. Wenn wir links hinaufschauen, können wir den Teide in der Ferne erkennen. Nach einem Kilometer erreichen wir eine **verlassene Hütte** ②. Hier können wir sehr gut die riesigen Blütenstände der Agave sehen. Sie wachsen bis zu zwölf Meter hoch. Die Pflanzen blühen nur einmal in ihrem Leben. Im Juni können wir auch die wunderschönen orangen Blüten der Opuntien bewundern.

Es folgt ein kurzer Anstieg, der auf ein **Plateau** ③ führt, von dem wir zum ersten Mal den Risco Blanco sehen und in die Schlucht Barranco Seco schauen können. Vor uns türmen sich zwei große Felsen auf. Wir folgen nicht dem abwärts führenden Weg geradeaus, sondern wenden uns hier scharf nach rechts. Unser Weg führt nun zuerst über den **Bergrücken** und dann links am Hang weiter. Anfangs ist er nicht leicht zu finden und wir müssen trotz einiger gelb-weißer Kreuze weiterlaufen. An dieser Stelle sind Pfadfinderqualitäten gefragt. Nach wenigen Metern ist der Pfad aber immer besser zu erkennen. Steinmännchen auf der linken Seite helfen bei der Orientierung. Dieser Abschnitt der Wanderung ist spannender und schwieriger als der Rest. Der Pfad ist schmal und felsig, einige Kletterstellen und Gegenanstiege sind zu überwinden. Der Weg führt in einem Bogen nach links, zum Schluss direkt in Richtung des Risco Blanco. Am Ende dieses Abschnittes erreichen wir nach einem kurzen, steilen Anstieg den breiten **Wanderweg** ④, der uns später rechts herum zurückführt.

Wir wenden uns aber zunächst nach links und laufen bis zum Fuß des imposanten **Risco Blanco**. Hier findet sich an einer **Holzbank** ⑤ eine hervorragende Stelle für eine Pause. Der Blick in die Schluchten Barranco Seco (links) und Barranco Natero (rechts) ist traumhaft. Der Risco Blanco direkt vor uns ist ein 940 Meter hoher

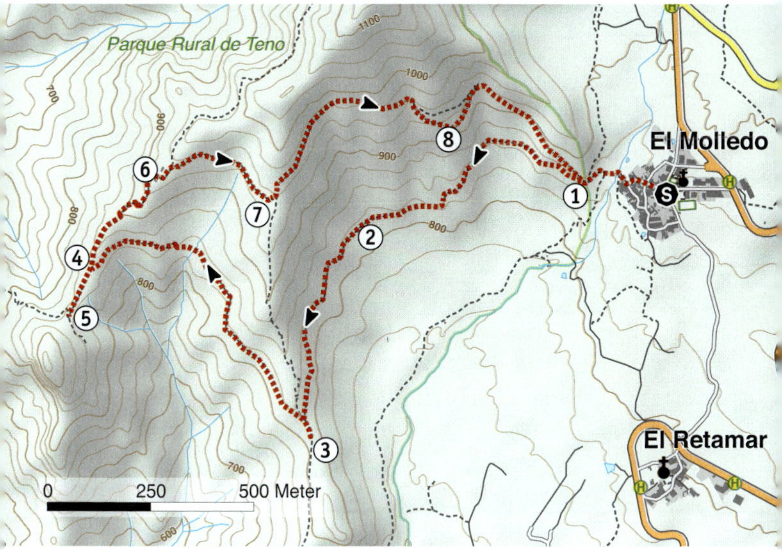

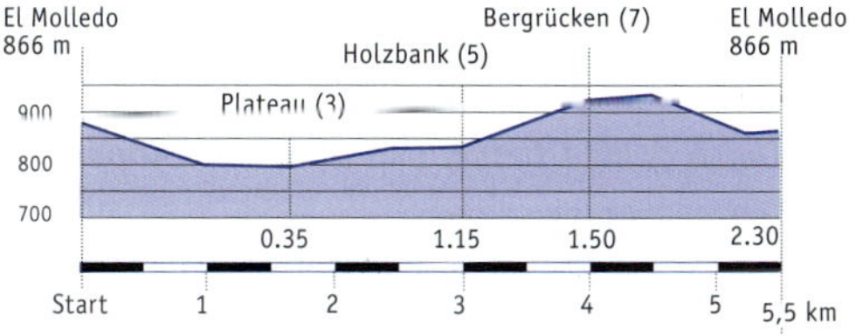

Vulkandom, dessen Gipfel aus großen, flachen Platten besteht. Sie sind durch langsam fließende Lava entstanden. Ihnen verdankt der Berg sein unverwechselbares Aussehen.

Nach der Pause machen wir uns auf den Rückweg über den gut mit **gelb-weißen Markierungen** bezeichneten Weg. Es folgt ein anstrengender Anstieg über einen Bergrücken. Dabei wechseln wir immer wieder die Seite und schauen abwechselnd in die beiden Schluchten weit unter uns. Wenn wir eine **verfallene Hütte** ⑥ erreichen, haben wir es fast geschafft. Von hier aus geht es durch eine imposante **Kakteenallee** hinunter und dann noch einmal hinauf auf den **Bergrücken** ⑦. Dort oben angekommen können wir den Ort El Molledo schon sehen.

Wir halten uns links, es folgt ein letzter Anstieg, bevor es in **Serpentinen** hinab geht. Nach einem kleinen Gegenanstieg halten wir uns immer auf dem Hauptweg und ignorieren die steilen rechts abzweigenden Pfade. Das Dorf El Molledo ist bereits gut zu erkennen. Kurz vor dem Ziel erreichen wir einen großen **Picknickplatz** ⑧ mit Wasserstelle, wo wir unseren Durst stillen können. Am Ende der Wanderung entwickeln die Kinder auf dem Spielplatz neben der Kirche unerwartet schnell neue Energie.

170 m
550 m
STRECKE 7 km
3 h 30
ab 10

Tour 2: Die Steilküste bei Los Gigantes

Durch dunkle Tunnel und über hohe Klippen

Einmal inmitten der imposanten Steilküste stehen? Kein Problem für schwindelfreie Entdecker auf dieser Tour. Diesen Anblick vergessen wir nie wieder und das Gefühl, mitten in den 100 bis 200 Meter hohen Klippen zu stehen, ist hochemotional. Noch spannender wird die Tour durch die beiden Tunnel, durch die wir hindurch müssen. Dazwischen genießen wir den wunderschönen Blick durch die Schlucht auf La Gomera.

Wanderung: Wir parken unser Auto am Zielort und fahren mit dem Taxi zur **Iglesia de Santa Ana** nach Tamaimo. Dort lassen wir uns die steile Calle San Pedro (Achtung: Bei Google Maps Calle de Zarziza) hinunterfahren. Wer ein zweites Fahrzeug hat, parkt hier direkt am Barranco de Santiago. Am Ende der Straße geht es links auf den Wanderweg. Nach 50 Metern treffen wir auf einen **Wegweiser** ① und folgen dem TF-65 nach **Puerto Santiago**.

Wir folgen dem Weg durch eine nüchterne Landschaft, bis wir nach 500 Metern an einen **Fahrweg** gelangen. Hier geht es geradeaus auf den Hof der **Ziegenfinca Quesos Artesanos La Pasada** ②. Die frei herumlaufenden Ziegen, Esel und die vielen anderen Hoftiere sind

Quesos Artesanos La Pasada
Den Ziegenkäse der Finca Quesos Artesanos La Pasada gibt es im Ort Tamaimo im Café »La Vendita de Arriba«. Wer ihn kaufen möchte, muss danach fragen: Er wird in der Küche gelagert. Das urige, typische Café eignet sich auch gut für eine Einkehr auf dem Rückweg.

TOUREN-STECKBRIEF

Anfahrt: Wir parken in Los Gigantes am Straßenrand am Ende der Calle Tabaiba bei **GPS N 28°14'52.7", W 16°50'16.8".** Von dort gehen wir Richtung Stadtzentrum und rufen uns ein Taxi zur Calle San Pedro in Tamaimo unterhalb der Kirche Santa Ana. GPS N 28°16'04.4", W 16°49'20.7".

Bus: Buslinie 325 ab Los Gigantes (Calle el Hibisco) bis Tamaimo Sur (Tankstelle).

Anspruch und Charakter: Anspruchsvolle, schattenlose Höhenwanderung mitten in der Steilküste. Schwindelfreiheit und absolute Trittsicherheit erforderlich. Tobende Kinder sind in der Steilwand tabu, bei Zweifel Seilschaft bilden. Keine Angst vor Tunneln. Taschenlampen, besser Stirnlampen erforderlich. Unbedingt Wetter beachten und nur in langfristig stabiler Wetterlage wandern.

Highlights: Atemberaubende Aussicht und Gänsehaut mitten in der Steilküste. Zwei etwa 1 km lange Tunnel. Schluchtwanderung zwischen den Tunneln.

Einkehr: Am Ziel in Los Gigantes diverse Bars in der Stadt. An der Strecke Wasserversorgung im zweiten Tunnel.

In der Nähe: Playa de los Guíos, Ecomuseo, Santiago del Teide.

so spannend, dass die Kinder wahrscheinlich erst einmal kaum zum Weitergehen zu animieren sind. Es gibt so viel zu entdecken.

Wir überqueren langsam den Hof und wandern 500 Meter südwestlich leicht bergab. Dann biegen wir rechts zu **zwei verfallenen Häuschen** ab. Links vom weißen Steinhäuschen befindet sich der Eingang des **ersten Tunnels** ③. Er ist 1.200 Meter lang und führt leicht abwärts. Wir schalten unsere Stirnlampen an und laufen die nächste halbe Stunde im Lampenlicht. Auf dem Boden sind im mittleren Bereich Gleise verlegt. Der Tunnel ist an einigen Stellen, besonders am Ende, weniger als 1,80 Meter hoch, also Vorsicht mit dem Kopf! Durch die vielen Kurven im Tunnel sind Eingang und Ausgang während der Wanderung nicht zu sehen. Schalten wir auf halbem Weg einmal die Stirnlampen aus, stehen wir in tiefschwarzer Dunkelheit.

Vom **Tunnelausgang** ④ sehen wir tief unter uns unseren Wanderweg und müssen jetzt erst einmal ein wenig klettern, um dorthin zu kommen. Am besten wir gehen kurz nach rechts und steigen im Bachbett ab. Zur Not rutschen wir auf dem Po bis auf den Grund des Barrancos hinunter. Nach weiteren 100 Metern sehen wir die **Galeria Junquera** ⑤, eine alte Wasserleitung. Sie erklärt auch die Existenz der ganzen Tunnelsysteme, die zur Wasserversorgung angelegt wurden.

Es geht weiter hinunter, dann zweigt ein gut erkennbarer Pfad rechts ab. Der Bach verläuft nun etwa 20 Meter links von uns. 300 Meter weiter überqueren wir den Bach. Der Weg führt jetzt am linken Bachufer entlang. Etwa 700 Meter weiter halten wir auf der linken Seite Ausschau nach einem **zugedeckten Wasserkanal** ⑥. Diesem folgen wir und gehen nicht den Hauptweg weiter in die Schlucht. Der Kanal führt uns geradewegs zum Eingang des **zweiten Tunnels** ⑦. Dieser ist einen Kilometer lang und schnurgerade, wir sehen schon am Eingang das Licht am Ende des Tunnels. Aber auch hier brauchen wir unsere Taschenlampen. Im Tunnel fließt eine Wasserleitung, in der wir unsere Trinkflaschen auffüllen können.

Zurück im Tageslicht breitet sich vor uns majestätisch die Steilwand der **Acantilados de los Gigantes** aus: ein magischer Anblick und ein perfekter Platz für eine Pause.

Der weitere Weg folgt nicht dem Wasserkanal (das wäre lebensgefährlich), sondern führt jetzt weiter bergab. **Pfeile und grüne Punkte** auf den Felsen zeigen uns den Weg. Es geht sehr steil bergab bis zu einer kleinen **Schlucht** ⑧. Nach deren Überquerung laufen wir immer am Felsen entlang bis zum Ziel. Meist ist der Weg breit genug für eine entspannte Wanderung, lediglich einmal müssen wir eine kleine, nicht zu unterschätzende Kraxelstelle bewältigen. Da es rechts von uns aber bis zu 200 Meter senkrecht hinab geht, ist Schwindelfreiheit unbedingt notwendig. Stück für Stück kommen wir **Los Gigantes** ⑨ näher.

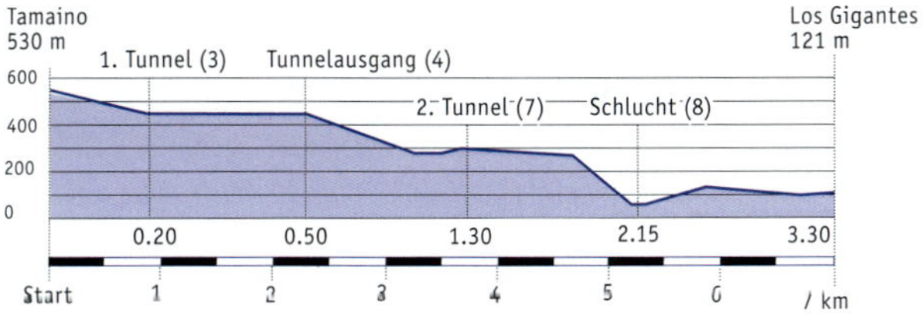

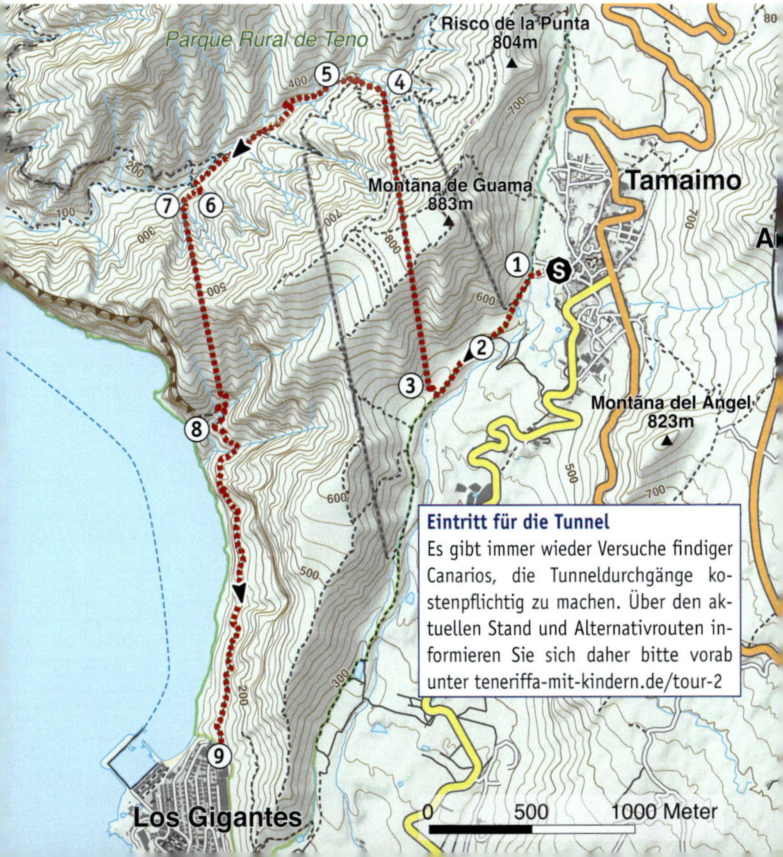

Eintritt für die Tunnel

Es gibt immer wieder Versuche findiger Canarios, die Tunneldurchgänge kostenpflichtig zu machen. Über den aktuellen Stand und Alternativrouten informieren Sie sich daher bitte vorab unter teneriffa-mit-kindern.de/tour-2

290 m

STRECKE

8 km

3 h 15

ab 6

Tour 3: Puerto de Erjos

Wolkenfänger am Risco Verde

Diese Wanderung macht uns mit allen Landschaftsformen des Teno-Massivs vertraut. Zuerst erleben wir den trockenen Kiefernwald, ehe wir durch alpine Landschaft auf den Gipfel des 1.318 Meter hohen Risco Verde klettern. Der Ausblick ist hier sensationell! Die luftige Passage zum alten Dreschplatz erlaubt uns immer wieder einen Blick in das schroffe Masca-Tal. Wir erfahren, wie man mit Wolkenfängern Wasser gewinnt. Der Feuchtwald aus Lorbeerbäumen und Baumheide gibt uns dann das Gefühl, in einer ganz anderen Region angekommen zu sein. Wenn wir nicht gerade im Hochsommer unterwegs sind, haben wir zum Abschluss an den künstlichen Teichen Charcas de Erjos noch Gelegenheit zur Vogelbeobachtung.

Wanderung: Von der **Informationstafel** an der Parkbucht auf dem Bergrücken schweift unser Blick über die Charcas de Erjos, die im Sommer auch mal ausgetrocknet sein können, bis zum Dorf Erjos. Hinter uns können wir den Teide und viele kleine Vulkane erkennen. Wir folgen der Asphaltstraße den Bergrücken hinauf immer dem Gipfel des Galas entgegen. Auf diesem Wegabschnitt begleiten uns insektenjagende Einfarbsegler. Die Vögel ähneln unserem Mauersegler und kommen nur auf den kanarischen Inseln und Madeira vor.

Nach einem knappen Kilometer (etwa 15 Minuten) endet die Steigung. Jetzt geht es munter auf und ab bis zu einer **Kreuzung** ①. Die Asphaltstraße führt weiter hinauf zum Gipfel, rechts zweigt ein Wanderweg ins Tal ab. Wir biegen hier nach links ab und folgen der Piste für weitere 15 Minuten. Sie schlängelt sich leicht abwärts durch den Pinienwald und den Hang entlang, ehe sie langsam wieder an Höhe gewinnt.

Nach etwa zehn Minuten endet die Piste an einer **Kreuzung** ②. Jetzt beginnt der anstrengendste Teil der Wanderung. Während der kleine Pfad nach links hinunter nach Santiago del Teide führt, beginnen wir die vor uns liegenden 75 Höhenmeter hinaufzusteigen. Nach 300 Metern bietet sich bereits eine fantastische Aussicht, sowohl auf die von Wäldern eingerahmte Vulkankulisse hinter uns als auch auf das Masca-Tal vor uns.

Am **Sattel** ③ angekommen erwartet trittsichere und schwindelfreie Wanderer ab etwa acht Jahren ein besonderes Highlight. Ein stellenweise schwer erkennbarer Pfad führt hier auf den **Gipfel des Risco Verde** ④.

TOUREN-STECKBRIEF

Anfahrt: Über die TF-82 von Santiago del Teide oder Icod de los Vinos bis zum höchsten Punkt der Straße fahren. Beim Berggrat Puerto de Erjos nach links (von Santiago), bzw. nach rechts (von Icod) auf die schmale Gratstraße abbiegen. Der Parkplatz befindet sich nach 150 Metern rechts bei **GPS N 28°18‘48.8“, W 16°48‘22.8“.**

Bus: Buslinien 325 (Puerto de la Cruz – Los Gigantes) und 460 (Icod de los Vinos – Adeje).

Anspruch und Charakter: Der erste Kilometer verläuft über eine Asphaltstraße. Anschließend sind wir auf gut begehbaren Fahr- und Wanderwegen unterwegs. Kurze, aber starke Steigung im ersten Drittel, im Mittelteil ist der eine oder andere umgestürzte Baum zu überwinden. Der Abstecher auf den Risco Verde ist teilweise weglos und hat alpinen Anspruch. Das Wetter kann sich hier sehr schnell verändern. Sind es am Start leicht bewölkte 23°C, können es zwischenzeitlich sonnige 32°C, aber auch regnerisch-stürmische 13°C werden.

Highlights: Atemberaubende Aussicht auf das Masca-Tal, Märchenwald, abenteuerliche Kletterei auf den Gipfel für größere Wanderkids.

Einkehr: Restaurante Fleytas oberhalb der Charcas de Erjos.

In der Nähe: Ecomuseo, Santiago del Teide, Garachico.

Aufstieg auf den Risco Verde
zusätzlich 30 min, 600 m, ⇅ 40 m
Vom Sattel folgen wir dem Trampelpfad und nutzen zur Orientierung die beiden Pinien, an denen wir jeweils rechts vorbei steigen. Hinter der zweiten Pinie suchen wir uns einen passierbaren Weg bis zum Gipfel.

Oben angelangt gehen wir noch vorsichtig den Bergrücken entlang und befinden uns am steilen Abhang oberhalb des Mascatals. Hier bietet sich uns ein unbeschreiblicher Blick mit einem zusätzlichen Unterhaltungsfaktor. So können wir die sich in beide Richtungen durch die Serpentinen quälenden Autos und Busse beobachten und im Gegensatz zu den Insassen genau sehen, wann sie sich treffen werden. Ab und an hören wir ein Hupen. Ein Wagen fährt zurück und wieder vor, bei Windstille ist auch immer mal wieder ein wütender Fluch zu hören.

Vom **Sattel** ③ setzen wir unseren Weg nun eher gemütlich nach links fort und wandern unterhalb des mit Antennen »geschmückten« Galagipfels entlang. Der gut erkennbare Wanderweg führt uns leicht abwärts immer wieder an grandiosen Aussichtsplätzen vorbei. Einen Abzweig nach rechts ignorierend erreichen wir nach etwa 20 Minuten rechts neben dem Weg ein großes, rechteckiges, **schwarzes Ungetüm** ⑤. Eine verblichene Informationstafel hilft uns weiter. Es handelt sich um einen Wolkenmelker. Die Funktion der Piniennadeln imitierend filtert dieser Wasser aus den Wolken und stellt sie direkt den Tieren und Pflanzen zur Verfügung.

Weiter auf unserem Weg tauchen wir für ein kurzes Stück in den hübschen Wald ein, ehe sich unvermittelt ein großer **Schotterplatz** ⑥ vor uns auftut. Gegenüber von uns befindet sich eine **Ruine** und ganz links oberhalb des Berghangs ein alter **Dreschplatz**, auf dem man gut rasten kann.

Für den weiteren Weg gehen wir zurück an die Stelle, an der wir aus dem Wald auf den **Schotterplatz** gekommen sind. Hier steht ein Wegweiser, der verschiedene Möglichkeiten anzeigt. Wir wählen hier den einzigen nicht beschilderten Weg. Er ist mit einem **gelb-weißen Kreuz** gekennzeichnet.

Wir wandern jetzt leicht bergauf und passieren bald einen weiteren **Wolkenmelker**. Die Steigung flacht bald ab und der Weg wird von schattenspendenden Lorbeerbäumen und Baumheide gesäumt, wo sich das eine oder andere Wintergoldhähnchen versteckt. Man muss schon genau hinsehen, um diese sehr kleinen Vögel zu entdecken. Bei der nächsten **Weggabelung** ⑦ halten wir uns links und folgen dem nahezu ebenen Weg. Der Abzweig nach rechts würde uns nach starker Steigung auf direktem Wege zurück zur Asphaltstraße führen.

Etwa 600 Meter hinter der Weggabelung duchqueren wir eine Rechtskurve mit einem breiteren Platz am Kurvenausgang. In der Kurve zweigt ein etwas versteckt liegender **Pfad** ⑧ nach links ab, erkennbar am Schild »Fahrrad verboten«. Hier verlassen wir den Fahrweg. Wer diesen Abzweig verpasst, kann auch auf dem Fahrweg weiter bergauf laufen und bei der nächsten Möglichkeit an der Eisenschranke den Weg nach links über den Berggrat wählen oder der Asphaltstraße bergab zurück zum Ausgangspunkt folgen.

Unser Pfad wird schnell deutlicher und führt uns durch einen Wald, stellenweise über umgestürzte kleine Bäume und zunächst leicht abwärts. Nach 200 Metern biegen wir hinter einem **Felsrücken** ⑨ rechts ab. Weiter geht es vorbei an Bäumen mit Moos und Flechten durch echten **Märchenwald**. Dieser endet 20 Minuten später urplötzlich. Wir stehen an einer **Kreuzung mit mehreren Wegen** ⑩ und blicken über Felder auf das Tal von Erjos und unseren Parkplatz auf der anderen Seite des Tals.

Hier gehen wir hier ein kurzes Stück nach links abwärts. Bevor der Weg wieder ansteigt, biegen wir nach rechts ab und wandern hinunter ins Tal. Erneut befinden wir uns auf einem Fahrweg und folgen diesem vorbei an einer Eisenkette, bis wir zu den **Charcas** ⑪ gelangen. Über den Damm in der Mitte der Teiche erreichen wir die andere Seite und biegen, der **Markierung gelb-weißes Kreuz** folgend, nach rechts ab. Der Weg führt weiter zum **Restaurant Fleytas** ⑫. Wir biegen jedoch vorher rechts auf einen Pfad ab. Bei der letzten Gabelung wählen wir den schmaleren linken Weg, der uns auf direktem Weg zurück zum Parkplatz bringt.

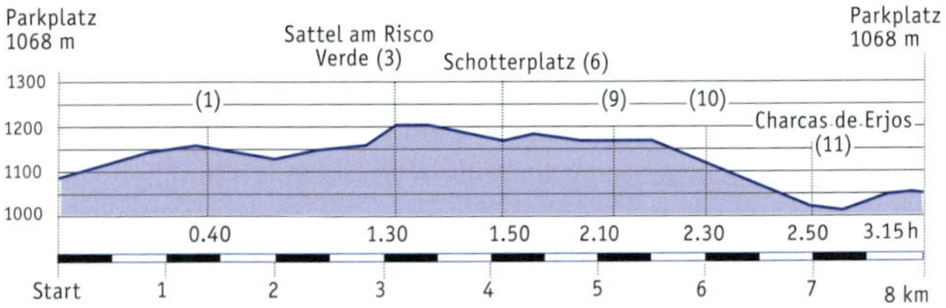

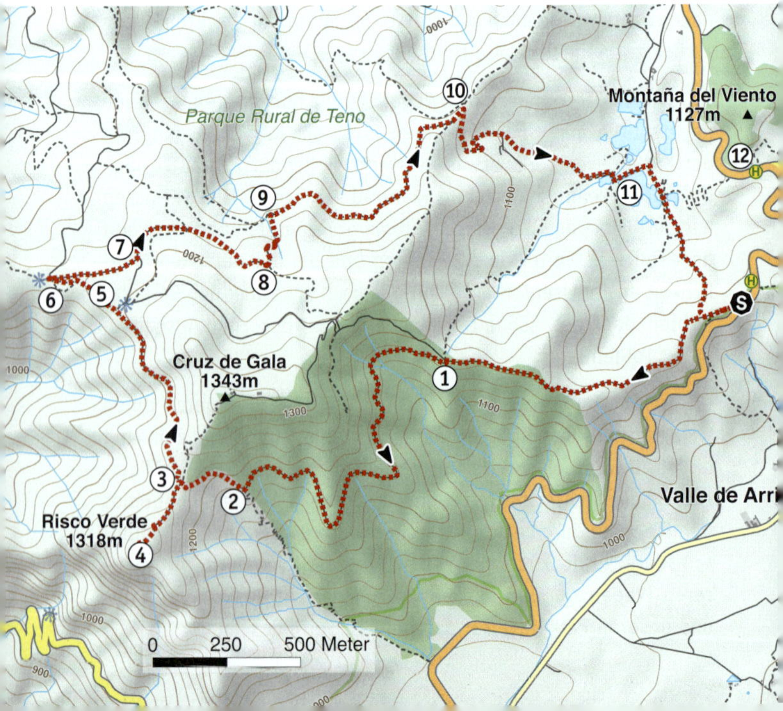

Tour 4:
Die Schlucht der Schluchten

50 m
600 m
STRECKE
4,5 km
3 h
ab 8

Eine Wanderung durch die Masca-Schlucht

Der schmale Weg durch die Schlucht war vor dem Bau der Straße nach Masca die wichtigste Verbindung des Dorfes mit der Außenwelt. Heute gehört er zu den beliebtesten Wanderwegen Teneriffas. Vom urigen kleinen Bergdorf Masca wandern wir vorbei an gigantischen Steilwänden und Höhlen, überklettern die eine oder andere Felsstufe, bis wir das 600 Meter tiefer liegende Meer erreichen. Unten erwarten uns ein Strand und die Rückfahrt mit dem Boot entlang der Steilküste. Die vielen unterschiedlichen Eindrücke machen diese Wanderung so besonders.

TOUREN-STECKBRIEF

Anfahrt: Wegen der schwierigen Parkplatzsituation in Masca (am Wochenende max. 2 h Parkdauer) raten wir zur Nutzung von Taxi oder Bus. Da wir mit dem Boot zurückfahren wollen, empfiehlt es sich, den PKW in Los Gigantes zu parken und von dort ein Taxi zu nehmen (etwa € 20). Das Besucherzentrum in Masca befindet sich im Ort. **GPS N 28°18'18.9", W 16°50'26.0".**

Bus: Linie 355 von Santiago de Teide oder 365 von Buenavista.

Anspruch und Charakter: Schluchtenwanderung auf felsigen, aber gut präparierten und gepflegten Wegen. Schwierige Passagen sind mit Treppen und Sicherungen versehen. An gefährlichen Stellen ist der Pfad mit einem Geländer abgesichert.

Highlights: Beeindruckende, tief eingeschnittene Bucht. Am Ziel toller Strand und Bootsfahrt zurück entlang der Steilküste.

Einkehr: Mehrere Bars und Restaurants in Masca.

In der Nähe: Playa d'Mirador de la Cruz de Hilda, Teno Alto, Playa de los Guíos.

Anmeldung, Eintritt und Leihhelme

Für die Wanderung ist eine Reservierung erforderlich. Die Begehung der Schlucht ist kostenpflichtig und es dürfen alle 30 Minuten maximal 25 Personen (täglich maximal 125 Personen) die Wanderung beginnen. Es herrscht Helmpflicht. Leihhelme sind im Preis enthalten. Außerdem wird der Zugang zur Schlucht nur mit Trekking- oder Wanderschuhen gewährt. Laufschuhe, Sneaker oder andere Sportschuhe werden nicht akzeptiert. **Kinder unter acht Jahren haben keinen Zugang!** Die Eintrittspreise waren bei Drucklegung des Buches noch nicht veröffentlicht (derzeit kostenfrei). www.caminobarrancodemasca.com

Rückfahrt mit dem Boot

Der Bootsanleger am Masca-Strand soll nach seiner Erneuerung frühestens 2022 wieder eröffnet werden. Ist eine Bootsfahrt noch nicht wieder möglich, gibt es Alternativen. Eine Wanderung durch die Schlucht zum Meer und wieder hinauf ist möglich, für Kinder aber zu lang und anstrengend. Für Familien mit Kindern zwischen acht und zwölf Jahren wird derzeit empfohlen, den Rückweg bereits beim **Kontrollpunkt** ② in der Mitte der Schlucht anzutreten. Die Seite www.caminobarrancodemasca.com informiert über den aktuellen Stand.

Wanderung: Die Wanderung auf dem alten Handelsweg durch die Masca-Schlucht ist bei Touristen sehr beliebt und wird daher inzwischen vor Ort gut organisiert. Sie beginnt beim Besucherzentrum unterhalb der Plaza von Masca. Nach dem Einchecken, der gründlichen Prüfung des Schuhwerks und dem Erhalt unserer obligatorischen Helme geht es dann hinunter in die Schlucht.

Ein erster steiler, serpentinenartiger Abstieg führt uns zu einer **Brücke** ①, die uns den Wechsel auf die andere Seite der Schlucht ermöglicht.

Von nun an führt der gut erkennbare und stets ausgeschilderte Weg stetig bergab. Kurz nachdem wir den **Kontrollpunkt** ② am »Wegpunkt 28« passiert haben, wird der Abstieg merklich steiler.

Im oberen Teil der Schlucht haben wir noch eine schöne Weitsicht, danach wird es immer enger und die Ausblicke auf die riesigen Felswände um uns herum werden immer spektakulärer. Zu-

erst können wir das Meer nur akustisch wahrnehmen, erst nach etlichen Kurven und Biegungen taucht es vor uns auf. Am Ende erwartet uns der **Sandstrand von Masca** ③ und der Bootsanleger.

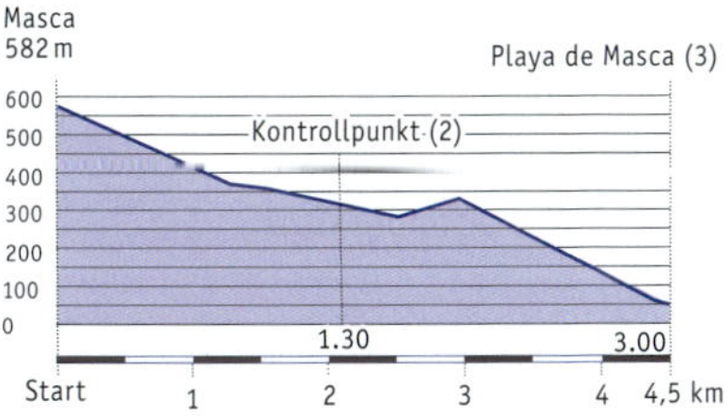

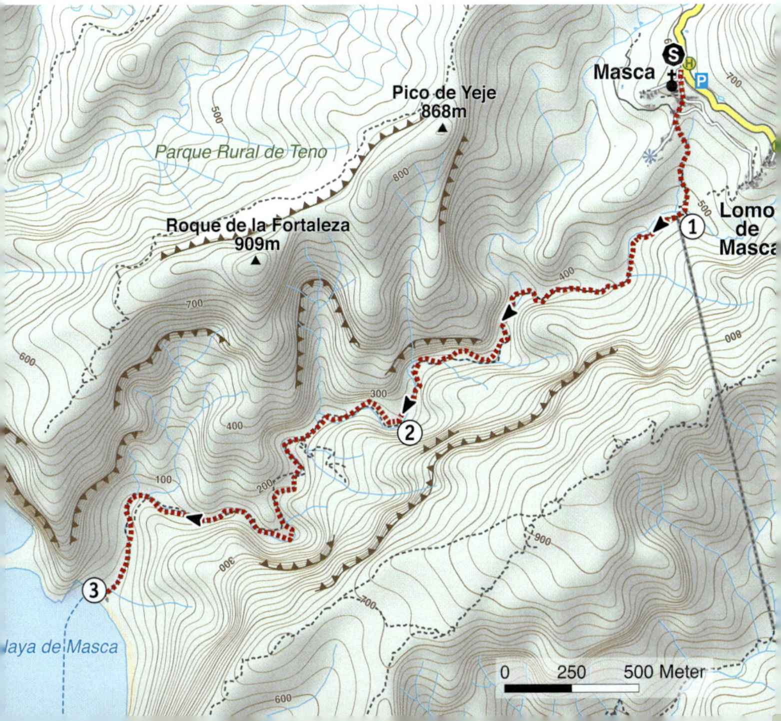

500 m

STRECKE 8 km

5 h

ab 10

Tour 5: Mirador Hilda

Der schmale Grat

Das Bergdorf Masca gehört zu den beliebtesten Zielen auf der Insel. Bei dieser Wanderung können wir das Dorf einmal von der anderen Seite bewundern, nicht nur wie üblich von der Straße aus. Am Ende des Weges haben wir einen spektakulären Blick von weit oben auf den Strand der Masca-Schlucht.

Wanderung: Am Aussichtspunkt **Mirador La Cruz de Hilda** folgen wir dem Fahrweg, der gegenüber des Restaurants auf der anderen Straßenseite beginnt. In 200 Metern Entfernung sehen

wir einen **Antennenturm**, der uns die Richtung zeigt. Wir passieren den Turm, dann endet der Fahrweg. Hier halten wir uns geradeaus, bis wir den **Wanderpfad** ① erkennen, der links am Grat entlangführt. Von hier aus haben wir einen gigantischen Blick auf Masca und die sich windende Straße unter uns.

Wir bleiben zunächst auf der linken Seite des Berges, bis der Weg auf ein **Plateau** ② führt. Der Blick öffnet sich auf das Meer und die Schlucht rechts von uns. Von diesem Punkt aus können wir gleichzeitig in beide Barrancos schauen: eine imposante Aussicht. In der Ferne ist die Nachbarinsel La Gomera zu sehen.

Der Weg führt nun etwa 200 Meter auf dem **Berggrat** entlang, es sind Trittsicherheit und Vorsicht angesagt. Links von uns geht es 100 Meter senkrecht hinab. Kinder sollten hier an der Hand gehen. Am **Ende des Grats** ③ führt der Weg auf die rechte Flanke des Berges.

TOUREN-STECKBRIEF

Anfahrt: Über die TF-436 von Buenavista oder Santiago del Teide kommend fahren wir bis zum Aussichtspunkt Mirador Cruz de Hilda bei **GPS N 28°18‘47.0“, W 16°50‘44.8“.**

Bus: Linien 355 von Santiago de Teide oder 365 von Buenavista nach Cruz de Hilda.

Anspruch und Charakter: Anspruchsvolle, alpine Gratwanderung auf felsigen, schmalen Bergwegen. Anfangs einfacher Abstieg, später viele Gegenanstiege auf Hirtensteigen. Trittsicherheit und Schwindelfreiheit sind wichtig. Nur bei stabiler, trockener Wetterlage begehbar.

Highlights: Spannender, sportlicher Weg auf schmalen Hirtensteigen. Wunderbare Aussicht auf das Bergdorf Masca, in Schluchten und über das Meer. Am Ende einzigartiger Blick auf den Strand von Masca.

Einkehr: Restaurant Cruz de Hilda am Ausgangspunkt. Hier bietet sich ein Frühstück vor der Wanderung mit herrlicher Aussicht auf Masca an.

In der Nähe: Masca, Mirador Altos de Baracán, Playa de las Arenas in Buenavista.

Die folgenden zwei Kilometer wandern wir nun an der rechten Seite der Bergkette hinunter. Wir schauen links auf die immer höher werdenden Klippen und rechts auf die Schluchten unter uns. Je tiefer wir kommen, desto dichter wird die Vegetation. Hier wachsen hauptsächlich Ginster und die baumartige Lamarck-Wolfsmilch. Nach etwa 30 Minuten erreichen wir ein **großes Felsplateau** ④ in verschiedenen Farben, welches zu einer ersten Pause einlädt.

Dann ist ein wenig Orientierungsvermögen nötig. Unser Weg führt hier über die Felsen leicht links hinab, er ist unter uns gut zu erkennen. Der Schwierigkeitsgrad der Wanderung steigt nun rapide. Immer steilere Ab- und Aufstiege sind zu bewältigen. Nach insgesamt einer Stunde stehen wir vor einem imposanten, aus Steinen gebauten **Hirten-**

steig ⑤, der uns 80 Meter sehr steil nach oben führt.

Danach umrunden wir eine Felsnase und es öffnet sich ein atemberaubender Blick auf das Meer. Es folgt wieder ein anstrengender Aufstieg, bis wir eine weite **Hochebene ⑥** erreichen, unser Ziel. Auf der anderen Seite der Ebene haben wir einen einzigartigen Blick auf die Schlucht und den Strand von Masca.

Wir gönnen uns eine ausgedehnte Pause, bevor wir den Rückweg auf der gleichen Route antreten. Auf dem **Felsplateau ④** ist wieder erhöhte Aufmerksamkeit nötig, es geht geradeaus hinüber und nicht den Trampelpfad rechts hinauf.

Varianten für kleine Wanderer

Die Wanderung kann für jüngere Wanderkinder verkürzt werden, da es sich um eine Hin-Zurück-Wanderung handelt. Wir empfehlen dann den Weg bis zum **Bergrücken ②** mit dem Blick auf Masca oder bis zum ersten **Felsplateau ④**. Bis hierher ist die Wanderung deutlich einfacher.

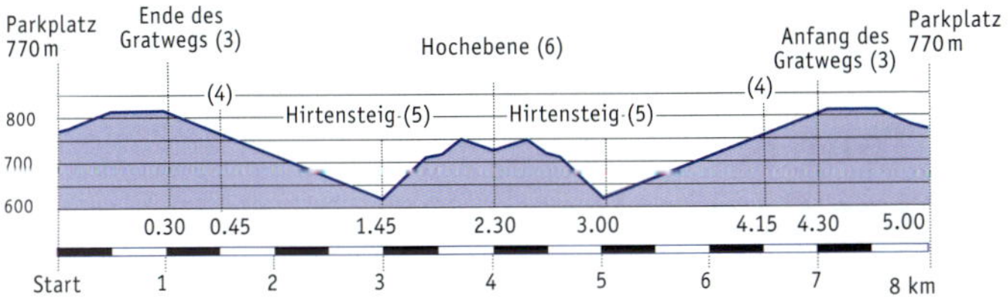

150 m

STRECKE 5 km

2 h

ab 8

Tour 6: Los Carrizales

Wanderung über den Drachenrücken

Im Teno-Gebirge zu wandern und dann auch noch einen Blick auf die Steilküste zu erhaschen, ist üblicherweise mit einer anstrengenden Wanderung und vielen Höhenmetern verbunden. Auf dieser Höhenwanderung auf dem Bergrücken geht es etwas beschaulicher zu. Mit etwas Glück lassen sich hier oben auch Bergziegen entdecken, die Ruine der alten Berghütte und die Aussicht finden wir aber auf jeden Fall.

TOUREN-STECKBRIEF

Anfahrt: Über die TF-436 von Buenavista oder Santiago del Teide kommend biegen wir bei der Beschilderung nach »Los Carrizales« ab. Nach 200 Metern sehen wir eine Spitzkehre, bei der wir parken können. **GPS N 28°19'06.1", W 16°51'16.7".**

Bus: Linie 355 von Buenavista oder Santiago del Teide, Linie 365 von Buenavista nach El Carrizal.

Anspruch und Charakter: Wir wandern zuerst auf einem Fahrweg, dann über einen gut erkennbaren Trampelpfad. Von der Natursteintreppe an wird der Weg enger und es geht steil in die Tiefe, Trittsicherheit und Vorsicht sind hier notwendig. Nicht geeignet für Menschen mit Höhenangst. Im letzten Teil ist der Weg nicht immer erkennbar, hier kann man aber querfeldein laufen.

Highlights: Wunderbare Aussicht auf die Schlucht und das Meer, am Ende auch auf die Steilküste. Erforschen der Bauernhof-Ruine. Mit Glück sehen wir Ziegen und Fischadler.

Einkehr: Keine.

In der Nähe: Masca, Mirador Altos de Baracán, Charco Las Mujeres.

Wanderung: In der Spitzkehre führt rechts vom Haus ein Fahrweg in die Berge. Diesem folgen wir für zehn Minuten. Dann endet er an einem **Tor** ①, denn es ist die Zufahrt der Finca, die hinter dem Bergkamm zu sehen ist.

Am Tor führt ein Pfad weiter geradeaus. Wir wandern immer an der rechten Seite des Grates und blicken rechts auf den **Barranco de las Aneas** und den Ort Los Carrizales. Es geht zunächst gleichmäßig 50 Höhenmeter aufwärts. Die Blicke in die Schlucht und das Meer in der Ferne sind atemberaubend. Nach 20 Minuten erreichen wir dann einen **Hirtensteig**, der in Serpentinen etwas abenteuerlich auf einen herrlichen **Aussichtspunkt** ② führt. Oben angekommen blicken wir steil bergab, hier ist Trittsicherheit nötig und Höhenangst sicher kein guter Begleiter.

Dann umrunden wir den Berg und überqueren auf Natursteinpfaden einen Bergrücken mit Basaltfelsen in bizarren Formen. Zurückblickend haben wir gerade einen **Drachenrücken** ③ erklommen. Oben angekommen erkennen wir die zwei Köpfe mit vielen kleinen Höhlen und ausgewaschenen Felsstrukturen.

Dann orientieren wir uns leicht zum linken Schluchtrand, weg von den beiden Gipfeln auf der rechten Seite. Ab hier wird es wieder flacher und der Boden ist bewachsen. Stellenweise verschwindet der Weg fast in der Vegetation. Langsam steigen wir hinunter bis zu einer **Ruine eines Ziegenbauernhofs** ④. Das Natursteinhaus ist noch gut erhalten, nur das Dach fehlt. Für die Kinder ist es ein idealer Spielplatz.

Von hier aus geht es noch fünf Minuten weiter bis zu einem **großen Felsen** ⑤, von dem wir einen herrlichen Ausblick auf die Atlantikküste haben. Nach einer Rast und der Suche nach den Fischadlern treten wir den Rückweg an, der identisch zum Hinweg ist. Wer ruhig innehält, kann die Bergziegen, welche einst aus ihren Herden geflohen sind, hören und mit Glück auch entdecken. Ein Fernglas ist dabei eine gute Hilfe.

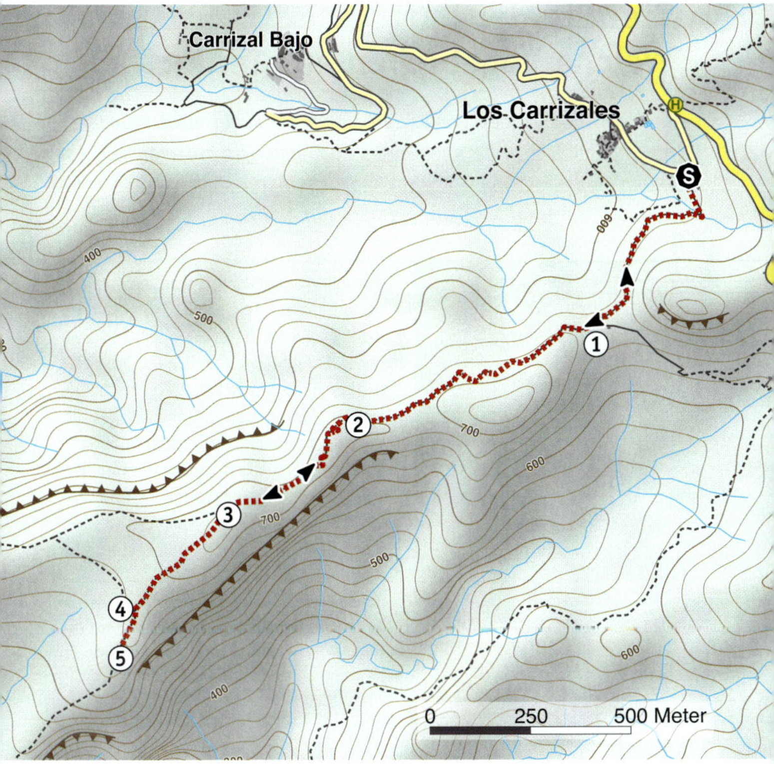
Carrizal Bajo
Los Carrizales
S
1
2
3
4
5
400
500
600
700
0
250
500 Meter

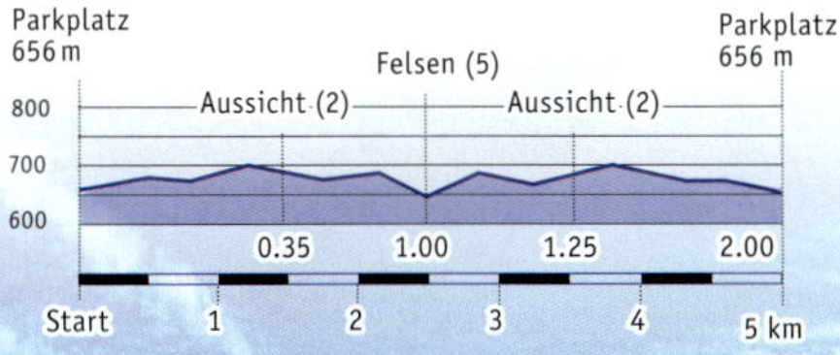
Parkplatz
656 m
Felsen (5)
Parkplatz
656 m
Aussicht (2)
Aussicht (2)
800
700
600
0.35
1.00
1.25
2.00
Start
1
2
3
4
5 km

Tiere in der Luft
Welche Vögel leben auf Teneriffa?

Im Gegensatz zu den Landtieren waren die Vögel nicht zwingend auf menschliche Hilfe angewiesen, um Teneriffa zu erreichen. Es waren wohl eher unerwartete Winde, die dafür sorgten, dass eine neue Art die Insel erreichte und sich auf den Kanaren ansiedelte.

Aus der Familie der Finken entstammt der geschützte **Teydefink** (Fringilla teydea). Erkennbar ist er am bläulichen Gefieder. Er lebt ausschließlich auf Teneriffa in Höhenlagen zwischen 1.200 bis 1.800 Metern. Wer diesen seltenen Vogel zu Gesicht bekommt, kann sich glücklich schätzen. Wesentlich häufiger treffen wir vor allem im Anagagebirge **[› Tour 24 und 25]** die Schwesterart des Teydefinks, den Buchfink (Fringilla coelebs).

Teydefink und Kanariengirlitz gehören zu den endemischen Arten, die nur auf den Kanarischen Inseln zu Hause sind.

Wer kennt ihn nicht, den Kanarienvogel? In freier Wildbahn natürlich nicht so auffällig gefärbt, lebt der wilde, gelb-graue Vorgänger, der **Kanarengirlitz** (Serinus canaria), auch heute noch auf den Inseln und beglückt uns gelegentlich mit seinem fröhlichen Gesang.

Ab und an verleihen verwilderte Exemplare des **Halsbandsittichs** der Insel einen tropischen Charakter. Einst ausgesetzt oder geflohen, haben die Papageien Geschmack an den Früchten der kanarischen Palme gefunden und vermehren sich seither.

In den Lorbeerwäldern des Esperanza- und Mercedeswaldes, aber auch im Teno-Gebirge bei Los Silos, leben zwei Arten von **Lorbeertauben**, die jedoch beide als scheu gelten. Bei unseren Wanderungen lassen sich vereinzelt Exemplare entdecken. Etwas dunkler und größer sind diese von anderen hier lebenden Wildtauben gut zu unterscheiden.

Während wir außerdem überall auf der Insel tagsüber Raben und nachts Fledermäusen begegnen, treffen wir während unserer Wanderungen durch das Teno-Gebirge auch auf vereinzelte **Felsenhühner und Wachteln**.

Gut getarnt: ein Felsenhuhn im Teno-Gebirge.

Die Fraktion der Greifvögel wird auf Teneriffa über Land vor allem von Turmfalken und Bussarden vertreten, über Wasser vom Fischadler. Den Fischadler können wir mit viel Geduld von Los Gigantes, Punta de Teno oder Playa de Masca entlang der Steilküste beobachten. Die größte Wahrscheinlichkeit für eine Sichtung gibt es allerdings während eines Bootsausflugs [› Tour 36]. Der **Fischadler** kann eine Flügelspannweite von fast 1,75 Metern erreichen und ist von unten durch das weiße Gefieder mit schwarzen Unterbrechungen und Rändern gut erkennbar.

Ein Bootsausflug ist auch die beste Möglichkeit, neben den vielen Möwen die Flugkünste der **Sturmtaucher** (Pardelas) zu bewundern. Wer in Playa de San Marcos oder im Bereich der Isla Baja wohnt, kommt zudem in den Sommermonaten in den Genuss der allabendlichen »Gespräche« der hier in den Felsvertiefungen nistenden Exemplare. In jammernder Tonlage beklagen sie sich vermutlich über den harten Tag auf dem Meer. Für Kinder kann das beim ersten Mal sehr gruselig sein.

140 m

STRECKE 5 km

2 h 15

ab 6

Tour 7: Teno Alto

Wir sammeln Farben

Weiß, schwarz, braun, gelb, ocker, blau, rot, orange und alles, was dazwischen noch Platz findet – auf dem Hochplateau von Teno Alto entdecken wir neben kargen Ziegenweidegründen eine faszinierende Landschaft, die in allen Farben schillert. Sie ist der bekannten Mondlandschaft von Vilaflor durchaus ebenbürtig. Wir bewundern ausgewaschene Gesteinsformationen, kraxeln zwischen weißen Kalkfelsen hindurch und durchqueren einen roten Vulkankrater. Mit der Rast vor den gelben Höhlen, den Aussichten auf den Norden der Insel mit blassen Wolken an grünen Hängen und dem Blick über den blauen Atlantik auf La Palma bietet diese Wanderung ein buntes Potpourri an Eindrücken. Meist sind die Wege deutlich erkennbar, nur im Mittelteil ist Pfadfindergeist gefragt.

TOUREN-STECKBRIEF

Anfahrt: Über die TF-436 von Buenavista oder Santiago del Teide kommend biegen wir im Ort El Palmar der Beschilderung nach »Teno Alto« folgend ab. Wir folgen der Bergstraße für 7 km. Im kleinen Ort biegen wir hinter der Bar »Los Bailaderos« nach rechts in die »Pista la Mulata« ein. Nach 600 Metern befördert uns eine Spitzkehre nach rechts in eine plötzlich komplett andere Landschaft. Nun noch einmal der Kurve nach links folgend versuchen wir uns links neben der Straße einen Parkplatz zu sichern. **GPS N 28°20'52.4", W 16°52'46.4".**

Anspruch und Charakter: Ein Teilstück führt weglos durch niedrige Vegetation über Terrassenfelder in ein Tal. Zum größten Teil verläuft die Wanderung über deutlich erkennbare Wanderpfade. Ein kurzer Abstecher zum Aussichtspunkt erfordert Schwindelfreiheit.

Highlights: Farben des Gesteins, herrliche Weitblicke, Höhlen.

Einkehr: Restaurants im Ort Teno Alto. Direkt am Ortseingang befindet sich ein kleiner Laden mit regionalen Produkten (z.B. Ziegenkäse).

In der Nähe: Playa de las Arenas in Buenavista, El Rayo Buenavista Del Norte, Walskelett.

Wanderung: Schon bevor wir richtig losgewandern, laden die runden Felsen der kleinen Mondlandschaft nahe dem Parkplatz gleich zum Klettern und Fotografieren ein. Dann gehen wir vom Parkplatz wenige Schritte bergan, biegen beim **Wegweiser nach Buenavista** ① scharf links ab und steigen den Hang hinauf. Die ersten zehn Minuten folgen wir dem Zaun zu unserer Linken, ehe der Weg gut erkennbar nach rechts über den Bergrücken abknickt.

Leicht bergab gehend passieren wir einen weiteren **Wegweiser** ②, folgen diesem nach Buenavista und erreichen nach etwa 25 Minuten eine **weiß-graue Felsformation** rechts von uns. Kurz darauf gelangen wir an einen alten runden **Dreschplatz** ③. Bevor wir unseren Weg geradeaus und links vom Berg fortsetzen, lohnt für schwindelfreie Kletterer ein Abstecher von etwa 100 Metern zu einem **Aussichtspunkt**. Dazu folgen wir weiter dem rechten Weg nach Buenavista und werden mit einem beeindruckenden Blick weit über die Insel belohnt. Zurück am **Dreschplatz** ③ setzen wir unseren Weg nun links vom Berg am **gelb-weißen X** vorbei fort.

Unser Weg führt nun durch mit gelben und weißen Flechten überzogene Felsen und steigt dabei leicht an. Dann erreichen

wir die Bergkuppe. Wir passieren einen aus Steinen errichteten **Windschutz** zu unserer Rechten und die **Bauklötze der Kinder der Riesen** zu unserer Linken, ehe wir den Rand des **Roten Kraters** ④ erreichen. Bevor wir den Krater durchqueren, bleiben wir kurz stehen, um uns für den weiteren Weg zu orientieren. Der Weg soll uns nahezu genau gegenüber an den Rand führen, wo ein **schmaler Durchgang** ⑤ erkennbar ist, durch welchen wir den Krater verlassen werden. Hier beginnt jetzt der schwierigste Teil der Wanderung.

Gleich hinter dem Durchgang halten wir uns links und suchen unseren Weg auf und knapp unterhalb des links von uns verlaufenden Kraterrandes. Bald gehen wir weglos durch Terrassenfelder mit niedriger Vegetation, weiter dem Kraterrand folgend. Ab hier müssen nun alle ihren Weg selbst finden, aber aufgrund der vielen kleinen, durch Ziegen geschaffenen Pfade ist das ein gefahrloses Unterfangen. Gelegentlich helfen Steintürmchen, eine gute Route zu finden. Unser Ankerpunkt sind die **Höhlen im gelben Fels** ⑦ auf der anderen Seite der Schlucht. Dort befindet sich auch eine klar zu erkennende **Felsmauer** ⑥.

Wer sich den weglosen Abschnitt vom Krater durch die Schlucht nicht zutraut, dreht hier einfach um und geht auf dem bereits bekannten Weg zurück zum Parkplatz.

Wenn wir die **Felsmauer** ⑥ erreichen, können wir auf dieser klettern oder an ihr entlang gehen bis wir auf den quer dazu verlaufenden Weg gelangen. Quasi genau gegenüber verlassen wir den Weg über das rötliche Gestein, um zu den 60 Meter entfernten **gelben Höhlen** ⑦ aufzusteigen. Hier können wir uns, während die Kinder die Höhlen erforschen, von den Strapazen der Schluchtdurchquerung erholen und Kraft für den wesentlich entspannteren Rest der Wanderung sammeln.

Wir kehren zum Weg zurück und halten uns links. Am nächsten **Abzweig** ⑧ folgen wir dem linken Weg durch den roten Fels. Bei wolkigem Wetter können wir nach etwa fünf Minuten einer Abkürzung nach links folgen. Bei blauem Himmel bleiben wir besser auf dem Weg, um den Blick auf La Palma zu genießen.

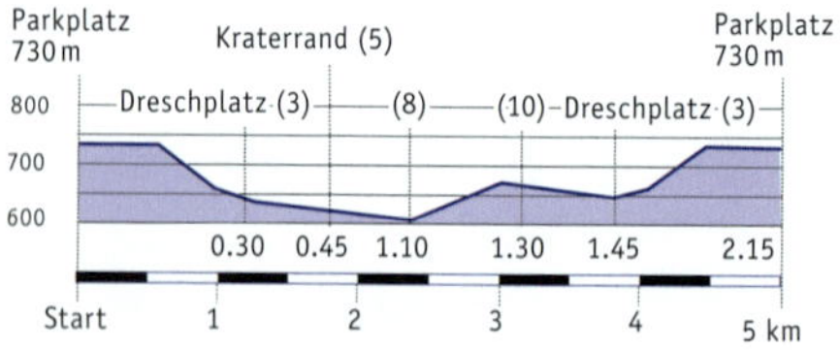

Der Weg wird jetzt deutlich breiter. Kurz darauf folgen wir einer **Abzweigung nach links** ⑨. Am Ende der ersten Rechtskurve steht links von uns ein **Wolkenmelker** ⑩. Hier wenden wir uns nach links und folgen einem Pfad bergab. Nachdem wir nun durch eine **kleine Schlucht** ⑪ mit rot-braun-ocker farbenem Gestein gegangen sind, verlassen wir diese kurz vor deren Ende nach rechts. Der Weg führt uns nun zurück zum **Dreschplatz** ③. Ab hier folgen wir der vom Hinweg vertrauen Route zurück zum Parkplatz.

Tour 8: Tierra del Trigo

200 m

STRECKE 4,3 km

1 h 45

ab 6

Wasser marsch – auf zum Wasserfall!

Das urige Dörfchen Tierra del Trigo am Rande des Tenomassivs ist selbst vielen Einheimischen nicht bekannt, dabei verbirgt es ein wunderschönes Geheimnis. Wir beginnen hier unsere Tour zum einzigen ganzjährig Wasser führenden, wenn auch nicht hundertprozentig natürlichen Wasserfall der Insel. Durch üppige, immergrüne Vegetation führt uns unser Weg zu einer Quelle und zu einem Trinkwasserkanal. Hier sitzen wir zwischen bizarren Kalkformationen, hören nur noch das Plätschern des Wassers und genießen den Ausblick über den gesamten Nordteil der Insel.

Wanderung: Wir starten vom Parkplatz und folgen für 350 Meter der relativ steil bergauf führenden Straße Richtung **Cuevas negras**. Dann biegen wir rechts in eine zunächst eben verlaufende Straße ab. Schon bald steigt der Weg wieder leicht an. Am Wegesrand kann man die endemische Kanaren-Glockenblume bewundern, die von Oktober bis Mai Blüten trägt.

Noch einmal 300 Meter weiter biegen wir rechts ab und folgen **einer verwitterten Betonstraße** bergab. Wir passieren eine **Quelle** ① und wandern weiter abwärts, bis wir an eine **T-Kreuzung** ② gelangen.

TOUREN-STECKBRIEF

Anfahrt: Vom Ort El Tanque, der sich an der Passstraße (TF-82) von Santiago del Teide nach Icod de los Vinos befindet, zweigt die Straße TF-423 nach Westen Richtung Tierra del Trigo ab. Vorbei am Mirador Lomo Molino erreichen wir nach 3 km den Ortsanfang. Wir folgen der Straße fast bis zum Ende und parken auf dem Parkplatz bei **GPS N 28°21'09.3", W 16°48'11.6"** vor der kleinen Kirche gegenüber der Zufahrt zum Hotel Rural »Finca la Hacienda«.

Anspruch und Charakter: Die Tour führt streckenweise über asphaltierte Feldwege, aber auch über ausgetretene, teilweise rutschige Pfade entlang einer Wasserleitung. Im Frühjahr sind Teile des Weges durch Pflanzen zugewuchert und stellenweise sehr schmal. Hinter dem Wasserfall verläuft der Weg auf einem stets relativ breiten Bergrücken. Hier ist Schwindelfreiheit und Trittsicherheit von Vorteil, aber nicht zwingend notwendig. Vorsicht bei Regen und Wind!

Highlights: Planschen am und im Kanal, Wasserfall mit bizarren Kalkformationen, atemberaubender Tief- und Weitblick, immergrüne Botanik am Wegrand.

Einkehr: Bar La Ermita direkt am Parkplatz.

In der Nähe: Walskelett, Mirador Lomo Molino, Garachico.

Wir halten uns rechts auf dem abwärts führenden Weg und überqueren schon bald den **Kanal**, welchem wir in Kürze folgen werden. Direkt hinter dem anschließenden **Wasserbassin** ③ biegen wir nach links ab und wandern jetzt auf einem geröllig werdenden **Fahrweg**. Dann hören wir schon das Plätschern des Wassers.

An der nächsten Kreuzung biegen wir links in einen Wanderweg ein, der nach wenigen Metern auf den **Kanal** ④ trifft. Hier geht es rechts und wir folgen für die nächsten zehn Minuten dem Wasserlauf. Witterungs- und vegetationsbedingt kann es ab und an von Vorteil sein, auch mal links neben dem Kanal zu gehen, größtenteils bleiben wir aber auf der rechten Seite. Vorsicht, die Steinplatten auf dem Kanal sind teilweise brüchig und der Weg ist an einigen Stellen sehr glatt!

Der Kanal endet abrupt und sprudelt als **Wasserfall** ⑤ den Abhang hinunter ins Tal. Durch den sehr hohen Kalkanteil im Wasser haben sich um die Kaskade teilweise bizarre Kalkablagerungen gebildet.

Während sich das Wasser nach links den Hang hinunter seinen Weg sucht, führt uns unser Weg jetzt rechts den Kalkabhang hinunter. Unser Ziel, die Spitze der Felszunge, ist in 600 Metern Entfernung deutlich zu erkennen, ebenso der auf dem **Grat verlaufende Weg**, dem wir jetzt folgen. Je näher wir der Spitze kommen, umso schmaler wird der Grat. Auch wenn keine konkrete Absturzgefahr besteht, sollten Kinder zur Vorsicht angehalten werden. Die Kleineren gehören hier am besten an die Hand.

Der Gratweg endet nach 15 Minuten an einem **Aussichtspunkt** ⑥ und wir werden mit dem Blick über die gesamte Nordküste von Buenavista bis ins Anagagebirge belohnt. Die durch Erosion in den Felsen entstandenen **Fenster** laden zu tollen Fotos ein, wobei nie die Vorsicht außer Acht gelassen werden darf.

Unser Rückweg verläuft zunächst auf dem gleichen Weg: vorbei am Wasserfall und am Kanal entlang zurück zum **Fahrweg** ④. Dort angelangt, verlassen wir unseren Hinweg und halten uns links, dem Weg abwärts folgend. Nach 200 Metern knickt der Weg nach links ab. 15 Meter weiter befindet sich zu unserer Linken ein **rostiges Gatter** ⑦. An dieser Stelle verlassen wir den

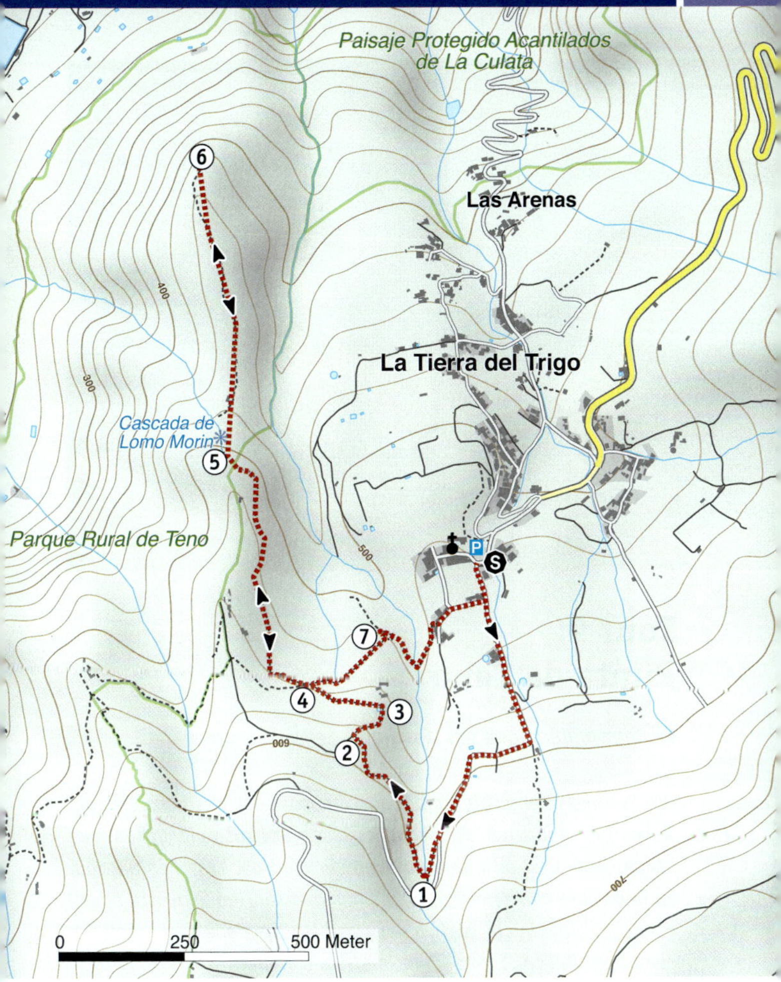

Weg und folgen dem Pfad nach rechts talwärts. Dieser ist anfangs mit Steinen begrenzt.

Nachdem wir einen schattigen **Tunnel aus Baumheide** hinter uns gelassen haben, bringt uns der Weg auf der anderen Seite der Schlucht zu den **Häusern des Dorfes** zurück. Zwischen einem hellbraun gestrichenen Haus und einer unverputzten Wand treffen wir auf eine Straße, der wir geradeaus folgen. 100 Meter weiter biegen wir an deren Ende nach links ab. Der Parkplatz befindet sich nun direkt vor uns.

Variante für jüngere Wander-Kids:
Die Wanderung ist auch ohne Abstecher an den Steilhang sehr schön. Dann ist sie einen guten Kilometer kürzer und auch für nicht schwindelfreie Wanderer und Kinder unter sechs Jahren gut zu schaffen.

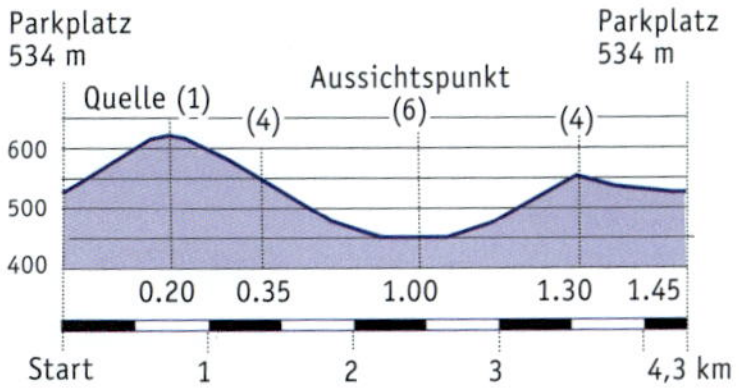

80 m

STRECKE
4,5 km

1 h 30

ab 4

Tour 9: Punta de Teno

Küstenwanderungen am Westkap

Die Punta de Teno, die Spitze des Teno, ist der westlichste Punkt Teneriffas. Rund um den im klassischen Stil rot-weiß gehaltenen Leuchtturm lässt sich eindrucksvoll der Kontrast zwischen der rauen und wilden Nordwestküste und der eher sanften Südküste erkennen. Die kleine Bucht südlich des Leuchtturms eignet sich hervorragend zum Baden, Schnorcheln und Kanu fahren, während im Norden die Brandung mit Wucht an die schroffen Felsen der Küste schlägt. Zusätzlich genießen wir einen spektakulären Blick auf die gewaltige Steilküste von Los Gigantes.

TOUREN-STECKBRIEF

Anfahrt: Auf der Küstenhauptstraße TF-42 bis nach Buenavista fahren und dort der Beschilderung »Punta de Teno« auf die TF-445 folgen. In Abständen weisen nun Schilder auf das tagsüber geltende Einfahrtsverbot hin (siehe Infobox). Nur wer früh genug kommt, kann bis zum Parkplatz am Leuchtturm bei **GPS N 28°20'35.4", W 16°55'11.9"** fahren.

Bus: Linie 369 ab Buenavista (Estacion de Guaguas oder Haltestelle »Cruz de Toledo« GPS N 28°22'11.1", W 16°51'13.3").

Anspruch und Charakter: Die Tour ist nahezu ebenerdig und führt meist über deutlich erkennbare Pfade. Die Stellen an der Steilküste sollten bei Regen und starkem Wind nicht begangen werden. Die Tour lässt sich auch leicht abgekürzen, da wir mehrfach am Ausgangspunkt vorbeikommen.

Highlights: Traumhafter Blick auf La Gomera, der Atlantik mit seinem wechselhaften Charakter, Bade-, Angel- und Schnorchelmöglichkeit, Felsbögen, gigantische Felsküste.

Einkehr: Keine.

In der Nähe: Playa de las Arenas in Buenavista, Buenavista del Norte, Garachico.

Wanderung: Wir starten an der **Infotafel ①**, auf der es Wissenswertes über die Klippen zu lesen gibt. Sie steht oberhalb der schmalen Badebucht am Parkplatz. Hier beginnen wir unseren Ausflug mit einer kurzen Leuchtturmrunde.

Zugangsbeschränkung: Die Einfahrt zur Punta de Teno ist nur von Dienstag bis Freitag vor 9 Uhr (Juli bis September) / 10 Uhr (Oktober bis Juni) oder Montag bis Donnerstag nach 20 Uhr (Sommer) / 19 Uhr (Winter) mit dem eigenen Fahrzeug erlaubt. Wer vor der Sperrung die Zufahrt passiert, kann sich auch in der Zeit der Sperrung frei in dem Bereich bewegen und die atemberaubende Straßenführung mit dem eigenen PKW erleben. In den übrigen Zeiten ist die Zufahrt nur mit Fahrrad, Bus oder Taxi gestattet. Die Buslinie 369 fährt ab Buenavista »Estacion de Guaguas« oder »Cruz de Toledo« im Stundentakt zur Punta de Teno. Kosten: Taxi €12, Bus €1.

1. Die Leuchtturmrunde:

Dazu gehen wir die asphaltierte Straße Richtung Leuchtturm bergauf. Auf unserer rechten Seite sehen wir den meist aufgewühlten und wilden Atlantik, während er sich zu unserer Linken ruhig und häufig spiegelglatt zeigt. Die Straße endet vor einem Tor, welches den weiteren **Zugang zum Leuchtturm ②** verhindert. Auf der lin-

Mit dem Fahrrad zur Punta de Teno
In der Zeit ab 9 Uhr ist der Straßenverkehr auf der Zufahrt zur Punta de Teno durch das tagsüber geltende PKW-Einfahrtsverbot deutlich reduziert. Es bietet sich an, das Auto am Kontrollpunkt zu parken, ein Fahrrad zu mieten und die faszinierende Straßenführung und Aussicht auf diesem Weg zu genießen. Die Straße ist im Film »The Fast and the Furious 6« Teil der Anfangsszene. E-Mountainbikes kann man direkt am Kontrollpunkt mieten.
Fahrradmiete: Zwei Stunden €15, jede weitere Stunde €5, hinzu kommt noch der obligatorische Helm für €2. Fahrräder werden an Kinder ab 14 Jahren verliehen. www.funbikeadventures.com

ken Seite können wir von hier aus den Weitblick auf das Meer genießen, das vorhandene Geländer sollte unbedingt als Begrenzung beachtet werden. Hier, etwa 30 Meter über dem Meer, haben wir einen hervorragenden Ausblick über die Steilküste Richtung Los Gigantes. Auf der anderen Straßenseite ist die raue Nordwestküste zu sehen. Bei guter Sicht erscheint auch die Nachbarinsel La Palma am Horizont.

Zurück an der **Straße** folgen wir dieser ein Stück abwärts, bis wir rechts auf einen **Holzbohlenweg** abbiegen, der zu einer **Steinplattform** ③ und weiter zu einem **Angel- und Badebereich** führt. Bei sehr ruhiger See kann man über eine Treppe ins Meer gelangen. Die Strömung darf aber nicht unterschätzt werden! Die Gefahrenhinweise zum Baden an Felsen in der Einleitung dieses Buches verdienen unbedingt Beachtung. Die Stelle eignet sich auch sehr gut zum Schnorcheln.

Der Rückweg führt uns geradeaus an der Plattform vorbei und wir können nach 70 Metern entscheiden, ob wir zur **Badebucht** ④ hinabgehen oder zu unserem Startpunkt zurücklaufen. Am Ende der Bucht führen Treppenstufen zum Parkplatz hinauf.

2. Abstecher nach Osten zum »Rand der Giganten«:
Wir laufen am **Parkplatz** vorbei zur **Bushaltestelle** und auf dem Gehweg nach rechts. Am Ende des gepflasterten Weges folgen wir dem erkennbaren Pfad, der zunächst leicht abwärts führt und bald zum Fahrweg wird. Nach etwa 120 Metern können wir entscheiden, ob wir weiter der Piste folgen oder rechts auf einen Trampelpfad nahe am Wasser abbiegen. Direkt am Meer haben wir von **kleinen Anhöhen** eine herrliche Aussicht. Auf jüngere Kinder muss man hier gut aufpassen. Um uns herum wachsen Feigenkakteen und Kanarenwolfsmilch.

Auf Höhe einer **Villa** vereinen sich der Trampelpfad und der Fahrweg wieder. Bei nächster Gelegenheit verlassen wir den Weg nach rechts und wandern auf einen Pfad bequem bergab. Der Trampelpfad ist leicht zu erkennen, wobei er stellenweise direkt an der Steilküste verläuft. Nach 700 Metern erreichen wir eine kleine **Andachtsstätte** ⑤, ein schöner Platz für eine Pause. Mit viel Glück können wir auf dem Meer Delfine oder Meeresschildkröten entdecken, die sich sehr gerne in den Gewässern zwischen den Klippen von Los Gigantes und La Gomera aufhalten. Auch Fischadler sind zu beobachten.

Mit jüngeren Kindern drehen wir hier um. Neugierige mit großen Kids können dem Weg noch etwa 300 Meter weiter folgen. Er führt immer näher an der Steilküste entlang und Schwindelfreiheit und Trittsicherheit sind nun ein Muss. Auf dem Rückweg folgen wir ab der **Villa** dem Fahrweg und gelangen bald wieder zum Startpunkt.

3. Abstecher in den wilden Nordwesten

Wir starten wieder an der **Infotafel** ①, gehen gegenüber auf der anderen Straßenseite den leichten Absatz hinunter und folgen dem mit **Steinen gesäumten Weg**, bis wir nach 250 Metern eine **Gabelung** erreichen. Uns links haltend gehen wir den Pfad bis zu einem **Aussichtspunkt** ⑥. Bei ruhiger See kann man hier in einem Charco baden.

Anschließend kehren wir zur **Gabelung** zurück und folgen dem anderen Pfad oberhalb des Aussichtspunktes. Weiter geht es durch spärliche Vegetation mit Feigenkakteen und Kanarenwolfsmilch. Nachdem wir eine **Steinplattform** passiert haben, gelangen wir an einen kleinen **Bogen aus Lavastein** ⑦. Der Pfad teilt sich nun in drei kleine Trampelpfade, die sich bald wieder vereinen. Wir nehmen den mittleren, da dieser genügend Abstand zur Abbruchkante hält, aber trotzdem eine schöne Aussicht auf das Meer ermöglicht.

Bald erreichen wir eine Stelle mit einem imposanten Blick auf das Spiel der Wellen, die sich abrupt an den Felsen brechen. Nach weiteren 850 Metern befindet sich auf der linken Seite ein **Felsloch** ⑧, durch das man die unter uns liegende Brandung sehen kann. Die Landschaft ist hier an vielen Stellen unterhöhlt. Ein aus **Lavasteinen aufgetürmter Steinhaufen** markiert unser Ziel. Auch hier finden wir viele Löcher mit Blick auf die Brandung unter uns. Kinder

sollten in dieser Gegend allerdings nicht alleine auf Entdeckungstour gehen! Der Weg zurück entspricht genau dem Hinweg und ist nicht zu verfehlen, da man den Leuchtturm stets im Blick hat.

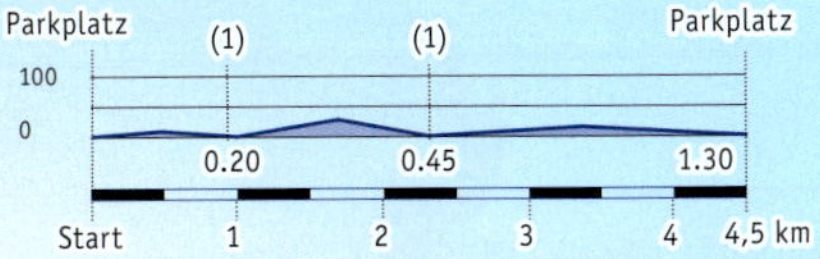

140 m

STRECKE 5,3 km

2 h

ab 4

Tour 10: Buenavista

Küstenwanderung vom Strand in die Altstadt

Buenavista del Norte ist die westlichste Stadt der Insel. Die unterschiedlichen Jahreszeiten sind in dieser Gegend auf ganz besondere Art und Weise zu sehen. So entsteht hier im Sommer einer der schönsten und abwechslungsreichsten Sandstrände der Insel, während man diesen im Winter kaum erahnen kann. Im Gegensatz dazu darf man im Winter Zeuge eines Wasserfalls werden, der auch gerne mal nach oben über die Felskante zurückweht. Am Gelände des angeblich schönsten Golfplatzes der Insel entlang führt uns der Weg in die nur von wenigen Touristen besuchte Altstadt mit ihrer gemütlichen Plaza.

Wanderung: Wir beginnen unsere Wanderung an der **Playa de las Arenas** (1), was auf Deutsch »Strand des Sandes« bedeutet. In den Monaten Oktober bis Mai wundern wir uns über den Namen, denn Sand lässt sich zu dieser Zeit hier bestenfalls erahnen. Im Juni bis September befindet sich hier jedoch einer der schönsten Sandstrände der Insel **[› Seite 40]**. Dies ist gerade für Kinder ein Ansporn zum Wandern, denn am Ende lockt ein tolles Badevergnügen.

Zunächst entlang der Straße, später auf einem gepflasterten Weg führt uns unsere Tour zwischen dem **Restaurant El Burgado** und dem Schwimmbad in Richtung Küste. Auf unserer rechten Seite prägt der Golfplatz einen großen Teil der Wanderung. Vormittags

TOUREN-STECKBRIEF

Anfahrt: Der Küstenhauptstraße TF-42 bis Buenavista folgen, dort weiter gemäß der Beschilderung nach »Punta de Teno« (TF-445). Am Restaurant Burga 2 den Kreisverkehr bergab in die Straße »Camino el Rincón« verlassen und auch den nächsten Kreisverkehr wieder an der zweiten Ausfahrt verlassen. 900 Meter später geht es rechts ab zum Strandparkplatz bei **GPS N 28°22'16.4", W 16°52'14.6"**.

Bus: Linie 363 von Puerto de la Cruz oder Icod de los Vinos.

Anspruch und Charakter: Die Tour ist größtenteils eben und führt meist über gepflasterte Wege. Auf dem Weg in die Altstadt gibt es ein etwas steileres, gut befestigtes Teilstück. Vorsicht vor den Golfbällen! Die Tour lässt sich alternativ an der Plaza beenden, mit dem Taxi kostet die Rückfahrt etwa € 5.

Highlights: Toller Strand, beeindruckende wilde Lavaküste, gemütliche Plaza in der Altstadt, Charcos, wetterabhängig ein besonderer Wasserfall.

Einkehr: Restaurant Burga am Start, Cafés in der Altstadt.

In der Nähe: Beheiztes Schwimmbad direkt am Wanderweg, Walskelett, Garachico.

wird der Platz gewässert und es kann zu überraschenden Erfrischungen kommen. Um keine Golfbälle an den Kopf zu bekommen, sollten wir die Golfspieler im Auge behalten. Nach etwa 15 Minuten erreichen wir eine kleine **Brücke über eine Schlucht**, kurze Zeit später passieren wir einen Holzsteg und eine weitere Brücke. Zu unserer Linken blicken wir stets auf die imposante Atlantikküste, während wir vorbei an Balsam-Wolfsmilch, Agaven und Opuntien wandern. Über den gut ausgebauten Weg erreichen wir etwa 30 Minuten nach Beginn unserer Wanderung eine Kapelle am **Mirador Barqueros** ② oberhalb des Felsenstrandes **Playa de los Barqueros**.

Wir gehen weitere 100 Meter die Straße hinauf und biegen vor der Schlucht beim **Wegweiser »Centro historico«** rechts auf einen Wanderweg ab. Der Weg führt als Fahrweg immer entlang des Golfplatzes. Kurz vor einer **Bananenplantage** ③ wird er steiler. An der Plantage angelangt geht es rechts ab.

Wenig später erreichen wir die **ersten Häuser** und folgen nun dem Weg nach links. Rechts von uns liegt eine schön angelegte Finca im kanarischen Stil. Nachdem wir das Gebäude hinter uns gelassen haben, queren wir den **Platz vor einer Kapelle** ④. Über eine **Treppe** geht es zur Straße hinauf, der wir bergan folgen. An der sogleich vor uns liegenden **Gabelung** halten wir uns links und folgen dem Wegweiser Richtung »Centro historico«. Nun peilen wir den Kirchturm an, das Zwischenziel ist nahe.

Die mittlerweile geschotterte Straße endet an einer **Schlucht** und setzt sich als gepflasterter Fußweg den Barranco hinab fort. Hier befindet sich ein schattiger **Spielplatz** ⑤. Auf der anderen Seite führt der Weg bergan aus dem Barranco. Über eine der

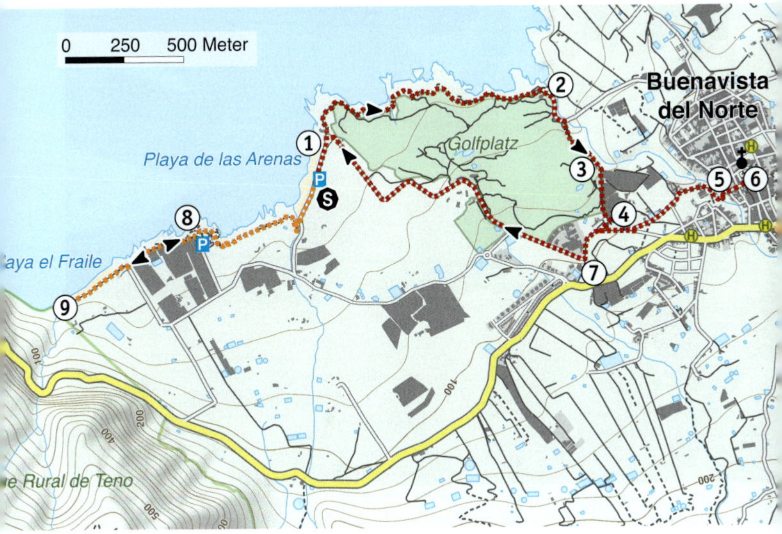

Variante für kleine Wanderer
Fährt man von der Altstadt mit dem Taxi zurück zum Strand, verkürzt sich die Wanderzeit auf eine Stunde. Die Taxifahrt kostet etwa €5.

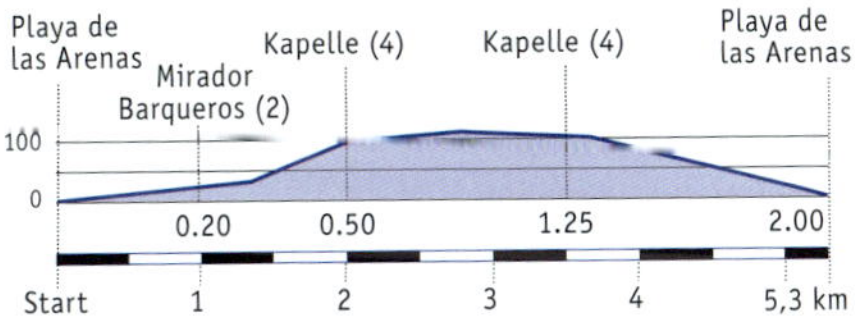

Treppen gelangt man nach knapp einer Stunde in die Altstadt, welche sich hinter der **Touristeninformation** (blaues »i«) befindet. Auf der **Plaza** ⑥ haben wir Gelegenheit, einen Cortado, ein Eis oder eine kleine Mahlzeit zu bestellen.

Von der Plaza gehen wir zunächst den Weg, auf dem wir gekommen sind, zurück und erreichen nach 15 Minuten wieder die **Kapelle** ④. Nun folgen wir der Straße bis zum sehr schön restaurierten **Golfhotel** ⑦ »Melia Hacienda del Conde«. Wir biegen nach rechts ab und wandern, immer dem Weg folgend und den Golfplatz neben uns, dem Atlantik bergab entgegen. In den Sommermonaten können wir nun den **Strand** ① genießen.

In den Wintermonaten bietet es sich an, dem Küstenwanderweg für weitere 1,5 Kilometer nach Westen zu folgen. Hinter einem Veranstaltungsplatz und mehreren **Charcos** ⑧ endet der Weg kurz nach einem Parkplatz und dem Warnschild »Steinschlaggefahr« oberhalb eines Steinstrandes. An dieser Stelle lässt sich nach regnerischen Tagen ein ungewöhnlicher **Wasserfall** ⑨ bewundern. Bei starkem Nordostwind fällt das Wasser nicht nach unten, sondern wird direkt vom Hang nach oben geweht und verteilt: ein ganz besonderes und seltenes Naturschauspiel.

Plátanos Canarios
Der Bananenanbau auf den Kanarischen Inseln

Wer auf Teneriffa umherfährt, trifft überall auf Bananenplantagen. Auf Terrassen in Monokultur angelegt, mit Mauern umgeben und oft mit Plastikplanen abgedeckt, geben die Plantagen ein wenig idyllisches Landschaftsbild ab. Es handelt sich aber um die wichtigste Kulturpflanze der Kanarischen Inseln. Über 35.000 Menschen verdanken diesem Wirtschaftszweig ihren Arbeitsplatz. Mehr als 90 Prozent der Ernte geht in den Export, das meiste davon aufs spanische Festland. Hier werden sie übrigens Plátano genannt, die anderen Varianten Banana.

Anders als die aus unseren Supermärkten bekannte südamerikanische Version ist die Plátano Canario eine spezielle Unterart der Banane. Sie ist etwas kleiner, kürzer und süßer als ihre südamerikanischen

Verwandten. Auf Teneriffa gibt es die Früchte überall auf Märkten, in Fruterias (Fruchtläden) und Supermärkten zu kaufen. In Deutschland ist diese Bananenart kaum zu finden. Durch den hohen Wasser- und Flächenbedarf sowie die benötigten EU-Subventionen ist der Anbau nicht unumstritten. Als einzige EU-Banane sind die Pflanzen aber der Stolz der Canarios.

Üblicherweise nennen wir die Pflanze Bananenpalme, was aber falsch ist. Es handelt sich um eine Staude, denn der Stamm ist nicht aus Holz, sondern aus schuppig angeordneten, abgestorbenen Blättern. Oberhalb dieses Scheinstamms bildet sich eine Blätterkrone aus sehr breiten, großen Blättern mit einer klar ausgeprägten Mittelrippe. Die Blätter können bis zu drei Meter lang und 60 Zentimeter breit werden. Ältere Blätter sind oft bis zur Mittelrippe eingerissen. Die Pflanze gilt botanisch als Kräuterpflanze, die Frucht als Beere.

Eine Bananenstaude bildet in ihrem Leben einen einzigen riesigen, hängenden Blütenstand, der an eine Glocke erinnert. Aus diesem entwickelt sich ein sogenannter Büschel, der die uns so bekannten Bananen trägt. Erst klein und grün, dann immer weiter wachsend entwickelt sich die gelbe Frucht. Ein Büschel enthält bis zu 200 Bananen und wiegt bis zu 50 Kilogramm. Die Früchte sind auf Plantagen oft zur Schädlingsabwehr in Folie verpackt, sodass wir sie nicht sehen können.

Eingeführt wurde die Pflanze von spanischen Seefahrern im 15. Jahrhundert aus Afrika und Madagaskar. Daher stammt auch der Name Plátano, der von den großen Blättern herrührt. Erst später exportierten die Spanier die Bananenpflanze nach Südamerika.

Zwei Ausflugsziele, bei denen wir alles über den Bananenanbau erfahren, sind die »Banana Experience« im Süden [› Seite 194] und die Casa del Plátano im Norden der Insel [› Seite 112].

50 m

STRECKE 7 km

2 h 30

ab 4

Tour 11: Der fauchende Drache und der Wal

Eine Küstenwanderung bei Los Silos

Los Silos ist der mittlere der drei Hauptorte der Isla Baja und besteht aus dem Ortsteil Los Silos und dem Küstenort Puertito de los Silos. Die Tour beginnt beim Walskelett, das in Los Silos am Meer aufgestellt wurde, und uns die Größe dieser Meeressäuger näherbringt. Nur kurze Zeit später werden wir vom »fauchenden Drachen« erschreckt und am Ende der Wanderung lehrt uns der Felsbogen El Rayo etwas über Vergänglichkeit, die selbst vor einem Felsen keinen Halt macht. Wie einem Seefahrer weist uns dann der Leuchtturm Faro de Buenavista den Weg vorbei an natürlichen Salinen und Charcos mit kristallklarem Wasser.

TOUREN-STECKBRIEF

Anfahrt: Der Küstenhauptstraße TF-42 folgen bis zum zweiten Kreisverkehr von Los Silos, dort die erste Ausfahrt nehmen und geradeaus bergab nach Puertito de Los Silos fahren. Die nächsten zwei Kreisverkehre an der dritten Ausfahrt verlassen und direkt beim örtlichen Schwimmbad parken bei **GPS N 28°22'46.3", W 16°48'50.7".**

Bus: Linie 363 von Puerto de la Cruz bis nach Los Silos, von dort zu Fuß weiter oder mit dem Taxi.

Anspruch und Charakter: Die Tour ist größtenteils eben und führt über staubige, unbefestigte Fahr- und Wanderwege. Beim Felsbogen und beim Abstecher zum Charco ist Vorsicht geboten.

Highlights: Walskelett, der »fauchende Drache«, schöne Steinformationen an der Küste, Charcos und natürliche Salinen, Felsbogen El Rayo.

Einkehr: Restaurants in Los Silos, Restaurant Mundial 82 in La Caleta de Interian.

In der Nähe: Garachico, Playa de San Marcos, Drago Milenario.

Wanderung: Wir starten unsere Wanderung beim **Skelett des Seiwals ①** an der Strandpromenade von Los Silos. Von hier aus folgen wir dem an der Küste verlaufenden Fahrweg. Mit etwas Glück können wir links von uns die landenden Gleitschirmflieger beobachten.

Nur wenige Minuten später sehen wir zu unserer Rechten ein Schild mit der Aufschrift **El Bufadero ②**. Auf Deutsch bedeutet das »der Fauchende«. Ein paar Schritte hinter dem Schild befindet sich ein kleines Loch im Lavagestein. Es ist mit einer bis zum Meer tiefen Unterhöhlung im Fels verbunden. Bei jeder höheren Welle entsteht so das Fauchen eines Drachens, welches kleine Stöcke oder Blätter problemlos meterweit in die Höhe katapultiert.

Immer dem Fahrweg folgend passieren wir **Charcos und natürliche Salinen**. Diese entschädigen für die leider sehr trostlose Landschaft zu unserer Linken. Ab und an gibt es Möglichkeiten, den Weg für kleine Abstecher Richtung Meer zu verlassen – es lohnt sich. Bei entsprechender Wetter- und Wellenlage können wir hier das Salz für das mitgebrachte gekochte Ei oder das Abendessen sammeln.

Nach etwa 50 Minuten und 2,8 Kilometern verlassen wir den Fahrweg und setzen unseren Weg auf dem nun schmaleren Pfad an der Küste fort. Zunächst nur durch Warnschilder erkennbar, erreichen wir den Felsbogen **El Rayo** ③. Hier sollten Wanderer jedes Alters unbedingt die Warnungen auf den Tafeln beachten und stets auf ausreichend Abstand zum Abgrund achten!

Wenige Meter nachdem wir den Bogen passiert haben, versteckt sich in der Steilküste ein schwer zu findender Abstieg zum **Charco de el Rayo**. Es lohnt aber nicht ein Risiko einzugehen: der meist einsame Charco ist auch von oben wunderschön anzusehen. Wer den Weg jedoch gefunden hat, kann hier auch noch eine Badepause einlegen.

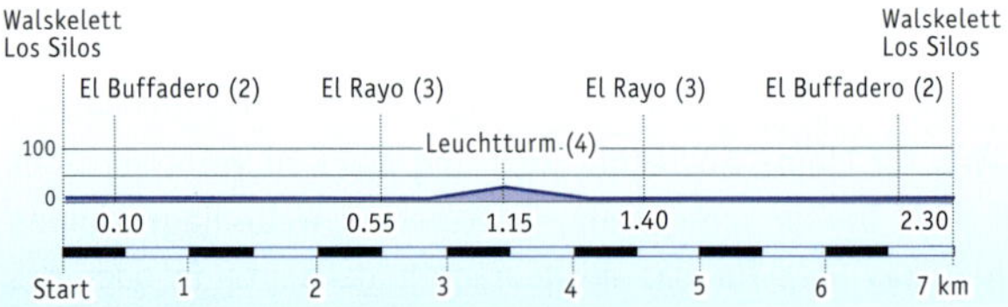

Unser Ziel, der **Faro de Buenavista del Norte ④,** befindet sich nun direkt vor uns und ist sowohl über den Fahrweg als auch über einen kleinen küstennahen Pfad schnell erreicht. Nach einem kurzen neugierigen Blick auf den Küstenbereich hinterm Leuchtturm drehen wir um und laufen zurück.

Auch wenn unser Rückweg nicht vom Hinweg abweicht, ist es doch spannend und eindrucksvoll, dem Wellenspiel und -rauschen beizuwohnen und nun bei hoffentlich wolkenlosem Himmel auf die Berge mit dem überragenden Pico del Teide zuzuwandern. Für die Kinder sorgt der auf uns wartende Drache für die nötige Motivation auf dem Rückweg.

350 m

STRECKE 6 km

2 h 15

ab 6

Tour 12: Barranco de los Cochinos

Im Slot Canyon von Los Silos

Als Slot Canyon bezeichnet man enge Schluchten, die durch fließendes Wasser entstanden sind. Auf Teneriffa gibt es mehrere davon. Der Barranco de los Cochinos bei Los Silos ist besonders leicht erreichbar und zusätzlich zum Slot Canyon-Erlebnis bekommen wir hier auch noch eine besonders abwechslungsreiche Wanderung. Gleich beim Start überrascht uns eine kleine grüne Oase am Ortsausgang von Los Silos. Leise plätschert hier der Bach vor sich hin. Auf halber Strecke erreichen wir zur großen Freude der Kinder einen Ententeich. Dann wird die Schlucht enger und an der engsten Stelle führt eine Treppe weiter hinauf. Doch nicht so schnell! Über der Treppe schwebt bedrohlich ein riesiger Fels. Wer traut sich hinauf? Nach dem spannenden Weg durch die Klamm können wir in der Umgebung des romantischen Wildbachs Kraft für den Rückweg sammeln.

Wanderung: Los geht es beim **Zebrastreifen**, der uns über die Umgehungsstraße von Los Silos führt. Auf der anderen Straßenseite folgen wir dem Wegweiser Richtung »Cuevas Negras - PR-TF-53« und spazieren gemütlich die Asphaltstraße hinauf. Nach 150 Metern zweigt der PR-TF-54 nach rechts ab, wir gehen weiter geradeaus, dem PR-TF-53 folgend. Unser Weg führt uns zwischen Mauern immer weiter aufwärts, während wir alle weiteren Abzweigungen ignorieren. Dann weichen die Mauern und wir passieren einen **Waschplatz**. Kurz darauf finden wir uns inmitten einer schattigen **grünen Oase** ① mit Bach und einer Zwillingspalme wieder. Wir folgen dann dem Wegweiser PR-TF-53 über **zwei Brücken**, ehe wir nach rechts auf die **Betonstraße** abbiegen.

Der Anstieg wird nun etwas fordernder. Wir bleiben auf der Betonstraße, die uns zwischen Fincas, begleitet vom Wasserrauschen der »Gallerias«, den Berg hinaufführt. Der Asphalt endet und die Straße setzt sich links von einer lila Mauer als Piste fort. Kurze Zeit später treffen wir auf eine **Kreuzung** ② unterhalb eines roten Hauses. Zwei Privatwege führen hier nach links und rechts. Dazwischen geht der Wanderweg (PR-TF-53) geradeaus eine Treppe hinunter. Wir folgen hier nicht weiter dem PR-TF-53 in Richtung »Cuevas Negras«! Trotz der Kette mit dem Hinweis »Privado« und »Prohibio el paso« (Durchgang verboten) wählen wir den Weg zu unserer Rechten. Die Hinweise gelten Autofahrern und nicht uns.

Da wir uns nun auf einem Privatgrundstück befinden, lassen wir die Autos der Eigentümer stets passieren, verlassen nicht den Weg und hinterlassen wie gewohnt keinen Müll. Ein freundlicher Gruß kommt immer sehr gut an. Nach 100 Metern erreichen wir eine Palme mit einer offenen **Spendenbüchse**. Hier hinterlassen wir als Dank für die Wegnutzung eine kleine Geldspende und vielleicht auch trockenes Brot für die Tiere.

TOUREN-STECKBRIEF

Anfahrt: Der Küstenhauptstraße TF-42 durch den ersten Kreisverkehr von Los Silos folgen, dort die zweite Ausfahrt auf die Umgehungsstraße nehmen und nach dem ersten Zebrastreifen auf den Parkplatz bei **GPS N 28°21'53.4", W 16°49'02.6"** abbiegen.

Bus: Linie 363 von Puerto de la Cruz bis nach Los Silos.

Anspruch und Charakter: Die Tour führt mit gleichmäßiger Steigung zunächst über Asphalt- und Betonstraßen, später auch über Schotter und gut erkennbare Wanderpfade. Ein Teil der Wanderung befindet sich auf Privatgrund (Kette mit Schild »Privado«), Wanderer dürfen dieses aber zu Fuß passieren. Lange Hosen sind aufgrund der Vegetation ratsam.

Highlights: Ententeich, Slot Canyon-Erlebnis, Bachlauf.

Einkehr: In Los Silos befindet sich ein landestypischer Pavillon auf der Plaza neben dem Parkplatz.

In der Nähe: Walskelett, Garachico, Playa de San Marcos.

Die Eigentümerin des Grundstücks, über welches diese Wanderung führt, bittet auf einem Schild höflich um Geldspenden für Tierfutter und hat dafür eine kleine Box aufgestellt. Die Wanderung sollte uns gerne einen kleinen Obulus wert sein. Auch trockenes Brot für die Bauernhof-Enten ist ausdrücklich erwünscht und darf auch selbst verfüttert werden. Es ist selbstverständlich, dass wir keinen Müll hinterlassen. Wir wollen diese Wanderung noch lange Zeit und möglichst vielen Wanderfreunden ermöglichen.

Wir folgen der Piste noch für 200 Meter, bis diese endet. Auf der linken Seite steigen wir die beiden **Treppenstufen** hinauf. Wir folgen dem Weg zwischen der schwarzen Wasserleitung und dem aus Resten gebauten Zaun hindurch. Aus unserem Weg wird ein Trampelpfad zwischen Felsen. Wir unterqueren eine Wasserbrücke und befinden uns bereits unterhalb des **Ententeichs** ③, dessen Ufer wir 50 Meter weiter erreichen. Ein schöner Platz für eine Rast und wenn man ans trockene Brot gedacht hat, auch zum Enten füttern.

Wir kehren zurück auf unseren Aufstiegsweg und lassen den Teich hinter uns. Die Schlucht wird nun deutlich natürlicher. Eukalyptus, Wolfsmilchgewächse und niedere Vegetation prägen fortan das Bild. Wir kommen an einer **Ruine** ④ vorbei und passieren eine große Esskastanie. Das niedrige Gestrüpp kann das Vorankommen insbesondere für kleine Kinder sehr beschwerlich machen und es ist ratsam, eine lange Hose zu tragen, da hier auch Brombeeren wuchern.

Wir passieren einen weiteren Baum mit sehr dickem Stamm, durchqueren ein Farnfeld und müssen uns bücken, um unter einem großen Feigenbaum hindurchzuschlüpfen. Hinter einem umgestürzten Baum wechseln wir zwischenzeitlich auf die andere

Seite der Schlucht und folgen ganz grob der **Wasserleitung**. Ab und zu führt der Weg durch das Bachbett, was nach Regentagen auch mal für nasse Füße sorgen kann.

Etwa 300 Meter hinter der Ruine steigen wir einen sandigen Hang hinauf. Das ist nach Regenfällen manchmal eine rutschige Angelegenheit. Oben angelangt wartet ein **verlassener Bahnhof** ⑤ auf uns. Schienen und eine Lastenlore sind Zeugen der harten Arbeit beim Wasserbergbau. Der versperrte und zugewachsene Wasserstollen darf auf keinen Fall betreten werden, da sich in der Luft giftige Gase befinden. Es herrscht Lebensgefahr im Stollen!

Viel interessanter als der Stollen ist das, was uns nur wenige Augenblicke später erwartet. Die Wände der Schlucht rücken näher zusammen, werden überhängend und versperren fast den Blick in den Himmel. Auch vor uns befindet sich nun eine Wand. Wäre auf der linken Seite nicht eine **Treppe** ⑥ aus der Zeit des Wasserbaus, dann wäre hier ohne Kletterausrüstung Schluss.

Auf halber Höhe klemmt ein riesiger Felsbrocken zwischen den Wänden über der Treppe und scheint in Kürze weiterzurutschen. Wir trauen uns hindurch, schließen noch die klapprige »Tür« und genießen die fantastischen Eindrücke von oben.

Weitere 15 Minuten geht unsere Tour mal durch das Bachbett, mal über eine Kraxelstelle und wir passen stets auf, nicht auszurutschen. Dann hören wir das laute Rauschen des Wassers und erforschen die Umgebung des **Wildbaches** ⑦ noch etwas, ehe wir auf gleichem Wege wieder hinabsteigen. Zum Abschluss spazieren wir an unserem Parkplatz vorbei auf die Plaza de la Luz und genießen ein kühles Getränk oder ein Eis.

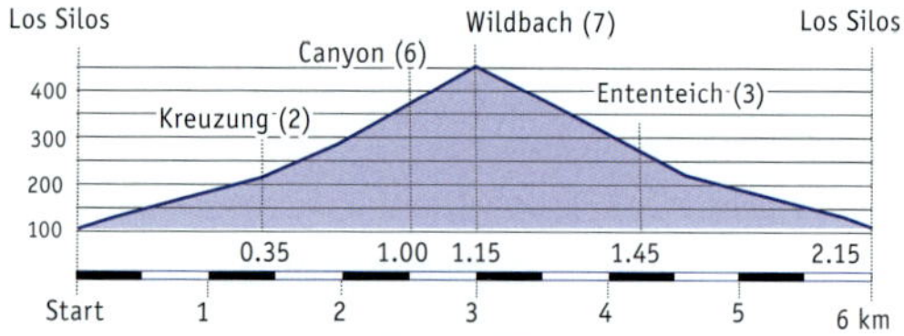

Tour 13: Garachico

2–3 h

ab 4

Die Stadt in der Lava

Garachico ist eines der touristischen Highlights und einer der hübschesten Orte Teneriffas. Das Dorf war im 16. und 17. Jahrhundert der bedeutendste Hafen der Insel. Von hier aus wurde vor allem Wein nach England verschifft. Im Jahr 1706, beim Ausbruch des Vulkans Garachico, verschwand der gesamte Ort in einem Lavastrom. Nur die Kirche aus dem Jahr 1520 und das Kloster blieben verschont. Danach verlor die Stadt ihre Vorherrschaft im Handel, wurde aber nach altem Vorbild wieder aufgebaut, sodass man noch heute durch malerisch enge Gassen schlendern kann.

TOUREN-STECKBRIEF

Anfahrt: Der Küstenhauptstraße TF-42 bis kurz vor den Ortsausgang von Garachico folgen. Auf der rechten Seite ist der Parkplatz am alten Hafen bei **GPS N 28°22'15.4", W 16°46'12.2"** zu erkennen. Hier versuchen wir einen Parkplatz zu ergattern. Sollte dieser überfüllt sein, können wir alternativ auf dem ehemaligen Fußballplatz parken, **GPS N 28°22'29.9", W 16°45'45.4"**.

Bus: Linie 363 von Puerto de la Cruz bis zu Haltestelle »Oficina de Informacion Turística«.

Anspruch und Charakter: Stadtbummel auf Gehwegen und Straßen. Weil der Ort so beliebt ist, sollte der Besuch unbedingt auf einen Werktag fallen.

Highlights: Stadtpark, historischer Ortskern mit Kirche und Plaza, Küstenpromenade mit Blick auf den Roque Garachico und die Naturschwimmbäder, Eis essen an der Plaza.

Einkehr: Eisdiele La Fragola, Pavillon auf der Plaza, im ganzen Ort gibt es viele Restaurants und Cafés.

In der Nähe: Walskelett, Playa de San Marcos, Drago Milenario.

Wir starten unseren Rundgang am alten Hafen. Hier fällt sofort die Kunstinstallation **Tensei Tenmok** ① (die Tür ohne Land) von Kan Yasuda auf. Sie ist ein sehr beliebtes Fotomotiv. Wir können von hier aus zunächst durch die gemütlichen Gassen der Stadt spazieren oder am Meer entlang.

Den Beginn des schönsten Teils der Stadt markiert der **Parque de la Puerta de Tierra** ②. Hier befindet sich das ehemalige Tor zum Hafen und man erkennt, welche gewaltige Lavaschicht sich über die Stadt gelegt hat. Neben der markanten **Kirche** bietet die **Plaza de la Libertad** ③ mit ihrem typischen Pavillon ein schattiges Plätzchen für einen Cortado oder ein kühles Erfrischungsgetränk. Für die Kleinen gibt es hier auch Spielmöglichkeiten.

In direkter Nachbarschaft befinden sich das ehemalige Kloster und das Rathaus der Stadt und beeindrucken durch die wunderschöne Architektur. Wir genießen den ziellosen Bummel durch die gemütlichen Gassen, werfen hier und da einen Blick in die schönen Höfe und können zum Beispiel in der **Zigarrenmanufaktur** ④ traditionelles Handwerk erleben. Viele Wein- und Souvenirgeschäfte laden zum Stöbern ein. Der Blick nach oben offenbart uns die beeindruckende Architektur der kanarischen Balkone.

Ein Spaziergang entlang des Atlantiks im Angesicht des Wahrzeichens **Roque Garachico** darf auf keinen Fall fehlen. Im Winterhalbjahr wird die Küstenstraße inklusive Fußweg regelmäßig

gesperrt, da die Wellen bis zur ersten Häuserreihe gelangen, was teilweise für erhebliche Schäden sorgt.

Die **Piscinas naturales** ⑤ an der Küste vor dem Ort haben in den Sommermonaten eine ganz besondere Anziehungskraft. In den aus Lava geformten Gängen kann man herrlich schwimmen und sich austoben. Nebenan gibt es einen kleinen **Spielplatz** ⑥ und direkt gegenüber befinden sich eine der besten Eisdielen der Insel und viele kleine Restaurants.

Karneval und Fiesta
Bunte Feste auf Teneriffa

Die Welt schaut auf Rio, Deutschland ins Rheinland. Und dazwischen? Teneriffa! In den Karnevalshochburgen von Santa Cruz und Puerto de la Cruz findet der zweitgrößte Karneval der Welt statt. Die Karnevalskönigin eröffnet die Fünfte Jahreszeit. Gemeinsam mit der Kinderkönigin wird sie vom feiernden Volk gewählt.

Die Straßen und Plätze sind feierlich geschmückt und riesige Korsos bahnen sich den Weg durch die Städte. Dazwischen laufen immer wieder Samba- und Musikgruppen, die ein Gefühl von Rio versprühen. Auch die Besucher verkleiden sich zum Feiern. Der Karneval endet mit der Beerdigung der Sardine (entierro de la sardina) am Aschermittwoch. Weinend und voller Trauer ziehen die Feiernden hinter einer großen Sardine aus Pappmaché her und geleiten sie auf ihrem letzten Weg, ehe der Fisch in Flammen aufgeht.

Schluss mit lustig? Jetzt fängt es in einigen Orten erst richtig an! Während auf der ganzen Karnevalswelt die Uhren wieder »normal« ticken, hat sich Puerto de la Cruz einen klaren Vorteil verschafft. Hier geht es jetzt erst so richtig los. Alle, die nun in Deutschland noch nicht genug vom Karneval hatten, setzen sich in den Flieger und kommen hierher. Der Samstag nach Aschermittwoch ist hier der größte »Karnevalsfeiertag« und so finden sich neben vielen Jecken aus Deutschland sogar deutsche Kamelle-Wagen mit aus dem Rheinland angereister Besatzung im großen Umzug wieder.

Wer mehr über den Karneval auf Teneriffa erfahren möchte, sollte sich das **Karnevalsmuseum in Santa Cruz** ansehen. Eintritt frei.
www.casacarnavalsantacruz.com

Fiesta!

Wer während seines Urlaubs die Touristenzentren verlässt, wird es auf jeden Fall sehen oder hören: bunt geschmückte Orte, laute Folklore, in Trachten gekleidete, gut gelaunte Menschen und immer wieder ein lauter Knall (gerne schon um 6 Uhr morgens) von einer Feuerwerksrakete. Es ist wieder eine Fiesta.

Neben den großen Fiestas hat fast jeder Ortsteil seine eigene Fiesta und seinen dazugehörigen Heiligen. Wir stellen hier einige Fiestas vor:

Corpus Christi (Fronleichnam)

Ende Mai oder Anfang Juni – meist in der Woche nach Fronleichnam – werden auf den Straßen und Plätzen der gesamten Altstadt von La Orotava [› Seite 115] »Bildteppiche« aus Sand und Blumen gelegt. Vor dem Rathaus befindet sich der größte Teppich, 900 Quadratmeter Fläche werden mit buntem Sand zu einem vergänglichen Kunstwerk. Das Fest endet mit einem Trachtenumzug am Sonntag ab 12 Uhr, der über die Gemälde hinweg zieht.

Fiesta San Juan (Sommersonnenwende)

Rund um den 23. Juni, je nachdem wie das Wochenende liegt, findet traditionell die Fiesta San Juan statt. Die Größe und Art variieren je nach Gemeinde. In vielen Orten wird ein großes Feuer entzündet, häufig begleitet von einem Feuerwerk. Ein etwas fragwürdiges touristisches Highlight ist das »Ziegenbad« am 24. Juni in Puerto de la Cruz. Die Ziegenhirten der Region treiben die Herden zum Hafen, um sie zu baden. Das soll vor Parasiten und Krankheiten schützen. Die manchmal sehr quälend anmutende Prozedur ist definitiv nicht jedermanns Sache.

Día de la Trilla (Tag des Weizens)

Am letzten Samstag im Juli findet beim Ecomuseo [› Seite 36] in San José de los Llanos der Tag des Weizens statt. Mit Folklore und traditionellen Speisen, die man teilweise kostenlos probieren kann, bietet dieses Fest einen tollen Einblick in die Kultur und die Landwirtschaft in der Bergregion. Mit Pferden und Ochsen wird auch der traditionelle Dreschvorgang vorgeführt. Familien sollten dieses Fest nicht verpassen.

Fiesta Virgen del Carmen

Als Schutzpatronin der Fischer und Seefahrer ist die Virgen del Carmen auf einer Insel natürlich eine der wichtigsten Heiligen. Mitte Juli wird sie auf einer Sänfte durch die Küstenorte getragen – begleitet von Musik und mit einer langen Gefolgschaft. Die größte Prozession können wir in Puerto de la Cruz miterleben. In vielen Orten wird die Heilige von einem Pritschenwagen begleitet, der die Feiernden mit Fleisch vom Grill und Wein versorgt. Das Highlight der Fiesta ist die Lichterfahrt durch den Hafen, dazu wird die Statue der Heiligen auf ein geschmücktes Boot gebracht. Als Abschluss des Festes ist ein Feuerwerk nahezu obligatorisch. Es wird begleitet mit lauten »Viva Virgen del Carmen«-Rufen.

Fiesta San Andrés (Weinfest)

Der neue Wein eines Jahrgangs wird in Icod de los Vinos traditionell am 29. November im Rahmen des großen Weinfestes entkorkt und zwar bei Mondschein. Das wahre Spektakel spielt sich jedoch auf einer der steilsten Straßen des Ortes ab. Jugendliche und welche, die es gerne wieder wären, jagen auf »Tablas« genannten Holzbrettern alleine, im Doppel oder als Gruppe die Straße hinunter und werden letztlich nur durch riesige Stapel Autoreifen gebremst.

Damit niemand unerwartet vor verschlossenen Läden oder an überfüllten Stränden stehen muss, haben wir rechts außerdem die Feiertage (festivos) zusammengestellt. Zusätzlich hat jeder Bezirk (municipio) noch zwei lokale Feiertage, um zum Beispiel den örtlichen Schutzheiligen zu ehren. Es gibt außerdem bei einigen Feiertagen die Regelung, dass sie am Montag nachgeholt werden, wenn der Feiertag auf einen Sonntag fällt.
www.calendarios-laborales.es

01. Januar	Año nuevo, Neujahr
06. Januar	Epifanía del Señor, »Offenbarung des Herrn« (an diesem Tag gibt es auf Teneriffa die »Weihnachtsgeschenke«)
Ostern	Jueves Santo, Gründonnerstag
Ostern	Viernes Santo, Karfreitag
1. Mai	Fiesta del Trabajo, Tag der Arbeit
30. Mai	Día de Canarias, Tag der Kanaren
15. August	Asunción de la Virgen, Aufnahme der Jungfrau (Maria Himmelfahrt)
12. Oktober	Fiesta Nacional de España, Spanischer Nationalfeiertag
1. November	Todos los Santos, Allerheiligen
6. Dezember	Día de la Constitución Española, Tag der spanischen Verfassung
8. Dezember	Inmaculada Concepcíon, Maria Empfängnis
25. Dezember	Natividad del Señor, Geburt des Herren, (Weihnachten)

Als Nordküste bezeichnen wir die Gegend von Icod bis zum Esperanza-Wald, und zwar von der Küste bis hoch in die Berge. Zentrum der Region ist die Stadt Puerto de La Cruz, der touristische Mittelpunkt der Region. Über Puerto erstreckt sich das große und fruchtbare Orotava-Tal, in dem viele Fincas und malerische Dörfer zu sehen sind. Durch die raue Küste und die enormen Höhenunterschiede mit verschiedenen Klimazonen ist dieses Gebiet besonders abwechslungsreich und interessanter als der karge Süden. Tourismus gibt es hier hauptsächlich in Form von Ferienhäusern und Ferienwohnungen. Die Bebauung ist weniger kompakt und die Region vorrangig landwirtschaftlich geprägt. Es gibt hier traumhafte Buchten und ausgedehnte Waldzonen. Oft hängen die Passatwolken am Bergmassiv des Teide fest und sorgen für viel Feuchtigkeit und eine grüne Landschaft.

Baden im Norden

Die Küste ist rau und felsig, die Atlantik-Brandung trifft mit voller Wucht auf die Felsen. Trotzdem finden sich in einigen Buchten oder Lava-Pools (Charcos) gute und einzigartige Bademöglichkeiten.

1 El Guincho

GPS N 28°22'30.7", W 16°44'36.6"
Badeplattform aus Beton mit Treppe ins Wasser in einer kleinen, ruhigen und geschützten Bucht. Der Ort eignet sich hervorragend zum Schnorcheln. Hier geht es üblicherweise sehr ruhig zu. Mit vielen Touristen ist hier nicht zu rechnen, hierher kommen eher die Einheimischen zum Baden. Vom Parkplatz geht es zwischen Häusern hindurch und über Treppen zum Meer.

2 Playa de San Marcos

Hier liegt einer der wenigen Sandstrände in dieser Gegend. In einer sehr geschützten großen Bucht, tief eingeschnitten in ein Felsmassiv, schmiegt sich der Ferienort um den bewachten Strand. Die Wassertiefe nimmt schnell zu und je nach Wetterlage und Wellen ist Baden für kleine Kinder manchmal schwierig. Der Ort selbst ist trotz vieler Appartementanlagen ruhig und bis auf das Wochenende selten überlaufen. Bars und Restaurants rund um den Strand und den Hafen laden zum gemütlichen Einkehren ein, insbesondere die

»Casa Chicha« und das Restaurant »Amarca«. Der Hafen ist eine Sehenswürdigkeit für sich. Hier werden die Fischerboote mit einem Kran aus dem Wasser gehoben, ein Hafenbecken gibt es nicht. Die Zufahrt über die TF-42 ist ab der Abfahrt bei Icod de los Vinos gut ausgeschildert.

3 Charco del Viento

GPS N 28°24'00.9", W 16°40'22.6"
Dieser Charco ist ein riesiger natürlicher Felsenpool von fast 100 Metern Länge und 40 Metern Breite mit vielen kleinen Seitenarmen. Er hat eine Verbindung zum Meer, bei hohem Wellengang ist das Baden nicht möglich. Liegeflächen gibt es auf den Felsen und auf dem Steinstrand. Erreichbar ist er über Treppen und Plattformen. *Die Zufahrt erfolgt über eine schmale Straße und ist an der TF-42 ausgeschildert (braunes Schild). Am Ende liegt ein großer Parkplatz oberhalb des Charcos.*

4 Charco de la Laja

GPS N 28°23'44.2", W 16°39'05.2"
Dieser Lava-Pool ist fast kreisrund und damit optisch sehr ansprechend. Gut zugänglich ist er über Treppen und betonierte Liegeflächen, sehr geschützt und ruhig. Es gibt eine SOS-Notrufsäule und wenige Parkplätze direkt vor den Treppen, alternativ lässt sich 300 Meter weiter oben auf einem Schotterplatz parken.

5 Playa del Socorro

GPS N 28°23'37.6", W 16°36'10.9"
Hierher kommen viele Wellenreiter und Bodyboarder. Socorro heißt übersetzt Hilfe, Rettung, Bergung. Dieser Strand heißt so, weil die Brandung hier sehr ausgeprägt ist. Trotzdem ist er bei mäßigem Wellengang auch für Kinder geeignet, da er sehr feinsandig und flach ist. So können auch kleine Kinder zusammen mit den Eltern herrlich im Weißwasser toben. Der Strand ist bewacht und gut erschlossen. Es gibt eine Bar und einen Kiosk. Die Zufahrt ist an der TF-5 ausgeschildert.

6 Playa Jardin

GPS N 28°24'39.5", W 16°33'39.7"
Bei dem wohl längsten Strand im Norden handelt es sich eigentlich um drei Strände, die mit Felsenbuhnen voneinander getrennt sind: Playa Punta Brava, Playa Charcón, Playa Castillo. Ein vorgelagerter künstlicher Steinwall sorgt dafür, dass die Brandung gebremst wird, sodass sich

der Strand vor allem bei Niedrigwasser auch für Kleinkinder eignet. Der Sand ist teilweise fein, teilweise mit Steinen durchzogen und präsentiert sich je nach Jahreszeit und Tide sehr unterschiedlich. Der Strand befindet sich am Stadtrand von Puerto de la Cruz und ist daher im Vergleich zu den anderen Bademöglichkeiten im Norden von Häusern umgeben. Eine Promenade mit mehreren Bars, Beach-Club und Restaurants liegt direkt dahinter, der Loro Parque gleich nebenan.
[› Tour 16]

7 Lago Martianez

Diese Bademöglichkeit fällt etwas aus dem Rahmen, denn es handelt sich um eine künstliche Badelandschaft am Meer und mitten in Puerto de la Cruz. Sieben Meerwasserpools, ein großer See sowie Gärten, Terrassen, Inseln, Aussichtspunkte, Wasserspiele, Solarien, Bars und Restaurants locken die Badegäste. Die Badelandschaft ist eine der Haupttouristenattraktionen von Puerto de la Cruz. Entworfen wurde sie von dem kanarischen Stararchitekten César Manrique, der Bau wurde bereits 1957 begonnen. In den Straßen ist es schwierig, einen Parkplatz zu finden. Vom Parkhaus Centro Comercial Las Pirámides bei GPS N 28°24'57.4", W 16°32'35.8" sind es zehn Minuten zu Fuß zum Lago.

Geöffnet Juli bis September, täglich 10–19.30 Uhr, Oktober bis Juni 10–18 Uhr, €5,50, Kinder €2,50, Liege inklusive, Sonnenschirm zusätzlich €2,50.
www.lagomartianez.es

8 Playa de Martiánez

Der Stadtstrand befindet sich im Osten von Puerto de la Cruz direkt an der Promenade. Durch die offene Lage gibt es hier meistens hohe Wellen, was viele Wellenreiter hierher zieht. Für Kinder ist er weniger geeignet.

9 Playa de el Bollullo

GPS N 28°25'01.3", W 16°31'09.8"
Die traumhafte, tief eingeschnittene Bucht mit feinsandigem Strand ist einer der schönsten Strände auf der Insel. Der Sand ist tiefschwarz und fein, die Bucht weit unten umgeben von hohen Klippen. Die Wellen sind hier sehr kräftig, daher sollten Kinder nur mit Erwachsenen im Weißwasser spielen. An ruhigen Tagen im Sommer ist der Strand bei grüner Flagge aber auch für Kinder geeignet. Er ist bewacht, eine kleine Bar serviert Snacks und Getränke.

Die Anfahrt von der TF-5, Ausfahrt 32 ist ausgeschildert und erfolgt ab El Rincon über eine abenteuerliche, sehr schmale Straße bis zum Restaurant Bollullo Beach. Daneben befindet sich ein gebührenpflichtiger Parkplatz. Vom Restaurant auf den Klippen geht es auf einem Fußweg 500 Meter zum Strand hinunter. Wer die komplizierte Anfahrt scheut, kann auch von Puerto hierher wandern. **[› Tour 17]**

Ausflugsziele im Norden

Die Ausflugsziele im Norden sind so vielseitig wie die Gegend. Ob atemberaubende Blicke an der Küste, bei Sturm mit peitschender See, ob nebelverhangene und mystische Wälder oder Schluchten und Klippen – diese Gegend bietet viel Abwechslung.

10 Drago Milenario

Der wohl bekannteste und auch größte Drachenbaum der kanarischen Inseln steht in einem eigens für ihn eingerichteten Park. Wie im Namen ersichtlich, soll er tausend Jahre alt sein, was nach heutigen Erkenntnissen nicht stimmt. Derzeit geht man eher von 400 Jahren aus, allerdings ist das Alter von Drachenbäumen nur schwer zu schätzen. Er ist mit sechs Metern Umfang und 16 Metern Höhe ein mächtiges Gewächs. Bereits seit 1917 ist er ein nationales Denkmal der Insel und steht seit 2007 in einer Parkanlage (Parque del Drago) mit für Teneriffa typischen Pflanzen. Einen Blick auf den Baum gibt es von einer frei zugänglichen Aussichtsplattform (Plaza Andrés de Cáceres) oder im kostenpflichtigen Park.
Geöffnet täglich 9.30–19.30 Uhr, €5, Kinder 6 bis 11 Jahre €2,50, unter 6 Jahren frei.

Schmetterlingshaus Mariposario del Drago

In direkter Nachbarschaft zum Drachenbaum befindet sich das Zuhause von über 800 Schmetterlingen, die sich in einem großen, gewächshausähnlichem Garten frei bewegen. Auch die Aufzucht der vielen Raupen, die Verpuppung und das Schlüpfen der Tiere wird gezeigt und erklärt. Für Kinder ist der Besuch ein echtes Highlight, da sich die großen Tiere auch gerne auf Armen oder Kleidung der Besucher niederlassen. Tipp: blumige oder farbige Kleidung anziehen, das lockt die Schmetterlinge magisch an.
Geöffnet täglich 10–18.30 Uhr, €8,50, Kinder bis 12 Jahre €5.

Casa del Plátano

Gleich nebenan können wir einen alten kanarischen Bananen-Bauernhof besichtigen. Auf Spanisch und Englisch wird hier Wissenswertes über den Anbau der kanarischen Banane vermittelt. An Bananenstauden in verschiedenen Wachstumsstadien lässt sich der Lebenszyklus der Pflanze

verfolgen. Abgerundet werden die Infos durch eine Ausstellung mit alten Werkzeugen und Fotos von der Farm aus dem 17. Jahrhundert. Neben den beliebten Platé-Weinen werden auch noch andere Produkte rund um die Banane verkauft.
Geöffnet täglich 10–18 Uhr, €5, Kinder bis 15 Jahre €3.
casadelplatano.com

Parkplätze finden sich im benachbarten Parkhaus »Parking del Drago« in der Av. de Canarias, 2, Icod bei GPS N 28°22'04.8", W 16°43'12.4".

11 Cueva del Viento

GPS N 28°21'07.8", W 16°42'14.8"
In Icod befindet sich die längste Lavahöhle Europas. Die »Windhöhle« ist derzeit auf 17 Kilometern erschlossen, für Besucher ist seit 2007 ein 200 Meter langer Bereich zugänglich. Das klingt wenig, reicht aber völlig aus, um das 27.000 Jahre alte Röhrensystem zu begreifen. Zu dieser Zeit brach der Pico Viejo aus, ein Nebenvulkan des Teide. Die so entstandenen Lavaströme formten dabei binnen eines Tages die bis heute erhaltenen Hohlräume aus Basaltgestein. Täglich finden vier Führungen mit maximal 16 Personen statt. Eine Online-Buchung ist zwingend erforderlich.
Geöffnet April bis September Mo, Mi, Do, Fr 9–19 Uhr, sonst 9–16.30 Uhr, Oktober bis März täglich 9–17 Uhr, Do bis 18 Uhr, €20, Kinder 5 bis 12 Jahre €8,50, unter 5 Jahren kein Zutritt.

12 ARTlandya – la Finca

GPS N 28°22'03.9", W 16°41'37.5"
Mit über 600 ausgestellten Künstlerpuppen und Teddybären ist diese Ausstellung kein Museum im klassischen Sinn. Gezeigt wird Puppenkunst auf hohem Niveau auf einer traditionellen Finca in herrlicher Landschaft weit oben über Icod. In einer Führung werden die Herstellung von Puppen sowie die Verwendung unterschiedlicher Materialien wie Porzellan, Papiermaché, Vinyl, Wachs, Cernit, Keramik, Stoff und Filz erklärt.
Geöffnet Sa und So 10–18 Uhr, €10, Kinder 6 bis 14 Jahre €4,50.

11

13 La Punta

GPS N 28°23'28.2", W 16°41'32.2"
La Punta de Juan Centellas, kurz La Punta, ist eine kleine Felshalbinsel oberhalb des Charcos »La Mareta«. Ein teilweise schwieriger Weg führt fast bis zur Spitze. Wegen der spektakulären Felsformationen war die Halbinsel Kulisse im Film »Kampf der Titanen«. Von hier aus haben wir einen spektakulären Blick auf die raue Nordküste.

13

14 Mercado del Agricultor de La Guancha (Bauernmarkt)

GPS N 28°23'19.1", W 16°39'58.9"
Auf diesem typischen Bauernmarkt werden regionale und frische Produkte angeboten. Die Palette reicht von Obst und Gemüse über frische Blumen bis zu Wurst, Fisch, Käse, Honig und Brot. Hier findet sich alles, was die Landwirtschaft Teneriffas zu bieten hat. Die Erzeuger verkaufen selbst produzierte Waren, die je nach Jahreszeit deutlich unterschiedlich ausfallen. Die Anfahrt über die TF-5 ist ab Santo Domingo ausgeschildert.
Geöffnet nur Sa und So, 8–13.30 Uhr.

15 Mirador La Corona

GPS N 28°22'42.2", W 16°36'01.5"
Dieser Aussichtspunkt ist auch eine Paraglidingabsprungschanze. Wer weder Paraglider anschauen noch selber fliegen möchte, bekommt hier eine schöne Aussicht auf das Orotava-Tal und das Meer weit unten. Bei gutem Wetter segeln regelmäßig die Paraglider bis an den Strand: ein schöner Anblick.

16 Meson el Monasterio

GPS N 28°23'25.1", W 16°33'34.4"
Das historische Kloster wurde aufwendig restauriert und ist nun Heimat eines Restaurantkomplexes. Das weitläufige Anwesen beherbergt neben Restaurants und Cafés auch ein Ladenlokal, in dem einheimische Spezialitäten wie Honig und Steinofenbrot verkauft werden. Sehr zu empfehlen ist ein Spaziergang durch den Klosterpark mit seiner artenreichen Pflanzenwelt. Im Garten laufen auch Pfauen, Hühner und Enten frei herum. Am Ende der Zufahrt befindet sich ein kurzer Wanderweg auf den Klosterberg (hin und zurück etwa ein Kilometer). Dort oben erwarten uns eine kleine Kapelle und eine tolle Aussicht auf Puerto de la Cruz.

Loro Parque

Der »Papageienpark«, wie dieser Zoo übersetzt heißt, ist weit mehr als das. Er erhielt drei Jahre in Folge den »Travellers Award« als bester Zoo der Welt. Der Fokus liegt auf der Erhaltung der Natur. Mit etwa 135.000 Quadratmetern und einem Gesamtbestand von etwa 4.500 Tieren aus 570 Arten widmen wir diesem Zoo eine eigene Tour. **[› Tour 16]**

17 Parque Taoro

GPS N 28°24'40.8", W 16°32'52.5"
Der Wassergarten gilt als der schönste Park von Puerto de la Cruz und ist dank der vielen Wasserspiele auch für Kinder ein gut geeignetes Ziel. Das Wasser fließt durch attraktiv angelegte Kaskaden und kleine Wasserfälle. Teiche mit vielen Lilien und Seerosen verteilen sich auf mehreren

Ebenen. Die Anlage war ursprünglich der Garten des englischen Taoro-Casinos aus dem 19. Jahrhundert und bietet einen wunderbaren Blick auf die Stadt. Prominente wie Winston Churchill und Agatha Christie übernachteten hier.
Ganzjährig geöffnet, Wasserfälle und Naturaquarien täglich ab 18 Uhr in Betrieb, Eintritt frei.

18 Jardin Botánico

GPS N 28°24'38.3", W 16°32'09.8"
Etwas Biologieunterricht ermöglicht der »Botánico«, wie er hier heißt. Über 5.000 Pflanzenarten, 120 Baumarten und über 50.000 Gewächse aus fünf Kontinenten finden auf einer Fläche von 60.000 Quadratmetern Platz. Die besonderen klimatischen Bedingungen hier im Norden lassen die unterschiedlichsten Pflanzen aus Europa, Afrika und Amerika gedeihen. Der Park heißt eigentlich »Jardín de aclimatación de La Orotava« und wurde 1788 angelegt, um tropische Gewächse aus den Kolonien für ihren Weitertransport nach Spanien zu akklimatisieren. Geklappt hat das nicht, auch wenn die Pflanzen auf Teneriffa wunderbar gedeihen. Denn in Spanien fielen sie trotzdem dem Frost zum Opfer, die Anlage verfiel. 1860 wurde die Grünanlage dann als botanischer Garten neu aufgebaut. Attraktionen sind eine riesige Würgefeige und ein großer Leberwurstbaum.
Ganzjährig geöffnet 9–18 Uhr, €3, Kinder unter 14 Jahren kostenlos.

19 Centro de visitantes Telesforo Bravo

GPS N 28°23'32.0", W 16°31'36.6"
Das informative Museum über den Vulkan Teide erklärt die verschiedenen Eruptionen und die geologische Geschichte. Eingebettet sind die Informationen in die Reiseberichte des Wissenschaftlers Alexander von Humboldt, der in den verschiedenen Filmen eine Hauptrolle spielt. Eine schön gestaltete Lava-Röhre ist für die Kinder spannend und lehrreich. Ein Besuch ist vor jeder Teide-Tour eine gute Idee. Infos gibt es im Museum auf spanisch und Englisch, es wird aber auch kostenlos ein Audioguide auf Deutsch zur Verfügung gestellt.
Geöffnet Di bis So 9–14 Uhr und 15.30–18 Uhr, Eintritt frei.

Vom Besucherzentrum sind es nur fünf Minuten zu Fuß bergauf in die historische **Altstadt von La Orotava** mit ihren gut erhaltenen alten Häusern, Kirchen und Gassen. Seit 2005 ist die gesamte Innenstadt unter Denkmalschutz gestellt. Die Stadt ist eine der ältesten der Insel und wurde 1504 gegründet, kurz nach der Eroberung Teneriffas durch Kastilien. Das Orotava-Tal ist besonders fruchtbar und wurde seither intensiv landschaftlich genutzt. Je nach Epoche wurde Zuckerrohr, Wein oder Karmin exportiert. Der zugehörige Hafen, der früher Puerto de la Orotava hieß, ist heute die Stadt Puerto de la Cruz.

20 La Caldera

GPS N 28°21'28.1", W 16°30'08.4"
La Caldera ist ein großer Picknickplatz mit Spielplatz und vielen aus Stein gemauerten Grillplätzen mitten in einem bewaldeten Vulkankrater. Von hier starten mehrere Wandertouren durch den Wald und der Blick hinunter ins Tal ist gigantisch. Der Grillplatz ist Ausgangspunkt unserer Wanderungen [› Tour 18 und 19]. Auf jeden Fall lohnt ein kleiner Rundgang über das Gelände: An den Bäumen hängen lange Flechten und geben dem Wald ein märchenhaftes Aussehen. Auch der Abstecher (ein Kilometer) zur riesigen Felswand »Los

Organos« lohnt und ist ohne Steigung machbar.

Buslinie 345 von Puerto und 346 von La Orotava.

21 Piedra La Rosa

GPS N 28°20'26.7", W 16°31'31.5"

»Die steinerne Rose« – Piedra la Rosa wird dieses Naturwunder aus Basalt genannt. Es zeigt, welche unwirklichen Gebilde die erkalteten Lavamassen entstehen lassen. Die Rose ist fünf Meter hoch, sieben Meter breit und ein beliebtes Ziel direkt an der Zufahrt zum Teide. Der Zugang erfolgt durch einen Tunnel vom nahegelegenen Parkplatz. Von dort hat man auch einen schönen Blick über das Orotava-Tal.

22 Mirador de Humboldt

GPS N 28°24'29.1", W 16°30'26.3"

»Obwohl ich so viele beeindruckende Länder bereist habe, habe ich nirgendwo ein Bild gesehen, das mich so tief berührt hat, wie das abwechslungsreiche Relief, die sanften Hügel, die Vielfalt und Harmonie der Nordwestküste Teneriffas«. Das schrieb Alexander Freiherr von Humboldt 1799 über seinen Besuch auf Teneriffa. Von diesem Aussichtspunkt lässt sich nachempfinden, was er damit meinte – auch wenn der Aussichtspunkt mittlerweise etwas anders aussieht als damals. Hier steht heute ein Restaurant auf der rollstuhlgerecht ausgestatteten Plattform. Tafeln informieren über Humboldts Reisen und seinen Besuch auf Teneriffa.

23 Parque natural El Montillo

GPS N 28°26'42.5", W 16°27'13.4"

Dieser schöne Familienpark hat eine grandiose Aussicht auf das Orotava-Tal. Hunderte von Bäumen wurden in El Montillo gepflanzt, vor allem von Schülern der Gemeinde anlässlich des Internationalen »Tag des Baumes«, darunter Heidekraut, Feige, Mandel, Pflaume, Birne, Pfirsich, Dragos und Palmen. Im Park gibt es ein kleines Amphitheater, einen schönen Spielplatz mit Schaukeln, riesige Rutschen, eine Kletterwand, einen Wasserfall und einen Mini-See. In diesem können Kinder zwischen fünf und zwölf Jahren am Wochenende sogar Mini-Tretboot fahren.

Geöffnet Fr und Sa 8–21 Uhr, So bis Do 8–20.30 Uhr, Eintritt frei.

24 Costa El Sauzal

GPS N 28°28'10.6", W 16°27'10.6"

Eine abenteuerliche Serpentinenstrecke bringt uns über eine enge Straße bis hinunter ans Meer. Vom Parkplatz führen befestigte Wege am Meer entlang zu einem Aussichtspunkt mit kleiner Kapelle. Hier bietet sich ein eindrucksvoller Blick auf das Orotava-Tal und den Teide direkt an der wilden Atlantikküste. Leider ist der Parkplatz zu klein für den Andrang

am Wochenende und in den Sommerferien (früh anreisen!).
Geöffnet täglich 8–19 Uhr (Winter) und 8–22 Uhr (Sommer), Eintritt frei.

25 Casa del Vino

GPS N 28°28'14.5", W 16°26'02.0"
»La Casa del Vino La Baranda« ist ein antikes Landgut aus dem 17. Jahrhundert. Heute befinden sich im historischen Gebäude ein Museum über den Weinbau und ein Infocenter über lokalen Honig und die Landwirtschaft. Im Weinmuseum wird viel Interessantes über die Geschichte des Weinbaus auf der Insel geboten. Besucher können lokale Weine probieren und erwerben. Auch ein Restaurant mit kanarischen Spezialitäten ist Teil des Hauses.
Geöffnet Di bis Sa 10–21 Uhr und So 10–18 Uhr. Eintritt frei.
www.casadelvinotenerife.com

Reiten

26 Finca Estrella

Von der ersten Reitstunde über einen Schnupperausritt bis zu Zwei-Tages-Ausritten können wir hier unterschiedliche Touren buchen. Für die Kleinsten ab drei Jahren gibt es Reitplatzrunden auf dem geführten Pferd. [› Tour 14]
www.teneriffa-reiten.com

Outdooraktivitäten

Forestal Park Tenerife

GPS N 28°24'51.6", W 16°24'19.3"
Der einzige Hochseilgarten der Insel ist wunderschön gelegen im Esperanza-Wald zwischen mächtigen kanarischen Kiefern. [› Tour 21]

Klettern in Playa de San Marcos

Direkt neben dem großen Strandparkplatz befindet sich ein Felsriegel mit über 40 gut vorbereiteten Kletterrouten in den Schwierigkeitsgraden 5–8a (französische Wertung). Boulderfreunde kommen ein Stück schluchtaufwärts auf ihre Kosten.
[› Seite 216]

Paragliding

Wer sich das Orotavatal einmal von oben ansehen möchte, kann das beim Paragliden mit einem besonderen Erlebnis verbinden. Tandemflüge starten vom Mirador La Corona und von der Cumbre Dorsal unterhalb des Observatoriums. Da die Flüge meist am Playa El Socorro oder neben dem Playa Jardin enden, befinden sich hier auch die Treffpunkte. Die verschiedenen Anbieter sind direkt am Landeplatz ansprechbar, lassen sich aber auch online kontaktieren. Kinder müssen mindestens 35 Kilo wiegen, ansonsten gibt es keine Altersbeschränkung.
€120 pro Person. www.ibrafly.net

24

3 h

ab 6

Tour 14: Der Ritt auf dem Vulkan

Auf dem Pferderücken durch die Wälder von Icod de los Vinos

Die Pinienwälder über Icod de los Vinos sind oft dicht und erlauben nur ab und an einen Blick auf den Pico del Teide oder den Atlantik. Was für Kinder zu Fuß schnell demotivierend und langweilig wird, ist auf dem Rücken eines Pferdes eines der tollsten Urlaubserlebnisse. Im Wechsel aus Licht und Schatten gemächlich über einsame Waldwege reiten und dabei immer wieder das Panorama der Gebirge und des Atlantiks genießen, das ist nicht nur für Kinder ein unvergessliches Highlight.

Auf der Finca Estrella werden wir zunächst von den lieben Hofhunden laut begrüßt, ehe uns Nicole auf Deutsch willkommen heißt und wir gemeinsam die Herde betrachten. Es wird auf den ersten Blick deutlich, dass die Pferde alle sehr gepflegt sind und sie es hier wirklich gut haben, auch wenn von weiten grünen Weiden, wie wir sie aus Deutschland kennen, natürlich keine Spur ist.

TOUREN-STECKBRIEF

Anfahrt: Von Puerto de la Cruz über die TF-5 fahren, hinter Santo Domingo im Kreisverkehr die zweite Ausfahrt auf die TF-5 Richtung »El Tanque«. DIe Ausfahrt 55 Richtung »Icod«, dann die dritte Ausfahrt im Kreisverkehr auf die TF-366 Richtung »El Amparo« nehmen. El Amparo durchqueren und nach 2,7 km links abbiegen auf die TF-373 Richtung »La Vega«. Nach 200 Metern wieder links abbiegen Richtung »Cruz del Camino«. Nach etwas über einem Kilometer befindet sich links ein gelbes Haus mit Tor. Gegenüber gibt es eine Parkmöglichkeit bei **GPS N 28°21'03.6", W 16°43'25.1".** Der Zugang zur Finca befindet sich direkt hinter dem gelben Haus.

Finca: Runden auf dem Reitplatz (15 bis 45 Minuten) für Kinder ab drei Jahren ab €10. Schnupperausritt 1,5 Stunden ab sechs Jahren, €35 pro Person. Preise für längere Ausritte auf Anfrage. Maximalgewicht: etwa 90 Kilo. Tel. 0034 646 407312 (auch WhatsApp). www.teneriffa-reiten.com

Ausrüstung: Der Schnupperausritt ist je nach Wetterlage notfalls auch in kurzer Hose und Halbschuhen machbar. Besser sitzt man jedoch in langen, dehnbaren Hosen im Sattel. Schuhe, die über die Knöchel gehen, verhindern, dass man im Steigbügel hängenbleibt. Getränke, Snacks und Sonnencreme passen in die Satteltaschen. Helme werden gestellt.

Anspruch und Charakter: Ausritte in verschiedener Länge, auch für Anfänger, dann aber nur im Schritt. Die Pferde von Kindern ohne Reitkenntnisse werden auf dem Ausritt geführt.

Highlights: Mit Pferden durch die Wälder inklusive Teideblick. Pferdeerlebnis auf der Finca.

In der Nähe: Garachico, Playa de San Marcos, Drago Milenario.

Bürsten und Satteln gehört zum Kennenlern-Ritual genauso dazu wie die Beschreibung der unterschiedlichen Pferdecharaktere. Nicole findet für alle das passende Pferd. Von touristischer Hektik ist hier absolut nichts zu spüren. Selbst wer zuvor nicht geritten ist, bekommt durch Nicoles Ruhe und Geduld, aber auch durch ihre Achtsamkeit ein sicheres Gefühl.

Zu Beginn des Ausritts müssen wir unseren Weg zunächst noch mit Autos teilen, was die Pferde aber anscheinend überhaupt nicht stört. Schon bald verlassen wir den Dorfkern und nähern uns dem Wald.

Nun, da wir die Straßen und Häuser hinter uns gelassen haben, können wir den Ritt in vollen Zügen genießen. Zwischen den Bäumen wechselt sich die Aussicht über den Atlantik mit einem majestätischen Teide-Blick ab. Die Zeit bleibt stehen und vergeht gleichzeitig wie im Fluge. Zum Glück bietet Nicole noch weitere Ausritte tiefer in die Wälder hinein an. Der Premium-Ausritt führt bis zu den »Arenas Negras« und dem »Montaña Negra«, beides ist auch Teil unserer **[› Tour 37].**

Zum Abschluss bleibt ein breites Lächeln in den Gesichtern der Kinder und auch der Erwachsenen.

Tour 15:
Rambla del Castro

210 m

STRECKE 7,6 km

2 h 45

ab 6

Der weinende Fels und viel Meer

Unweit von Puerto de la Cruz führt diese wunderbare Wanderung durch die beiden Landschaftsschutzgebiete »Rambla del Castro« und »Playa de los Roques«. Direkt unterhalb der Hauptstraße tauchen wir in einem Palmenhain langsam in die Landschaft ein. Dann lassen wir von der alten Wehranlage »Fortin de San Fernando« die imposante Steilküste auf uns wirken und entspannen am Aussichtspunkt mit Blick auf die beiden Felseninseln vor der Playa de los Roques.

TOUREN-STECKBRIEF

Anfahrt: Bis zum Ende der Autobahn TF-5 und weiter in Richtung Los Realejos fahren. 350 Meter hinter dem ersten Tunnel befindet sich der »Mirador San Pedro« direkt an der Straße. Parkplätze sind vorhanden bei **GPS N 28°23'41.5", W 16°35'35.7"**. Weitere Parkplätze bei **GPS N 28°23'39.2", W 16°35'49.9"**, 500 Meter vom Start entfernt.

Bus: Linie 363 von Puerto de la Cruz oder Icod de los Vinos.

Anspruch und Charakter: Meist gut abgesicherter Weg, feiner Schotter oder gepflastert. Kurze Anstiege. Teilweise geht es an der Straße entlang.

Highlights: Aussicht auf die Küste, Palmenhain, Industrieruine, kleine Wehranlage mit Kanonen.

Einkehr: Restaurant Mirador San Pedro am Start, Tasca Alfredo in La Romantica.

In der Nähe: Charco del Viento, Playa del Socorro, Mirador La Corona.

Wanderung: Unsere Wanderung beginnt am südöstlichen Ende des Parkplatzes am **Mirador San Pedro**. Wir folgen dem gepflasterten Weg Richtung »La Casona« und »El Burgado« in Serpentinen abwärts. Etwa 60 Meter nach der zweiten Linkswende verlassen wir den Pfad und biegen scharf nach rechts ab für einen Abstecher auf einem **Holzbohlenweg** entlang des Wasserkanals. Nach nicht einmal 100 Metern gelangen wir an einen gemütlichen Platz am »weinenden Fels«, aus dessen Spalten überall Wasser tropft. Wir befinden uns inmitten einer **grünen Oase mit Palmenhain** ① und Vogelgezwitscher.

Zurück auf unserem ursprünglichen Weg kürzen wir eine Kurve ab und steigen dazu rechts die Treppe hinunter. An der nächsten Keuzung folgen wir wieder dem sandigen Hauptweg nach rechts. Etwa 150 Meter weiter biegen wir auf einen der Pfade nach links zum »El Fortin« ab. An der kleinen **Wehranlage** ② angelangt, genießen wir den Ausblick auf die Küste, den Strand und den kleinen Wasserfall, während die Kinder an den Kanonen spielen können. Von hier oben erkennen wir auch den Zugang zum Strand.

Wir gehen nun zunächst ein Stück den gleichen Weg zurück, ehe wir nach links den treppenartigen Weg hinaufsteigen und bald wieder auf den Hauptweg gelangen. Vorbei an einem weiteren **Aussichtspunkt** wendet sich der Weg nun nach rechts vom Meer ab. Vor einer Felswand biegen wir nach links ab. Stets dem Weg folgend, erreichen wir (nach insgesamt knapp 30 Minuten) eine schmale **Brücke** ③ über eine Schlucht.

Dahinter setzt sich der Weg nach rechts fort, steigt deutlich an und biegt bald wieder ab in Richtung Meer. Dem Holzgeländer am Wegrand folgt nach kurzer Zeit ein Maschendrahtzaun. Nun führt uns der betonierte Weg an zwei Strommasten vorbei auf ein **Tor** ④ zu, welches Wanderer problemlos durchqueren kön-

Vorsicht, die Kanonen sind nicht im Boden verankert und können kippen, wenn man so sitzt wie Kjell auf diesem Bild.

nen. Wir gehen noch etwa 50 Meter auf dem Weg, ehe wir einem Betonfahrweg nach links bergab folgen und nach drei Serpentinen an eine weitere **Brücke** gelangen.

Auf der anderen Seite der Brücke erwartet uns der Aussichtspunkt **Mirador de La Gordejuela** mit Blick auf die Steilküste und die **Ruine der Casa Hamilton** ⑤, dem ältesten Pumpenhaus der Insel. Von hier wurde einst gesammeltes Süßwasser bis auf 650 Meter Höhe gepumpt, um dann an die Landwirte verteilt zu werden.

Rechts vom Aussichtspunkt führt der Weg nun zunächst schlecht abgesichert unter einem Felsdach aufwärts, ehe es anschließend nahezu eben an der Küste entlang geht. An dieser Stelle wird auf die Möglichkeit von Steinschlägen hingewiesen, was bei gutem Wetter jedoch sehr selten vorkommt. Nach insgesamt knapp einer Stunde erreichen wir die Siedlung **La Romantica** ⑥ und biegen bei erster Gelegenheit, dem Wegweiser »Mirador Los Roques« folgend, nach links auf die **Calle las Rosas** (später Calle de las Palmeras) ab.

Am Straßenrand geht es durch eine Rechtskurve und an der Ladenzeile vorbei. An der nächsten Kreuzung setzen wir unseren Weg leicht links versetzt (Wegweiser »Los Roques«) auf der **Calle Las Amapolas** fort. Am Ende der Siedlung erreichen wir den Aussichtspunkt **Mirador de Los Roques** mit Blick auf die Playa de Los Roques und die beiden Felseninseln Roque Chico und Roque Grande. Informationstafeln erklären die Fauna und die Gegend.

Unser Weg führt uns nun noch mal abwärts, vorbei an einer beliebten Boulderstelle, bis zu einer Gabelung. Der Weg nach rechts führt direkt zum blauen Maritim-Hotel und war zuletzt wegen Steinschlag gesperrt. Wir gehen also nach links und erreichen 100 Meter später die nächste **Gabelung**. Es handelt sich hier um einen Rundweg um den vor uns liegenden Felsen, an dem man gut Pause machen kann. Wir entscheiden uns für eine Umrundung gegen den Uhrzeigersinn und spazieren ganz am Ende der Runde durch ein niedriges **Felsentor** ⑦. Dann geht es wieder in den Ort zurück. Wer möchte, kann jetzt in der Gaststätte **Tasca Alfredo** ⑧ in La Romantica eine ausgiebige Rast einlegen.

Dann treten wir den Rückweg an – weitgehend auf dem gleichen Weg. Kurz vor dem Ziel in San Vincente bietet sich eine Abkürzung an. Dazu halten wir uns etwa 100 Meter hinter der **Brücke** ③ über die kleine Schlucht links und wandern immer geradeaus bis zu den Serpentinen, die zum Parkplatz hinaufführen.

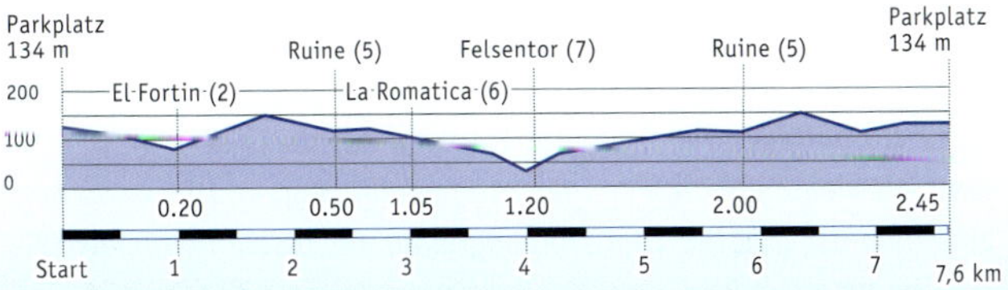

Die gekürzte Variante:
Der Rückweg kann auch in der Siedlung »La Romantica« beendet werden (zurück mit dem Taxi etwa €7), oder ein Elternteil geht diesen alleine, um das Auto zu holen.

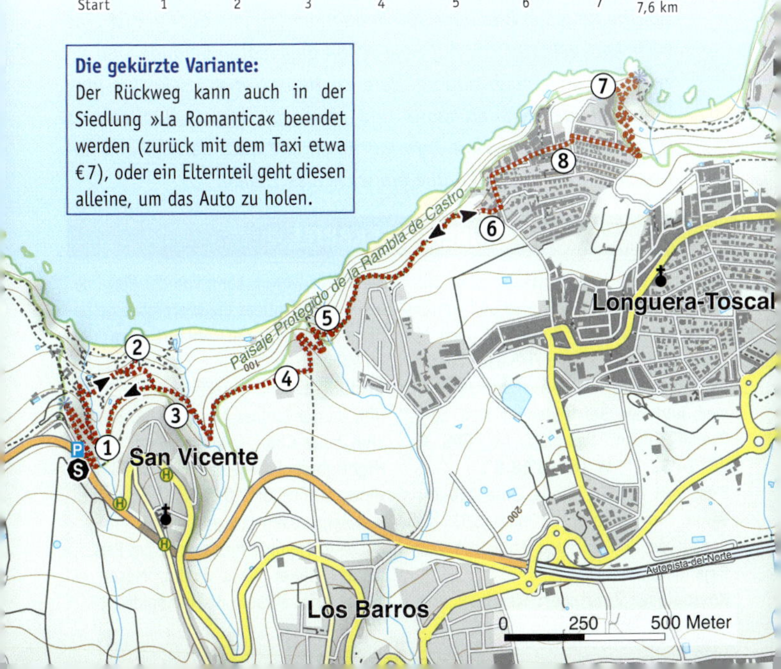

1 Tag

ab 4

Tour 16: Loro Parque

Ein Tag im vielleicht schönsten Tierpark der Welt

Dieser besondere Zoo ist wohl das Erste, was vielen Kindern zu Teneriffa einfällt, wenn sie schon einmal auf der Insel waren. Was einst als kleine private Papageiensammlung begann, ist inzwischen zu einem der größten Touristenmagneten der Inseln herangewachsen. Heute leben hier über 300 Papagienarten und der Park ist eine wichtige Zuchtstation. Auf dem schön angelegten Gelände sind inzwischen aber auch andere Tiere zu Hause: vom Fischotter über Riesenschildkröten, Krokodile und Löwen bis hin zu Quallen und Orcas. Dazu gibt es viele Informationen und auch der Tier-und Naturschutz ist im Loro Parque ein wichtiges Thema.

TOUREN-STECKBRIEF

Anfahrt: Von Los Cristianos über die TF-1 nach Santiago del Teide und weiter die TF-82 über die Berge bis nach El Tanque fahren. Dann der TF-5 nach Puerto de la Cruz folgen. Die Ausfahrt 39 nehmen und der Beschilderung zum Loro Parque folgen. Parkplatz bei **GPS N 28°24'32.7", W 16°33'58.8".**

Bus: Von Los Cristianos Linie 110 bis Santa Cruz, dann 102 oder 103 bis Puerto de la Cruz. Von Icod und Isla Baja die Linie 363.

Kostenloser Zubringer: Wer in Puerto de la Cruz wohnt, kann von der Plaza de los Reyes Catolicos die kostenlose gelbe Bimmelbahn nutzen. Abfahrt etwa alle 30 Minuten.

Öffnungszeiten: Ganzjährig 8.30 – 18.45 Uhr, letzter Einlass 17 Uhr. € 38, Kinder ab 6 Jahre € 26.

Highlights: Papageienshow, Seelöwenshow, Delfin- und Orcashow, Spielplatz und Achterbahn (€ 1 pro Fahrt).

Einkehr: Mehrere Restaurants im Park.

In der Nähe: Playa Jardin, Meson el Monasterio, Mirador de Humboldt.

Nachdem wir den Park durch das thailändisch anmutende »Dorf« betreten haben, verschaffen wir uns einen Überblick. Wollen wir eine geführte Tour hinter die Kulissen? Vielleicht auch inklusive Essen? Die Discovery Tour erlaubt einen Blick hinter die Kulissen und ist auf jeden Fall ein sehr informatives Erlebnis, aber aus unserer Sicht erst für Kinder ab etwa sechs Jahren geeignet. Wer auf eine Führung verzichtet, betritt über eine Brücke den tierischen Teil des Parks. Bei einer Ankunft vor 11 Uhr empfiehlt es sich, direkt nach links abzubiegen und die Runde entgegen der üblichen Besuchsrichtung zu beginnen.

Über die gepflegten Wege können wir die Tiere meistens durch riesige Glasscheiben beobachten, wobei sie immer auch Versteckmöglichkeiten haben. Wer sich die Seelöwen-, Papageien-, Delfin- oder Orcashow ansehen möchte, sollte sich einen Überblick über die Showzeiten verschaffen, um alles an einem Tag möglich zu machen.

In der Mitte des Parks befinden sich ein **Spielplatz** mit Mini-Hochseilgarten und eine Kinderachterbahn. Für das leibliche Wohl sorgen die Restaurants von der Pizzeria über die kanarische Tapas-Bar bis zum Snack-Imbiss. Vor Verlassen des Parks können wir uns vergünstigte Tickets für einen zweiten Besuch oder den Besuch des Wasserrutschenparks »Siam-Park« besorgen.

Hinsichtlich der Delfin- und Orca-Shows sind wir uns der Ambivalenz des Themas bewusst. Allerdings erleben die Kinder die Tiere dort ganz aus der Nähe und erfahren in den Shows auch viel über deren Lebensgewohnheiten. Der Loro Parque investiert außerdem über seine Stiftung Zeit und Geld in die Forschung, welche dann den Artgenossen in freier Wildbahn zugutekommt und die wir auf einer Whalewatching-Tour von Los Gigantes **[› Tour 36]** besuchen können. Auch die Problematik der Überfischung und der Verschmutzung der Ozeane unter anderem durch Mikroplastik wird im Park immer wieder deutlich angesprochen.

Ziege, Kaninchen und Eidechse
Welche Tiere leben auf Teneriffa?

Die Tierwelt an Land ist bei weitem nicht so abwechslungsreich wie im Wasser. Die hier lebenden Säugetiere sind alle zugereist und entweder mit den spanischen Eroberern oder späteren Besuchern vom Festland mit auf die Insel gekommen.

Am verbreitetsten sind neben kleineren Nagern die **Wildkaninchen**. Bereits seit 500 Jahren auf Teneriffa zu Hause, lieben sie vor allem die endemischen Gewächse, was bei unkontrollierter Vermehrung zu dramatischen Auswirkungen für die Natur führen kann. Die Tinerfeños haben aus der Not eine Tugend gemacht. In würziger Salmorejo-Sauce zählt das Kaninchen heute zu den kulinarischen Spezialitäten der Insel. Insbesondere am Wochenende trifft man viele Jäger, die mit ihren schlanken und spitzschnäuzigen kanarischen Windhunden, dem Podenco Canario, auf Kaninchenjagd gehen.

Die Beziehung einiger Jäger zu ihren **Hunden** ist leider rein beruflicher Natur. Das führt dazu, dass einige Tiere auch heute noch »nach ihrer Dienstzeit« einfach ausgesetzt werden. Der Aufklärungsarbeit fleißiger Tierschützer ist es zu verdanken, dass wir heutzutage beim Wandern nur sehr selten einem streunenden Hund begegnen. Wenn doch, dann ist dieser nahezu immer ungefährlich. So hatten wir auf unseren Wanderungen auch schon liebenswerte, wasserschnorrende Begleiter.

Ähnlich verhält es sich mit den **verwilderten Katzen**, die sich von den heimischen Eidechsen und Geckoarten ernähren. In vielen touristischen Gegenden sind streunende Katzen ein Problem. Es ist wenig hilfreich, wenn man in einem kurzen Urlaubs-Aufenthalt dem Mitleid nachgibt und Futter aufstellt. Wer wirklich helfen möchte, kann die Katze inklusive einer Spende für die Sterilisation einer örtlichen Tierschutzorganisation übergeben. Infos gibt es unter www.archenoah.de.

Auch die **Wildziegen** im Anaga- und Teno-Gebirge sind keine natürlichen Bestände und eigentlich unerwünscht. Im Gegensatz zu den Hunden und Katzen haben die Ziegen sich aber von selbst auf den Weg zum Leben als Aussteiger gemacht. Damit kommen sie scheinbar sehr gut klar. Auf unseren Touren in diesen Gebieten, vor allem bei Los Carrizales und dem Hilda-Steig **[› Tour 5 und 6]**, kann man auf die scheuen Tiere treffen oder sie zumindest hören.

Die ausschließlich im Nationalpark lebenden **Mufflons** hat man in den 1970ern als Jagdbeute eingeführt, sie wurden jedoch schnell zum Problem für die Pflanzenwelt. Das aktuelle Projekt zur Ausrottung der Wildschafe auf Teneriffa sorgt leider immer wieder für zeitlich begrenzte Wanderverbote in dem Gebiet.

Einheimisch ist die **Kanareneidechse**, welche wir sehr oft auf unseren Wanderungen treffen. Die Männchen schimmern meist bläulich, die Weibchen kommen in unterschiedlichen Brauntönen daher. An beliebten Wanderrastplätzen versuchen sie in Scharen die eine oder andere Leckerei zu erbeuten: ein Riesenspaß für Groß und Klein. Bei allem Spaß sollte man unbedingt vermeiden, die Tiere am Schwanz zu berühren, da sie diesen sonst abwerfen. Bei echter Gefahr kann dieser Reflex einer Eidechse das Leben retten. Es verschafft ihr einen kurzen Überraschungsmoment, der zur Flucht reichen kann.

Seltener zu sehen, weil nachtaktiv, aber ebenfalls endemisch ist der **Kanarengecko**. Nach Sonnenuntergang sitzen diese niedlichen Vertreter der Reptilien an den Wänden und sind auf der Jagd nach kleinen Insekten. Ein Gecko im Schlafzimmer sorgt für ruhige Nächte, da er sich um die Mücken kümmern wird. Keine Sorge, er hält sich auch von schlafenden Menschen fern. Nur Kletterer werden beim Griff in schmale Spalten ab und an von einem Gecko erschreckt.

50 m

STRECKE
4,1 km

1 h 20

ab 4

Tour 17: Ein Strand aus dem Bilderbuch

Puerto de la Cruz und der Bollullo

Der Bollullo (gesprochen: Bojujo) wird uns nicht nur wegen seines Namens im Gedächtnis bleiben. Schon von der Klippe oberhalb des Strandes bietet er einen Anblick zum Verlieben: eine perfekt gezeichnete Bucht, aufgelockert durch einen kleinen Felsen, ein breiter Sandstrand und die perfekte Strandbar. Unten angekommen wird das Ganze noch beeindruckender, denn die Wellen kommen hier meist nahezu frontal an den Strand und sind nicht selten höher als zwei Meter.

Wanderung: Wir starten am Ende des Parkplatzes und gehen 50 Meter zum quer verlaufenden Weg. Diesem folgen wir entlang der Hauptstraße nach rechts. Nach weniger als fünf Minuten durchqueren wir einen **Fußgängertunnel** (1) und gelangen so auf die andere Straßenseite.

Nun führt unsere Tour auf einem befestigten Fahrweg 600 Meter durch die **Bananenplantagen**. Die Wege nach links und rechts ignorieren wir. Langsam verwandelt sich die Straße in eine Treppe, zunächst nur der Mittelstreifen, dann auf ganzer Breite. Der Weg biegt nun nach rechts ab und nach knapp 20 Minuten queren wir das Tal des **Barranco de la Arena** (2).

Wir verlassen das Tal auf der anderen Seite und folgen dem Weg Richtung Meer hinauf. Nach einem Schwenk nach rechts befinden wir uns an einer kleinen Straße. Wir folgen dem **Camino Bollullo** für 200 Meter durch eine mit Mauern gesäumte Gasse. Hier ist Vorsicht geboten, da wir die Straße mit den Autos teilen

TOUREN-STECKBRIEF

Anfahrt: Über die TF-5, Abfahrt 32, auf die TF-31 Richtung »Puerto de la Cruz« und »Martianez« fahren. Nach 2,2 Kilometern links Richtung »El Botánico« abbiegen und im Kreisverkehr die erste Ausfahrt zum »Hotel Semiramis« wählen. Nach gut 500 Metern rechts auf den Parkplatz bei **GPS N 28°24‘57.4“, W 16°31‘51.3“** fahren. Wer in Puerto de la Cruz wohnt, kann zum Ausgangspunkt wandern. Er befindet sich einen Kilometer vom Botanischen Garten entfernt.

Bus: Linie 363 von Icod de los Vinos bis zum »Jardin Botánico«. Linie 103 von Santa Cruz bis zum »Jardin Botánico«.

Anspruch und Charakter: Leichte Wanderung auf asphaltierten Wegen. Steigungen sind mit Treppen versehen. 300 Meter auf einer schmalen Straße ohne Gehweg.

Highlights: Der Strand, Weitblick entlang der Küste, Weg durch die Bananenplantagen.

Einkehr: Restaurante Bollullo oberhalb des Strandes und Chiringuito Beach Bar direkt am Strand.

In der Nähe: Meson el Monasterio, Jardin Botánico, Mirador de Humboldt.

müssen und teilweise sehr wenig Platz ist. Nach 200 Metern öffnet sich dann der Blick aufs Meer und wir folgen der Straße nun oberhalb des Strandes. Bald zweigt links ein **Weg mit ein paar Treppenstufen** von der Straße ab, dem wir folgen. Rechter Hand befindet sich hier das Restaurante Bollullo. Voller Vorfreude genießen wir den Blick auf den Strand. Plötzlich treiben uns die Kinder zum Weitergehen an.

Ein Geländer trennt uns vom Abgrund. Vorbei an ein paar Büschen erreichen wir bald einen **Aussichtspunkt** ③. Im Westen liegt die Bucht mit Puerto de la Cruz im Hintergrund, im

Osten sehen wir die Küste auf der anderen Seite mit ihren verborgenen einsamen Stränden. Wir gehen nun die Treppen bis zum Strand hinunter, vorbei an dem kleinen Schrein **Cueva del Virgen del Carmen**. Am **Strand** ④ angekommen beachten wir unbedingt die Anweisungen der Rettungsschwimmer. Trotz aller Schönheit ist das Meer am Bollulo mit größter Vorsicht zu genießen.

Nach einer ausgiebigen Pause kehren wir auf dem gleichen Weg zurück.

Abstecher zum Mirador La Paz

Gehzeit 45 min, 2 km

Anstatt am Ziel direkt nach links zu unserem Parkplatz zu gehen, können wir dem Weg weiter folgen. Nach 500 Metern biegen wir hinter dem Hotel Semiramis rechts auf die Promenade ab und laufen noch weitere 500 Meter bis zum **Mirador La Paz**. Hier erwartet uns ein schöner Blick auf Puerto de la Cruz mit der »Playa Martiánez und dem gleichnamigen Lago.

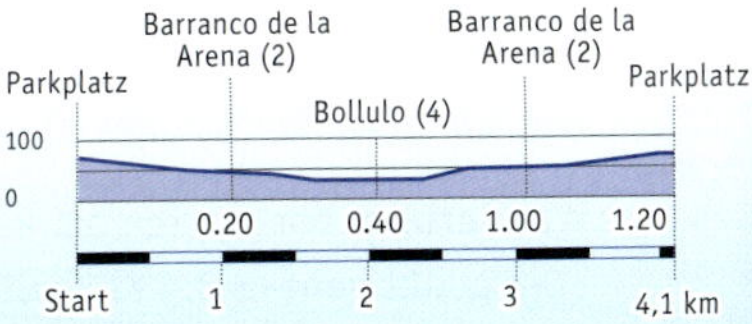

110 m

450 m

STRECKE 6,5 km

6 h

ab 10

Tour 18: Am Seil durch den Slot Canyon

Kletterabenteuer im Tal von La Orotava

Eine extrem spannende Tour für kletterbegeisterte Kinder und Erwachsene erwartet uns in einem engen Canyon der Superlative. Die Tour verspricht einzigartige Bilder, ein Abenteuer mit Adrenalinkick und ist nicht nur für mutige Kids ein absoluter Spaß. Die Klamm ist außerdem auch ein sehenswertes Naturwunder mit spektakulären Felsformationen. Vor und nach der Abseilstrecke geht es dann gemütlich durch den schönen Kiefernwald von La Orotava.

Wanderung: Wir starten am Parkplatz **Choza Wildpret** ①. Vom Startpunkt geht es 3,4 Kilometer immer auf einem Forstweg entlang, der Anstieg beträgt 100 Höhenmeter. Der Zustieg ist in einer guten Stunde geschafft. Am Ende des Weges sehen wir schon den **Canyon** ② unter uns in den rötlich gefärbten Bergen.

Vom Fahrweg geht es links in den Wald hinein, ein kleiner Pfad ist erkennbar. Unten kommen wir an einem **Plateau zwischen Bäumen** an. Von hier aus wenden wir uns scharf nach rechts in den Canyon. Ein wenig Kletterei an der Wand der Schlucht ist angesagt. Es sollte ein Erwachsener vorweg gehen, damit es die Kinder einfacher haben. Unten angekommen befindet sich vor uns eine Felserhebung, deren Rücken wir überklettern. Oben erreichen wir das ockerfarbene Gestein der Schlucht. Es sind zwei Stufen erkennbar, die uns auf ein **Plateau** führen. Nun geht es los mit dem Abseilen.

TOUREN-STECKBRIEF

Anfahrt: Über die TF-21 von La Orotava Richtung El-Teide. Idealerweise kommen wir mit zwei Fahrzeugen. Eines parken wir an der Ankunftsstelle im oberen Bereich der »Zona Recreativa La Caldera«, **GPS N 28°21'27.4", W 16°30'08.8"**, mit dem anderen fahren wir zum Ausgangspunkt der Wanderung, dem Parkplatz Choza Wildpret bei **GPS N 28°20'05.9", W 16°31'48.5"**. Alternativ parken wir den Wagen an der TF-21 an der Bushaltestelle Aguamansa (vor der Piscifactoría) und nehmen den Bus 348 Richtung Parador del Teide bis nach »Casa del Caminero«. Von dort laufen wir 700 Meter die Straße hinunter bis zur »Choza Wildpret«.

Variante: Einer der Erwachsenen läuft bis zum Ausgangspunkt zurück (zusätzlich 3,5 km, 150 Höhenmeter) und holt den Rest der Gruppe in La Caldera ab. Wegbeschreibung bei [› Tour 19].

Bus: Hin Linie 348 von Puerto de la Cruz bis »Casa Caminero«, zurück Linie 345 und 346 von »La Caldera«.

Anspruch und Charakter: Extreme Canyon-Tour mit Abseilstellen bis 22 Meter Höhe. Sicherungsstellen alle in einem sehr guten Zustand, immer doppelt ausgeführt, teilweise sogar mehrfach. Die Tour ist nur für Familien mit solider Klettererfahrung und entsprechender Ausrüstung geeignet. Das Alter der Kinder ist weniger relevant, unsere kletterbegeisterte fünfjährige Smilla hatte einen Riesenspaß. Sicherheit beim Abseilen und keine Angst vor Höhen sind wichtiger. Leichte Wanderungen zu Beginn und zum Ende.

Material: Gurte, Karabiner, Sicherungsacht oder ähnliche Sicherungsgeräte, Helme, Seil (60 Meter).

Highlights: Atemberaubende Schlucht mit sehr schönen und extrem vielseitigen Abseilstellen. Im oberen Bereich Slot Canyon mit nur wenigen Metern Breite und einzigartigem Blick hinauf.

In der Nähe: Playa Jardin, La Caldera.

Die Abseiltour mit Guide

Wer keine Abseilausrüstung oder weniger Erfahrung im Canyoning hat, kann auch eine geführte Tour buchen.

€55 bis 100 pro Person inklusive Anfahrt und Equipment.

www.ocho-escalada.com

www.guiadavidhernandez.com

Mehr Infos zu den Anbietern unter
www.teneriffa-mit-kindern.de/canyoning

Wir beschreiben ab hier nur noch die verschiedenen Abseil- und Kletterstellen, verlaufen können wir uns in dem engen Canyon ja nicht. Alle Sicherungspunkte sind in einem guten Zustand.

1. Abseilstelle: 22 Meter an einer glatten Wand, Sicherungspunkte an der linken Seite.

2. Abseilstelle: 16 Meter, kurz danach, Sicherungspunkte links.

Wir befinden uns jetzt im beeindruckendsten Teil des Canyons mit tollen Farben, atemberaubenden Ausblicken und schönen Fotostellen.

3. Kletterstelle: 5 Meter, problemlos.

4. Abseilstelle: Links auslassen, stattdessen rechts an der Felswand entlang durch eine Felsbrücke kriechen, dann hinab wandern. Alternativ befindet sich links eine Abseilstelle: fünf Meter und zwei Kletterstellen, jeweils zwei Meter. Dieser Absteig ist jedoch etwas schwieriger.

Die Vegetation nimmt jetzt immer mehr zu und es wird grüner, wir müssen hier und da durch die Pflanzen hindurch. Eine **längere Wanderstrecke** folgt.

5. Diverse kleine Kletterstellen: Jeweils ein Meter Höhe.

6. Abseilstelle: 19 Meter, Sicherung rechts.

7. Kletterstelle: Drei Meter Höhe.

8. Abseilstelle: Zehn Meter, offener Überhang nach zwei Metern. Auf keinen Fall das Seil oberhalb der Sicherung/Knoten anfassen (Einklemmgefahr)!

9. Kletterstelle: Direkt nach 8. folgend, vier Meter, etwas schwieriger, danach rechts halten.

10. Kletterstelle: Zwei Meter, durch die Bäume.

11. Abseilstelle: 15 Meter durch eine enge Rutsche, Sicherung links.

12. Abseilstelle: Direkt nach Abseilstelle 11, fünf Meter, mit 60 Meter Seil ist ein Umhängen nicht nötig, Sicherungen beidseitig.

13. Abseilstelle: Zwölf Meter, danach Kletterstelle drei Meter, kann mit dem Seil gemeinsam gemacht werden.

14. Kletterstelle: Zwei Meter, leicht.

15. Kletterstelle: Zwei Meter, rechts halten, kleine Rutsche.

Der Barranco wird nun deutlich breiter und Wege führen kreuz und quer hindurch. Am Ende treffen wir auf einen Wanderweg mit einer Kette an der rechten Seite. Wir halten uns links und folgen dem Weg. Rechts sehen wir Treppen, die den Berg hinaufführen. Es handelt sich um den Organos-Höhenwanderweg. Wir halten uns weiter links und gehen auf dem Forstweg weiter bis zur **Schutzhütte Choza Chimoche** ③. Hier ist der perfekte Platz für eine Rast nach der erlebnisreichen Kletterei.

Rückweg zum Parkplatz Choza Wildpret
Gehzeit 1 h 30, 4 km, ↑ 200 m.
Wer, statt zur Zona Recreativa La Caldera abzusteigen, wieder zum Ausgangspunkt zurückkehren möchte, folgt vom Rastplatz **Coza Chimoche** ③ dem Forstweg nach links in Richtung Ramon el Caminero.

Dann beginnen wir den Rückweg auf dem Fahrweg links neben dem großen Eukalyptusbaum. Wir folgen ihm 250 Meter geradeaus bis zu einer **Linkskurve.** Dort verlassen wir den Fahrweg und gehen rechts auf einem mit Steinen markierten Pfad steil bergab. Der Weg ist mit Pinien und Baumheide gesäumt. Der Fahrweg wird im Laufe des Abstiegs immer wieder unseren Weg berühren. Wir bleiben aber auf dem Pfad.

Dort wo wir den Fahrweg überqueren, steht gegenüber eine **Steinsäule** ④. Rechts daneben setzt sich unser Weg durch den Wald fort. Beim nächsten Kontakt mit dem Fahrweg folgen wir diesem nach rechts in die Kurve und ignorieren den Wanderweg, der gegenüber wieder in den Wald führt. Wir folgen jetzt dem Fahrweg oder der bei **[› Tour 19]** beschriebenen Route abwärts bis zur **Zona Recreativa La Caldera** ⑤, einem öffentlichen Grillplatz mit Picknickbänken, öffentlichen Toiletten und einem Spielplatz. Wer möchte, kann die Wanderung hier mit einem gemütlichen Essen ausklingen lassen.

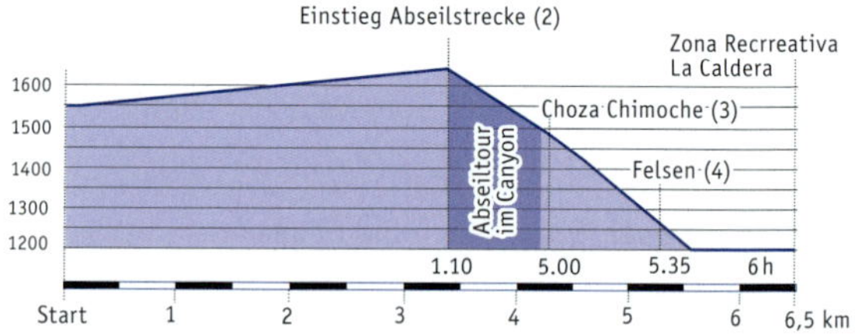

Die Abseiltour kann perfekt mit der Wanderung »Ein Picknickplatz auf Wolke 7« **[› Tour 19]** kombiniert werden. Die Picknickhütte **Choza Chimoche** ③ bietet sich als Treffpunkt an, wenn nur ein Teil der Familie an der Abseiltour teilnehmen möchte, man sich aber auf eine gemeinsame Rast und den gemeinsamen Rückweg freut.

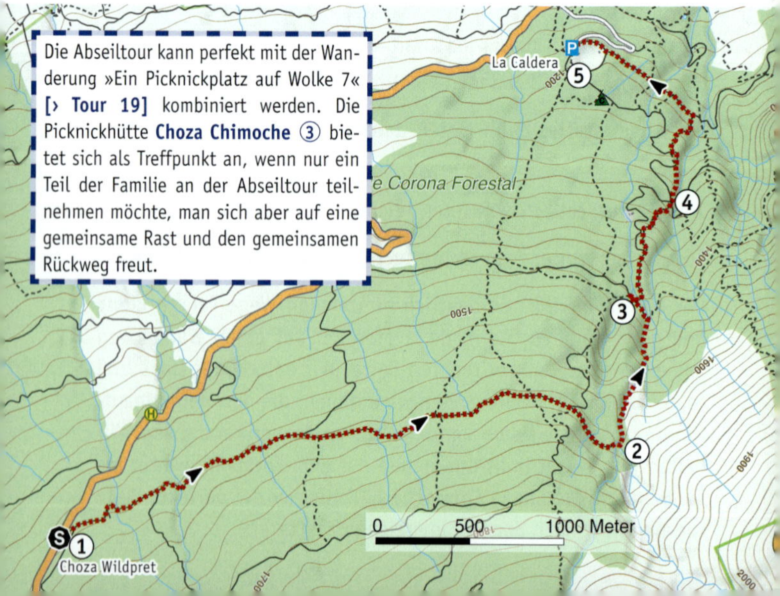

270 m

STRECKE 4,7 km

2 h 30

ab 6

Tour 19:
Ein Picknickplatz auf Wolke 7

Wandern im Orotava-Tal

Im Herzen des Orotava-Tals befindet sich die wohl beliebteste »Zona Recreativa« Teneriffas: »Zona Reacreativa La Caldera«. Etliche Wanderwege starten hier. Durch tiefen Pinienwald, vorbei an Felswänden und ausgewaschenen Schluchten mit vielfarbigem Gestein führt uns diese Wanderung an allem vorbei, was dieses Tal so besonders macht. Nicht nur landschaftlich, sondern auch meteorologisch wird viel geboten: Im Orotava-Tal sammlen sich häufig im Laufe des Tages Wolken an. Dann gehen wir bei Sonnenschein los und landen nach einem anstrengenden Aufstieg im wabernden Nebel oder – mit etwas Glück – hoch über den Wolken.

Wanderung: Wir beginnen unsere Wanderung am Parkplatz der **Zona Recreativa La Caldera** und starten den Rundweg im Uhrzeigersinn. An der Infotafel mit weiteren Wanderungen gehen wir vorbei, ebenso am Kiosk und dem »Pferdeparkplatz« und verlassen den asphaltierten Weg an der nächsten Kreuzung mit Wegweiser nach links. Es geht hier auf dem PR-TF-35.1 in Richtung »Pedro Gil«.

Die Piste ist Teil des Fernwanderwegs GR131 und quert nach etwas mehr als 500 Metern eine **Brücke**, die nicht komplett mit einem Geländer abgesichert ist. Einen Moment später können wir durch das Geäst einen ersten Blick auf die Felswand **Los Organos** werfen, ehe wir nach insgesamt etwa 15 Minuten an der Hütte **Pedro Gil** ① ankommen.

Rechts neben der Hütte befindet sich der Wegweiser des **Camino Candelaria**, dem wir auf einen anstrengenden Anstieg folgen. Es handelt sich bei dem Weg um den Pilgerpfad zum Wallfahrtsort

TOUREN-STECKBRIEF

Anfahrt: Über die TF-5 fahren, Abfahrt 33 Richtung »El Teide«. TF-211 bis zum zweiten Kreisverkehr folgen, zweite Abfahrt TF-21 Richtung »El Teide« nehmen. Im Ort die rechte Spur nutzen. Nun weiter der TF-21 immer Richtung »El Teide« folgen. Nach der Waldarbeiterstation am Ortsausgang von Aguamansa der TF-21 noch 750 Meter folgen und dann links Richtung »La Caldera« abbiegen. Parkplatz bei **GPS N 28°21'28.6", W 16°30'08.4"**.
Bus: Linie 345 von Puerto de la Cruz.
Anspruch und Charakter: Waldweg mit teilweise starkem Anstieg. Gelegentlich geht es über Treppen aus Baumstämmen und Wurzeln. Im Querstück stellenweise steil abfallendes Gelände neben dem Weg. Es gibt kurze Streckenabschnitte, die einen Mindestanspruch an Schwindelfreiheit und Trittsicherheit stellen. Es sollte stets mit wechselndem Wetter gerechnet werden.
Highlights: Beeindruckende Felswand, Wald, Schluchten.
Einkehr: Kiosk am Start.
In der Nähe: Kombination mit Abseil-Tour, Playa Jardin, Telesforo Bravo.

Candelaria, was auch die beiden **Andachtsstätten am Wegrand** erklärt. Der Wald besteht hier vor allem aus Pinien und Eukalyptus, sodass uns ein angenehmer Eukalyptusduft umgibt. Die Baumwurzeln dienen uns gelegentlich als Stufen.

Etwa 350 Meter weiter queren wir einen **Fahrweg** ②. Unser Pfad setzt sich auf der gegenüberliegenden Seite mit hölzernem Geländer fort. Die Strecke ist weiterhin steil und es sind mit Baumstämmen abgesicherte Stufen eingearbeitet. Von unserem Weg können wir nach links einen Blick auf die Seite der Felswand erhaschen und erreichen später eine **Lichtung**, an der kleine Felsen zum Pausieren einladen. Fortan umgeben uns fast ausschließlich Pinien, die Serpentinen werden flacher.

An der nächsten Gabelung, etwas mehr als 400 Meter hinter dem Fahrweg, knickt ein schmaler Pfad nach rechts ab. Wir folgen hier unserem Weg in die Linkskurve weiter den Hang hinauf und durch eine Felsauswaschung. Nur knapp 150 Meter weiter kommen wir zum nächsten Wegweiser. An dieser **Kreuzung** ③ verlassen wir den »Camino Candelaria« und biegen scharf nach rechts ab.

Der Weg wird jetzt deutlich flacher und erlaubt immer wieder Blicke bis hinunter zum Atlantik. Dann erreichen wir den **Barranco de las Bestias** ④. Während der erste Arm der Schlucht noch gemütlich zu umgehen ist, geht es direkt danach am zweiten Arm neben dem Weg sehr steil abwärts, daher ist Vorsicht geboten.

Am Wendepunkt des Weges im Barranco haben wir abermals besten Weitblick. Kurz darauf erreichen wir den höchsten Punkt unserer Wanderung und den nächsten Barranco. Hier ist erneut Vorsicht geboten, Schwindelfreiheit und Trittsicherheit sind notwendig. Augenblicke später treffen wir auf einen Fahrweg, der uns abwärts zur **Picknickhütte »Choza Chimoche« ⑤** bringt.

Nach einer ausgiebigen Rast über oder in »Wolke 7« setzen wir unsere Wanderung auf dem Fahrweg links neben dem großen Eukalyptus fort. Wir folgen dem Weg 250 Meter geradeaus bis zu einer **Linkskurve ⑥**. Dort wechseln wir auf den rechts abzweigenden, mit Steinen markierten Pfad. Nun beginnt der Abstieg ebenso steil, wie zuvor unser Aufstieg war.

Der Weg ist mit mittelgroßen Pinien und Baumheide gesäumt. Der **Fahrweg** wird im Laufe des Abstiegs immer wieder unseren Weg berühren oder kreuzen, zum ersten Mal sehen wir ihn nach etwa fünf Minuten links von uns. Wir bleiben an dieser Stelle auf

Zona Recreativa La Caldera
»Zonas Recreativas« sind Orte zur Erholung und werden von den Einheimischen vor allem am Wochenende aufgesucht. Wer möchte, kann sein Auto zu dieser Wanderung mit Grillkohle und Grillgut beladen und sich am Ende an einem der öffentlichen Grills ein ganz besonderes Picknick zubereiten.

dem hier schwer erkennbaren Pfad und müssen über die kleinen Felsen weiter abwärts kraxeln. Der Weg wird umgehend einfacher und ist wieder deutlich zu erkennen.

Nach etwa drei Minuten nähern wir uns erneut dem Fahrweg und bleiben auf unserem Pfad. An der folgenden Kreuzung überqueren wir den von rechts kommenden Fahrweg und gehen gegenüber zur **Steinsäule** ⑦. Rechts daneben setzt sich unser Weg durch den Wald fort. Neben unserem hier flacher absteigenden Weg geht es steil hinunter. Beim nächsten Kontakt mit dem **Fahrweg** folgen wir diesem nach rechts in die Kurve und ignorieren den Wanderweg, der gegenüber wieder in den Wald führt. Am Scheitelpunkt der langen Linkskurve können wir einen kurzen Abstecher (zehn Meter) in das Gebüsch rechts von uns machen und die Kinder am fotogenen **Felsbrocken** ⑧ vor der Felswand Los Organos klettern lassen. Vorsicht, nur wenige Meter daneben geht es steil hinab in die Schlucht.

Zurück auf dem Fahrweg gehen wir bis zum Ende der Linkskurve und müssen genau hinsehen, um nach 40 Metern den schmalen Pfad in den Wald zu erkennen, auf dem wir den Abstieg fortsetzen. Falls wir den Abzweig verpassen, folgen noch zwei weitere Möglichkeiten. Wir könnten aber auch einfach dem Fahrweg bis zum Ziel folgen.

Der Pfad führt über Stock und Stein etwas anspruchsvoller abwärts und endet nach zehn bis 15 Minuten unvermittelt an der Pista Mamio, auf der wir zum Beginn der Wanderung gestartet sind. Die **Choza Pedro Gil** ① befindet sich nun rechts etwa 50 Meter neben uns. Wir folgen der Piste nach links über die Brücke und laufen zurück bis zum Rand des Kraters an der **Zona Recreativa La Caldera** und gehen hinunter. Hier erwarten uns Picknickbänke, Grills, öffentliche Toiletten und ein Spielplatz.

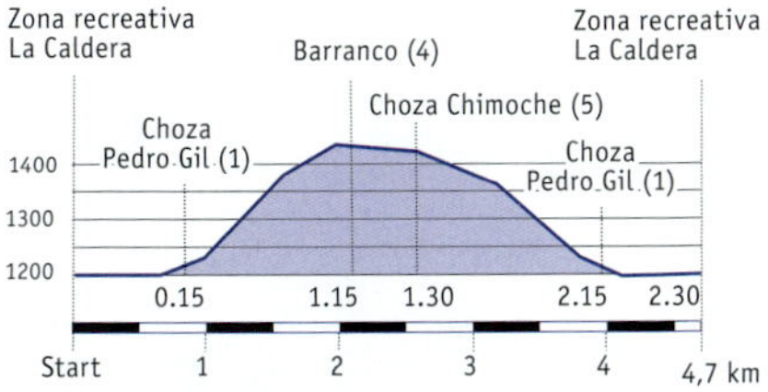

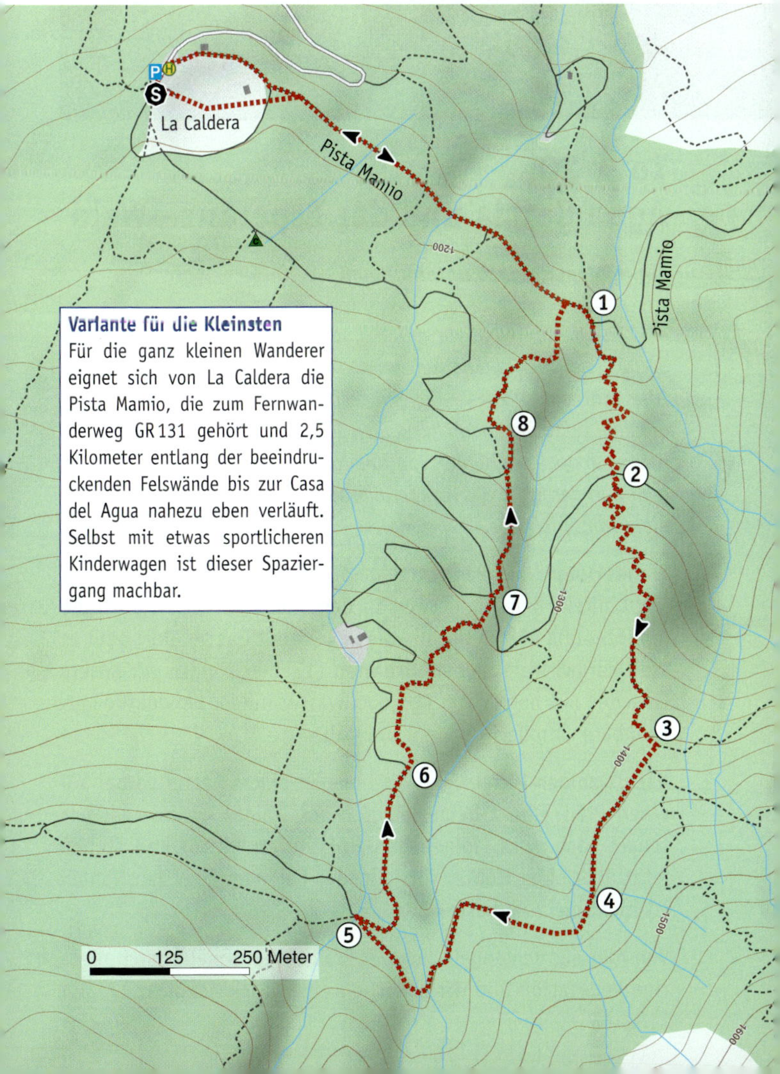

Variante für die Kleinsten
Für die ganz kleinen Wanderer eignet sich von La Caldera die Pista Mamio, die zum Fernwanderweg GR 131 gehört und 2,5 Kilometer entlang der beeindruckenden Felswände bis zur Casa del Agua nahezu eben verläuft. Selbst mit etwas sportlicheren Kinderwagen ist dieser Spaziergang machbar.

120 m

STRECKE 2,3 km

1 h

ab 4

Tour 20: Agua Garcia und der Esperanza-Wald

Ein Höhlenlabyrinth unterm Baum

»Man sieht den Wald vor lauter Bäumen nicht« ist ein bekannter Spruch, der hier Wirklichkeit wird. Die ältesten Lorbeerbäume der Insel wachsen in dieser Gegend dicht an dicht. Neben dem spannenden, teilweise undurchdringlich scheinenden Wald besuchen wir hier auch noch die Höhlen von Toledo. Passenderweise befindet sich genau in der Mitte der Wanderung auch noch ein schöner Picknickplatz mit Spielplatz.

Wanderung: Vom Parkplatz an der **Casa Forestal** laufen wir nicht direkt den Wanderweg in den Wald, sondern die Straße hinunter und biegen links in die Calle Fuentillas ab. Dort geht es steil bergab bis zu einem **Brunnen** ①, hier können wir unsere Flaschen mit herrlichem Bergquellwasser füllen. Ein deutlich erkennbarer Wanderweg biegt links ab.

Nach wenigen Metern geht es links an einem Gatter vorbei auf einen Pfad. Direkt beim Betreten des Waldes wenden wir uns scharf nach links, folgen den **Holzstufen** hinauf und stehen jetzt über einer **Höhle**. Vorsicht, das Geländer über den Höhlen ist nicht mehr im besten Zustand.

Von hier aus schlängelt sich der Pfad weiter hinauf durch niedrige Vegetation und wir erreichen einen **Picknickplatz** ② auf

einer Lichtung. Die Kinder können dort herrlich toben und in den Bäumen klettern.

Von hier aus führen jetzt **drei Wege** weiter in den Wald, wir nehmen den mittleren. Er scheint durch umgefallene Stämme versperrt, führt aber doch als kleiner Pfad in einer Senke hinauf. Nach etwa fünf Minuten erreichen wir eine **Abzweigung** an einer stark verzweigten Kiefer, hier folgen wir dem besser erkennbaren Pfad leicht links. Nach weiteren fünf Minuten stoßen wir dann auf eine **Kreuzung mit einem großen Wanderweg ③**, wir laufen geradeaus den Pfad bergauf.

Der Weg ist hier nicht immer gut erkennbar, aber solange man weiter bergauf durch den dichten Wald wandert, kann nichts schiefgehen. Nach etwa 200 Metern erreichen wir einen breiten Weg, dort biegen wir links ab. Dieser Weg wird auch gerne von Mountainbikern benutzt, gegenseitige Rücksichtnahme sollte

TOUREN-STECKBRIEF

Anfahrt: Über die TF-5, Ausfahrt 19 Tacoronte nehmen. Dann der Beschilderung nach Agua Garcia folgen, im Ort der Beschilderung »Centro de informacion patrimonal de Agua Garcia« folgen. Dort finden wir einen Parkplatz bei **GPS N 28°27'40.4", W 16°24'14.4"**.

Anspruch und Charakter: Leichte Waldwanderung auf meist gut erkennbaren Pfaden. Steile Stellen sind mit Holztreppen entschärft. Bei feuchtem Wetter ist der Boden oft rutschig und matschig.

Highlights: Wilder Wald aus Lorbeer, Kiefern und Eukalyptus. Viele Möglichkeiten zu klettern, verstecken oder herumzutollen, Höhlen, ältester Baum der Insel.

Einkehr: Keine, Wasserstellen, ganz am Anfang ein Brunnen, dann erst wieder in der Mitte bei der Zona Recreativa.

In der Nähe: Mesa del Mar, Parque natural El Montillo, Costa El Sauzal.

selbstverständlich sein. Kurz vor Erreichen der **Zona Recreativa** ④ überqueren wir einen Schotterweg und sehen dann schon den großen Pausen- und Spielplatz.

Auf der anderen Seite des Platzes folgen wir dem Wanderweg bergab. Rechts befindet sich ein WC-Häuschen. Am Ende des Abstiegs biegen wir links ab und steigen einen Hang hinauf. Oben angekommen treffen wir auf eine **Kreuzung**, die wir geradeaus überqueren. Der Weg führt jetzt abwärts und geht nach wenigen Metern in einen Fahrweg über. Hier sehen wir auch weiß-gelbe Markierungen. Auf der rechten Seite ist eine **Eselkoppel** ⑤, mit Glück kommen die Esel zum Streicheln an den Zaun. Wir laufen nun auf einem Bergrücken durch Lorbeer, Kiefern und Eukalyptuswald.

Nach 250 Metern erreichen wir eine **Straße**, überqueren diese und gehen dann nach links bei der gelb-weißen Markierung wei-

ter abwärts. Der Abstieg ist mit Treppen und Geländern angelegt. Am Fuß der Treppen befinden sich links die **Höhlen von Toledo** ⑥, die künstlich für den Abbau von quarzhaltigen Sand gegraben wurden. Aus diesem wurde Quarz für die Glasfabrik in La Laguna für die dringend benötigten Weinflaschen hergestellt. Heute spielen die Kinder in den Höhlen, deren Gänge bis zu 15 Meter horizontal in den Berg hinein führen. Am letzten Höhleneingang, gegenüber des Holzstegs, wächst der älteste Baum der Insel. Es ist ein nachweislich 700 Jahre alter Viñátigo, ein Kanarenlorbeer.

Der Weg setzt sich über eine **Brücke** fort, auch im Sommer fließt hier oft noch Wasser. Hinter der Brücke führt eine Treppe rechts hinunter zu einem kleinen **Pausenplatz mit Bänken**. Es folgt eine kurze, breite Brücke. Hinter dieser folgen wir dem Weg an einer Lavasteinmauer entlang immer weiter abwärts. Etwa 500 Meter sind es jetzt noch bis zum Parkplatz.

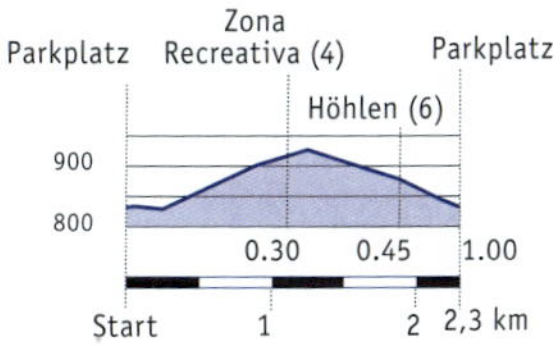

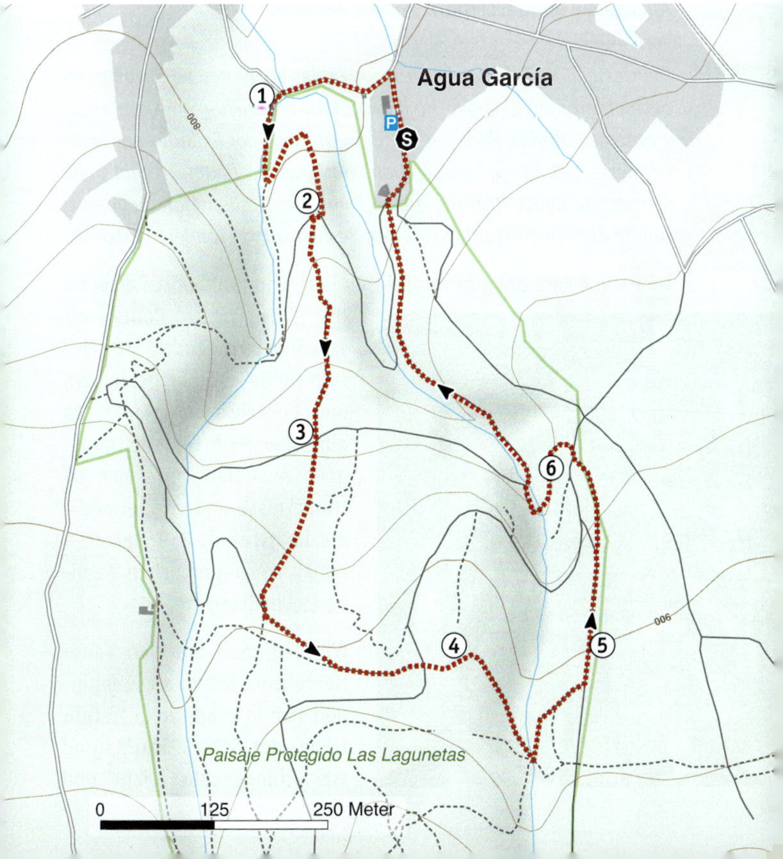

½ Tag

ab 5

Tour 21: Wie die Affen in den Bäumen

Abenteuer im Kletterpark Parque Forestal

Die riesigen Kiefern des Esperanza-Waldes kann man auch von oben betrachten – im einzigen Hochseilgarten Teneriffas. Auf den fantasievoll gestalteten Parcours hangeln wir uns über Seilbrücken, Spinnennetze und lange Seilrutschen von Baum zu Baum. Es gibt viele spannende Routen für die ganze Familie und alleine die Lage mitten im Esperanza-Wald macht den Besuch zum besonderen Erlebnis.

Im Parque Forestal gibt es drei Familien- und fünf Sport-Parcours. Die schwierigste Route mit schwindelerregenden 30 Metern Höhe ist nur Teenagern und Erwachsenen erlaubt. Es gibt aber auch für Kids genügend Auswahl. Insgesamt 86 Hindernisse und elf Ziplines – die längste mit 230 Metern – laden zum sportlichen Familiennachmittag ein.

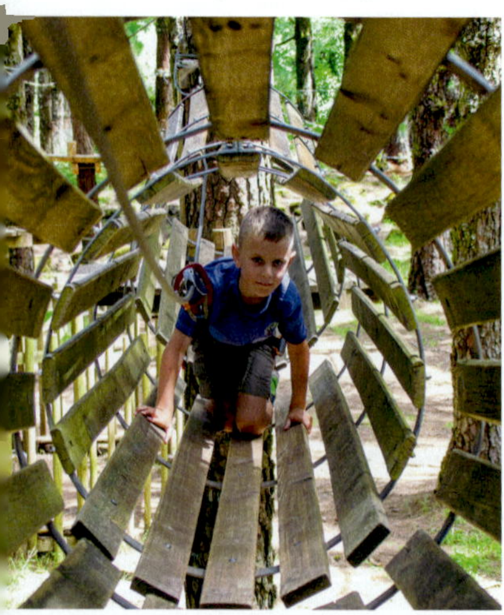

Wir beginnen mit den Familienrouten. Schon diese befinden sich in knapp zehn Metern Höhe, der Schwierigkeitsgrad ist anfangs sehr leicht und

nimmt dann immer weiter zu. Jede Route endet mit einer Zipline, die uns wieder zu Boden befördert.

Wer höher hinaus will, bittet um Unterstützung. Das Personal schätzt dann die Kenntnisse der Kinder ein und teilt mit, welche Sportrouten geeignet sind. Für die große Sportroute, die bis in 30 Meter Höhe hinauf führt, benötigt man 30 Minuten, die anderen Routen sind meist etwas schneller absolviert.

TOUREN-STECKBRIEF

Anfahrt: TF-1, Abfahrt La Esperanza / El Teide nehmen, dann immer der TF-24 nach El Teide folgen. Nach 16 Kilometern und 20 Minuten liegt der Forestal Parque auf der rechten Seite. Großer Parkplatz bei **GPS N 28°24'52.2", W 16°24'22.9".**
Öffnungszeiten und Preise: April bis Oktober Fr, Sa und So und in den Ferien. 10–20 Uhr, letzter Einlass 17 Uhr. November bis März 10–18 Uhr, letzter Einlass 15 Uhr. €24, Kinder 5–12 Jahre €19. Zugang für Kinder ab 5 Jahren und 110 Zentimeter Größe, Sportparcours ab 10 Jahren und 145 Zentimetern. Freier Eintritt für Zuschauer. Buchung vorab ist empfehlenswert.
www.forestalparktenerife.es
Anspruch und Charakter: Durch die perfekte Absicherung gefahrloses und doch aufregendes Klettervergnügen.
Einkehr: Kiosk und Café im Park.
In der Nähe: Von hier aus guter Startpunkt zur Fahrt in die Cañadas und zum Teide, schöne Strecke mit abenteuerlichen Blicken.

Die Anaga-Gebirgskette ist neben dem Teno und dem Zentralmassiv des Teide das dritte Gebirge Teneriffas. Es entstand vor zehn Millionen Jahren durch Vulkanismus. Die größten Erhebungen sind der Cruz de Taborno im Westen mit 1.024 Metern Höhe, auf der Ostseite liegt der Chinobre mit 909 Metern Höhe. Auf dem Bergkamm führt eine gut erschlossene Straße von West nach Ost durch das Gebirge. Einige Seitenstraßen bringen uns hinunter ans Meer. Im Osten endet die Strecke in Chamorga. Viele Wanderwege durchkreuzen das Gebirge, welches seit 1987 Naturschutzgebiet und seit 2015 UNESCO-Biosphärenreservat ist. Durch den Regenreichtum hier im Norden ist das Anaga die feuchteste Region der Insel. Große Lorbeerwälder bedecken das Gebiet. Ein Besuch des Anaga und eine kleine Wanderung durch den Wald gehören zu jedem Teneriffa-Urlaub. Wer nur einmal hineinschnuppern möchte, nimmt am besten **[› Tour 23]**.

Die Hauptstadt Santa Cruz bildet mit der benachbarten ehemaligen Hauptstadt La Laguna die Metropolregion Teneriffas. Santa Cruz de Tenerife ist seit 1833 die Hauptstadt der Insel und neben Las Palmas de Gran Canaria eine der beiden Hauptstädte der Autonomen Gemeinschaft der Kanarischen Inseln. La Laguna, offiziell San Cristóbal de La Laguna, ist die älteste Stadt der Insel und wurde 1999 zum UNESCO-Weltkulturerbe ernannt. Sie wurde als Hauptstadt nach der Kapitulation der Guanchen 1496 gegründet. Die Universität ist heute die bedeutendste Institution der Stadt. Einen Stadtrundgang beschreiben wir in **[› Tour 22].**

Baden im Anaga

Außer dem großen künstlich geschaffenen Sandstreifen von Teresitas und der dahinter gelegenen Playa las Gaviotas finden sich einfach erreichbare Strände nur an der Nordseite des Anaga. Wie für die ganze Küste im Norden gilt besondere Vorsicht bei Wellen und Sturm, besonders hier im Anaga tobt der Atlantik extrem stark. Bei ruhigem Wetter gibt es aber ein paar echte Perlen zu entdecken. Um auch in felsiger Umgebung baden zu können, haben viele Orte sogenannte »Piscinas Naturales« gebaut. Sie haben eine Betonmauer zum Meer, lassen aber bei Hochwasser das Meerwasser hineinlaufen. So ist Baden im Atlantikwasser ohne Gefahr möglich. Diese künstlichen Schwimmbecken sind im Anaga besonders groß und einzigartig.

1 Playa la Arena & Piscina natural in Mesa del Mar

GPS N 28°30'11.3", W 16°25'27.8"
Die Zufahrt zum Ort Mesa del Mar führt über eine schöne, steile und serpentinenreiche Panoramastrecke. Südlich des Dorfes befindet sich die Playa la Arena, ein feinsandiger, schwarzer Strand in einer tief eingeschnitten Bucht – naturnah, ruhig und mit schönem Blick auf den Teide. Nur das große Apartmenthaus an der Nordseite stört das natürliche Panorama.

An der Nordseite des Ortes befindet sich eine Mole, von der Jugendliche gern ins tiefe Wasser springen. Der Zugang erfolgt über einen Tunnel vom Parkplatz, an dessen nördliches Ende das etwa 25 Meter lange Meerwasserschwimmbad angrenzt. Es wird bei Hochwasser von den Wellen des Atlantik geflutet und ist nur mit einer Betonmauer vom Meer getrennt. Bei hoher Brandung ist das Baden hier gefährlich, daher Tide und Wellengang genau beobachten!

2 Piscina natural El Pris

GPS N 28°30'41.0", W 16°25'15.0"
Das Meerwasserschwimmbad ist etwas kleiner, dafür geht es in El Pris auch etwas ruhiger zu als im benachbarten Mesa del Mar. Es gibt viele Felsen und einen schönen Blick auf die Küste.

3 Piscina natural de Jover

GPS N 28°32'48.6", W 16°22'16.8"
Das kleine Naturschwimmbad ist in die Felsen gebaut und vom Meer mit einer Betonwand getrennt. Eine Badeaufsicht ist vorhanden, bei gutem Wetter ist der Zugang zum Atlantik über Treppen möglich. Liegeflächen gibt es auf den Felsen und auf einem gepflasterten Bereich vor dem Bad. Es sind nur wenige Parkplätze am Club Nautico vorhanden. Die Zufahrt führt von Tacoronte nach Tejina, von dort am Ortseingang links.

Der Sand der Playa la Arena ist schwarz – genauso wie an allen anderen natürlichen Stränden auf Teneriffa.

4 Piscina natural de Bajamar

Die zwei riesigen, etwa 50 Meter langen Becken sind mit einer Betonmauer vom Meer getrennt. Zusätzlich gibt es ein seperates Kinderbecken. Die Frischwasserversorgung erfolgt zum einen durch hereinspritzendes Meerwasser bei Flut und zum anderen durch eine Art Falltür mit Filtern. Die Piscina in Banjamar ist eines der größten Naturschwimmbecken der Insel. Bei stärkerem Wellengang sind imposante Wasserfontänen an der Schwimmbadmauer zu beobachten. Nebenan befindet sich auch ein kleiner, mit einer riesigen Mole vom Meer geschützter Sandstrand. Restaurants und Cafés liegen in fußläufiger Entfernung.

Parkplätze gibt es im Ort oder etwas außerhalb an der Westseite des Ortes bei GPS N 28°33'09.7", W 16°20'57.0". Von dort geht es über Treppen und die Promenade Richtung Strand. Die Zufahrt führt von Tacoronte nach Tejina, dann geradeaus weiter nach Bajamar.

5 Playa de Arenal / Bajamar

Der feinsandige Strand liegt tief unterhalb der Straße in einer Felsenbucht. Er ist über eine enge, steile Treppe von der Ostseite Bajamars erreichbar. Durch den beschwerlichen Zugang ist es selten voll, der Strand ist deswegen aber auch nur für ältere Kinder geeignet.

6 Piscina natural Punta Del Hidalgo

Hier befindet sich ein sehr großer, 40 Meter breiter Pool mit großartigem Blick aufs Meer. Eine Rampe bietet leichten Zugang und eine Wasserfontäne in der Mitte erfreut schon die Kleinsten. Rettungsschwimmer sind vor Ort und es gibt auch Duschen, Toiletten und ein Restaurant. Parken ist im Ort nicht immer einfach. Die Zufahrt erfolgt von Banjamar gerade aus weiter nach Punta Del Hidalgo.

7 Strände in Almáciga

Die drei Strände Playa del Roque de las Bodegas, Playa de Almáciga und Playa de Benijo liegen jeweils einen Kilometer voneinander entfernt, sind feinsandig und bieten alle eine ansprechende Kulisse.

Am ersten Strand liegt der Felsen **Roques de las Bodegas**, der über einen Steg erkundet werden kann. Hier angekommen hat man das Gefühl, von weit draußen auf die Berge des Anaga zu schauen.

Playa Almáciga heißt der 300 Meter breite zweite Strand, der über eine vorgelagerte Sandbank verfügt, die das Baden vor allem für Kinder sicherer macht.

Der dritte Strand **Playa Benijo** besticht vor allem durch seine abgeschiedene Lage.

Die Anfahrt ist nur über das Anaga-Gebirge über die TF-12 möglich, dann biegen wir in El Bailadero links ab in Richtung Benijo und durchqueren den Tunnel. Die Strände befinden sich kurz hinter Taganana.

Ausflugsziele im Anaga

Die bergige Region des Anaga bietet hauptsächlich Wanderwege und Aussichtspunkte. Allein die Fahrt über die Straße bis nach El Bailadero oder sogar weiter nach Chamorga ist ein Ausflug für sich. An manchen Stellen sind beide Seiten der Insel gleichzeitig zu sehen und es bietet sich ein einmaliger Blick. Einsame Bergdörfer, abenteuerliche Straßen und drumherum der dichte Lorbeerwald machen die Fahrt zu einem unvergesslichen Erlebnis. Die Zufahrt zum Anaga ist nur von La Laguna oder San Andres nördlich von Santa Cruz möglich.

8 Mercadillo del Agricultor de Tacoronte

GPS N 28°29'59.5", W 16°24'24.2"
In der großen Markthalle bieten die Bauern und Fischer der Insel regional produzierte frische Produkte und landestypische Spezialitäten an. Hier kann man gut und preisgünstig einkaufen. *Geöffnet nur Sa und So, 8–14 Uhr.*

Ein Steg führt auf den Roque de las Bodegas.

9 Mirador de Jardina

GPS N 28°31‘26.2“, W 16°17‘17.6“
Bei der Zufahrt zum Anaga von La Laguna dürfen wir diesen Aussichtspunkt auf keinen Fall verpassen. Er bietet auf der einen Seite einen einzigartigen Blick über die Stadt und den Teide im Hintergrund, auf der anderen Seite beginnt das Anaga sich vor uns aufzutürmen.

10 Mirador Cruz del Carmen und das Anaga-Besucherzentrum

GPS N 28°31‘54.5“, W 16°16‘50.6“
Wer im Anaga keine größere Wanderung plant oder wegen des Wetters keine Möglichkeit hat, sollte zumindest hier anhalten. Im Besucherzentrum gibt es eine Ausstellung über das Anaga-Gebirge, die einen guten Überblick über die Gegend vermittelt. Eine kleine Schnupperrunde durch den Märchenwald des Anaga ermöglicht unsere [› Tour 23]. Vom Aussichtspunkt folgt sie dem »Sendero de los Sentidos« – dem Pfad der Sinne, der uns auf einfachen Wegen durch den Lorbeerwald führt. Auf dem Naturlehrpfad gibt es allerlei zu lernen und zu entdecken. Direkt am Parkplatz befinden sich auch ein Restaurant, Toiletten und ein Kiosk.

11 Chinamada und Mirador Aguaide

GPS N 28°33‘42.9“, W 16°17‘27.4“
Das Dorf liegt 600 Meter über dem Atlantik und wartet mit einer Besonderheit auf. Die Häuser im Dorf haben meist nur ein oder zwei gemauerte Wände, denn viele von ihnen

Am Mirador Cruz del Carmen führt ein kurzer Lehrpfad durch den Zauberwald des Anaga.

sind in den Fels gebaut. Die Mauern verschließen lediglich eine Wohnhöhle. Wer einen Abstieg von 600 Metern nicht scheut, kann von hier aus den ausgeschilderten Weg zum Punta del Hidalgo hinabwandern (etwa 90 Minuten). Die Anfahrt ins Dorf erfolgt über eine schmale, abenteuerliche Bergstraße. Allein die Blicke von der Straße auf den benachbarten Roque Taborno sind die anstrengende Fahrt wert. Parkplätze gibt es direkt bei der Kirche.

Vom Ortszentrum geht es über einen gut erkennbaren und ausgeschilderten Wanderweg auf den schwindelerregenden Aussichtspunkt Mirador Aguaide 633 Meter über dem Meer. Von der Iglesia de San Ramón führt ein Fußweg etwa einen halben Kilometer weit, ehe ein atemberaubender Blick auf schroffe Felsen, tiefe Schluchten und das Meer weit unter

Im Dorf Chinamarda sind die Häuser direkt in den Fels gemauert.

unseren Füßen vor uns liegt. Am Aussichtspunkt sind die letzten zwei Meter vor der Felskante wegen Abbruchgefahr gesperrt und dürfen nicht betreten werden.

12 Mirador Fuente del Lomo

GPS N 28°33'34.4", W 16°15'47.3"
Dieser Aussichtspunkt in Taborno ist weniger schwindelerregend als der Mirador Aguaide und etwas einfacher zu erreichen. Aber auch hier müssen wir die letzten 300 Meter zu Fuß gehen. Toller Blick auf das nördliche Gebirge. Hier startet auch unsere Wanderung [› Tour 24].

13 Chamorga

GPS N 28°34'11.9", W 16°09'32.9"
Das verträumte Bergdorf steht am Ende der Welt, denn die Straße durch das Anaga-Gebirge führt nur bis in den Ortskern. Weiter geht es nur zu Fuß [› Tour 26]. Das Dorf hat knapp 50 Einwohner und scheint nur aus Kirche, drei Häusern und einer Kneipe zu bestehen: ein Idyll mitten in der grünen Einsamkeit. Ginster, Erika und Lorbeer säumen die Straße und die Umgebung ist landwirtschaftlich geprägt – ein unglaublicher Kontrast zu den modernen, dicht bebauten Feriengebieten auf der Insel.

Wandern im Anaga

Bedingt durch die Höhenunterschiede dieses Gebirges, die schroffen Felsen, tiefen Schluchten und die großen Höhenunterschiede sind Wanderungen

Ein Dorf am Ende der Welt: Chamorga versinkt häufig im Wolkennebel.

Der Parque Maritimo ist eines der Werke des kanarischen Star-Architekten César Manrique.

im Anaga größtenteils sehr anspruchsvoll und nur für Familien mit großen Kindern geeignet. Für jüngere Wanderer empfehlen wir den »Pfad der Sinne« **[› Tour 23]** und eine Runde durch den »Zauberwald« **[› Tour 25]**. Die Höhen des Anaga liegen meist unter einer Wolkendecke, was den Wanderungen durch die Wälder etwas Mystisches gibt. In den Schluchten und an Berghängen ist der GPS-Empfang oft eingeschränkt.

Outdoorsport

An der Nordküste des Gebirges befinden sich flach ins Meer abfallende Strände, die ideale Bedingungen zum Wellenreiten bieten. Die Surfschule **Mahalo Surf School** in Bajamar bietet auch spezielle Anfängerkurse in kleinen Gruppen für Kids zwischen acht und 13 Jahren.
Schnuppertag mit 3 Stunden ab €40.
www.escuelacanariadesurf.com

Baden bei Santa Cruz

14 Playa de Las Teresitas

GPS N 28°30'34.8", W 16°11'09.3"
Der feinsandige Strand ist über einen Kilometer lang und der größte und beliebteste Badeplatz außerhalb der Ferienregionen im Süden. Er ist durch seine Lage in den Felsen sehr fotogen, besonders von den Hügeln im Norden aus, und oft als Motiv auf Teneriffa-Reiseführern und Prospekten zu finden. Der Sand wurde 1973 aus der Sahara herbeigeschafft, daher ist er auch nicht schwarz wie der Sand der Naturstrände. Ein Wellenbrecher vor der Bucht macht den Teresitas auch absolut kindertauglich. Die Infrastruktur reicht vom Tretbootverleih bis zur Restauration mit diversen Fast-Food-Ständen und Beach-Clubs. Parkplätze gibt es hinter der Bucht über die gesamte Strandlänge. Die Anfahrt ist ab Santa Cruz deutlich ausgeschildert.

15 Parque Marítimo César Manrique

GPS N 28°27'15.8", W 16°15'17.8"
Das riesige, vom kanarischen Star-Architekten César Manrique entworfene Bad bietet eine mit Lavafelsen, Palmen und Wasserfällen gestaltete Wasserlandschaft mit drei Meerwasserpools. Der große Pool ist mehr als 100 Meter lang, es gibt ausreichend Liegeflächen, Umkleiden und eine Bar. Spezielle flache Bereiche für kleine Kinder sind vorhanden und machen das Bad für Familien zur guten Alternative zum wilden Atlantik. Wer hier badet hat eine tolle Aussicht auf das Meer und das benachbarte Auditorium.
Geöffnet Sommer 9–19 Uhr, Winter bis 18 Uhr. €5, Kinder bis 12 Jahre €2,80. Liegen sind inklusive. Ideal in Verbindung mit einem Besuch im benachbarten Palmetum. Kombiticket €9,10, Kinder bis 11 Jahre €3,30. Kostenlose Parkplätze direkt vor der Tür.

Ausflugsziele in La Laguna und Santa Cruz

Die beiden großen Städte bieten Historisches und Quirliges, Koloniales und Modernes, Museen, Parks und viel Geschichte rund um die Kanaren.

Die Altstadt von La Laguna

Die gesamte historische Altstadt ist ein Ausflugsziel. Zwischen klassischen Prachtbauten, pittoresken Innenhöfen, steilen Straßen und gemütlichen Fußgängerzonen können wir hier ins Teneriffa der Kolonialzeit eintauchen. Viele Cafés und Tapas-Bars säumen die Gassen. Wir widmen der Stadt eine eigene [› Tour 22].

Der Parque García Sanabria ist die grüne Lunge von Santa Cruz.

Ins Zentrum von La Laguna kommt man ganz hervorragend mit der Straßenbahn. Sie fährt quer durch Santa Cruz bis in die Altstadt von La Laguna. Die Fahrt geht immer bergauf. Endstation ist die Avenida de la Trinidad. Die Tranvia Tenerife ist die einzige Straßenbahn der kanarischen Inseln. Sie ging 2007 in Betrieb. Die komplette Fahrtstrecke ist zwölf Kilometer lang und die Fahrt dauert 40 Minuten. Abfahrt alle 15 Minuten ab Haltestelle Fundación am Hafen, neben dem Naturkundemuseum. Der Fahrpreis ist mit €1,35 moderat. Tickets gibt es nur am Automaten (auch auf Deutsch). Das Ticket muss dann im Zug entwertet werden.

16 Museo de la Ciencia y el Cosmos

GPS N 28°28'32.3", W 16°18'34.1"

Das Museum für Wissenschaft und den Kosmos ist speziell auf Kinder und Jugendliche ausgerichtet. Mit viel Interaktivität, Experimenten, Multimedia-Tools und spielerischen Elementen werden hier physikalische Grundlagen und Wissen über unser Universum und unser Sonnensystem vermittelt. Alle Infos sind auf Spanisch, der Audioguide auf Englisch. Es gibt freies WLAN. Nicht nur für Regentage ist das Museum ein schönes Ziel mit Kindern, sehr gut in Verbindung mit einem Bummel durch La Laguna. Für das Museum sollte man dann mindestens zwei Stunden einplanen.

Geöffnet täglich 10–17 Uhr, €5, Kinder €3,50, Kinder bis 7 Jahre frei. Fr und Sa ab 16 Uhr Eintritt frei. www.museosdetenerife.org/mcc-museo-de-la-ciencia-y-el-cosmos

17 Parque García Sanabria

GPS N 28°28'19.0", W 16°15'16.7"

Der beliebte Park mitten in der Stadt ist die grüne Lunge von Santa Cruz. In der über 70.000 Quadratmeter großen Parkanlage versteckt sich auch ein kleiner botanischer Garten mit mehr als 200 Pflanzenarten, modernen Skulpturen, einer Blumenuhr und Wasserspielen. Inmitten von Palmen ist auch ein kleiner Spielplatz zu finden. Der Park ist ein schöner Ort, um bei einem Stadtbummel eine entspannte Pause zu machen.

Ganzjährig rund um die Uhr geöffnet.

18 Museo de Naturaleza y Arqueología

N 28°27'50.3", W 16°14'58.0"

Auf drei Stockwerken dokumentiert das Museum die Entstehung und die geologische Geschichte des kanarischen Archipels. Wir erfahren hier viel über die Ureinwohner der Insel, die Pflanzenwelt und über Meeresbiologie. Die Ausstellung legt dabei viel Wert auf kindgerechte Präsentation und Didaktik, da auch viele Schulklassen dieses Museum besuchen. Besonders lohnend ist der Besuch vor einer Wanderung durch die Cañadas.

Die Straßenbahnhaltestelle »Fundación« der Linie L1 befindet sich direkt vor dem Museum.
Geöffnet Mo bis So 10–17 Uhr, €5, Kinder ab 8 Jahre €3,50, Kinder bis 7 Jahre frei.
www.museosdetenerife.org

19 Mercado de Nuestra Señora de África

N 28°27'51.4", W 16°15'06.7"
Nur wenige Minuten vom Museum die Straße hinauf erblicken wir zu unser Linken eine große, architektonisch ansprechende Markthalle im maurischen Stil. Das Bauwerk entstand 1943. Die Hallen öffnen sich mit Arkaden zu einem hübschen Innenhof. Rund um den Hof, den Patio Poniente, herrscht buntes **Markttreiben**. Es gibt hier alles – von frischem Obst, Gemüse, Gewürzen, Blumen, Kräutern, Fleisch und Fisch bis hin zu Schmuck und diversen Andenken.
Geöffnet Mo bis Sa 7–15 Uhr, So bis 14 Uhr. Parken ist für 1,5 Stunden gratis.

Flohmarkt

Immer sonntags von 9–13.30 Uhr verwandeln sich die Straßenzüge um den Mercado de Nuestra Señora de África in einen riesigen **Straßenflohmarkt,** der mit seinem bunten, quirligen Treiben ein Paradies für kleine »Schatzsucher« ist. Es gibt kaum etwas, das es hier nicht gibt.

20 Palmetum

GPS N 28°27'11.3", W 16°15'24.7"
Der Palmenpark mit Gewächsen aus aller Welt ist ein einzigartiges Projekt. Er ist auf der ehemaligen Müllhalde der Stadt entstanden und bietet heute Platz für mehr als 600 Palmen- und 3.000 Pflanzenarten aus tropischen und subtropischen Klimazonen. Die vielen Palmenarten werden auf einem Info-Blatt (€0,50) beschrieben.

Die Wege durch die üppig grüne Anlage sind liebevoll gestaltet. Kleine Wasserfälle, Seen und Bäche machen aus dem Garten eine landschaftliche

600 unterschiedliche Palmenarten machen das Palmetum zu einer üppig grünen Idylle.

Idylle. Als Besucher spazieren wir dann durch verschiedene Regionen wie die Karibik, Madagaskar, Afrika und Australien und haben tatsächlich den Eindruck, an einem anderen Ort der Welt zu sein. Durch die ökologische Gestaltung des Hügels haben sich ohne menschliches Zutun mittlerweile 60 neue Vogelarten angesiedelt. Einige nutzen den Park auch als Zwischenstopp auf dem Weg in ihr Sommer- oder Winterquartier.

Vom Palmetum haben wir außerdem einen herrlichen Blick auf das Meer und die Stadt. Vom Aussichtspunkt »Karibik« schauen wir direkt auf das große Schwimmbad und die Konzerthalle Auditorio de Tenerife Adán Martín.
Geöffnet täglich 10–18 Uhr, letzter Einlass 17 Uhr, €6, Kinder bis 11 Jahre €2,80.
www.palmetumtenerife.es.

Wer anschließend ins benachbarte **Schwimmbad** möchte, bekommt an der Kasse des Palmetums auch ein Kombiticket für €9,10, Kinder bis 11 Jahre €3,30. Vor dem Palmetum und dem Schwimmbad befindet sich ein großer Parkplatz.

20 m

STRECKE 2 km

1 h

ab 4

Tour 22: La Laguna

Stadtrundgang im UNESCO-Weltkulturerbe

Lange Zeit war La Laguna die Hauptstadt Teneriffas, heute ist sie mit dem benachbarten Santa Cruz fast nahtlos verbunden. Die historische Altstadt von San Cristóbal de La Laguna gehört zum UNESCO-Weltkulturerbe und hat neben malerischen Straßenzügen auch eine bildschöne Kathedrale zu bieten. Jenseits des historischen Zentrums ist La Laguna eine junge und quirlige Stadt, in der über 25.000 Studenten leben. Bewundern wir die schönen Innenhöfe der alten Klöster und genießen das lebendige Treiben in einem der vielen Cafés!

Stadtrundgang: Unser Spaziergang beginnt auf der gemütlichen **Plaza Adelantado** zwischen den beiden Parkplätzen. Die Bäume verlocken zum Klettern und Versteck spielen. Wir verlassen die Plaza nach Westen, überqueren die Straße auf der rechten Seite der Plaza und folgen der **Calle Dean Palahi**. Links befindet sich das Kloster **Santa Catalina de Siena** ①. Der Innenhof und einige Räume können kostenlos besichtigt werden.

Einen Moment später biegen wir rechts in die **Calle Viana**, die wir bei der zweiten Möglichkeit nach links in die **Calle San Agustin** verlassen. Wer der Calle Viana noch ein Stück folgt, erreicht das Museum für sakrale Kunst »Santa Clara«.

An der Calle San Augustin stehen viele historische Gebäude aus dem 17. Jahrhundert mit schönen Innenhöfen, die teilweise als

TOUREN-STECKBRIEF

Anfahrt: Über die TF-5, Ausfahrt 8a »Anaga« auf die Ostumgehung TF-13 von La Laguna fahren. Zweite Abfahrt »La Laguna« nehmen und bei nächster Gelegenheit links halten. Nun befindet sich links neben uns der Parkplatz bei **GPS N 28°29'12.4", W 16°18'45.0"**. Alternativ können wir hinter dem Parkplatz zweimal rechts abbiegen und erreichen einen weiteren Parkplatz bei **GPS N 28°29'17.4", W 16°18'45.7"**. Direkt daneben befindet sich das Gran Hotel La Laguna mit Parkhaus, GPS N 28°29'19.7", W 16°18'45.3".

Bus: Linie 103 von Puerto de la Cruz oder Linie 110 von Los Cristianos.

Mit der Straßenbahn: L1 vom Hafen von Santa Cruz in Richtung »Trinidad« bis zur Endstation (40 Minuten Fahrtzeit, Abfahrt alle 15 Minuten).

Anspruch und Charakter: Die Tour führt über Gehwege und durch die Fußgängerzone.

Highlights: Kanarische Architektur, Kirchen und Klöster, Hinterhof mit Kunstausstellungen.

Einkehr: Diverse.

In der Nähe: Playa de Las Teresitas, Museo de Naturaleza, Palmetum.

Ein typischer Innenhof an der Calle San Agustin.

Galerien für Ausstellungen lokaler Künstler verwendet werden. Nach 350 Metern stehen wir neben der gelben **Ruine der Kirche des ehemaligen Klosters San Agustin** ②. Von der angrenzenden Plaza kann man einen Blick hineinwerfen. Die Kirche brannte 1964 nieder, sodass nur die heutige Ruine übrig blieb. Wir gehen in den Innenhof des wunderschönen Klosters und genießen die Ruhe und Ausstrahlung. Es wurde bereits 1515 von Augustinermönchen erbaut und beherbergte im 18. Jahrhundert die erste Hochschule Teneriffas. Im ersten Stock sind alte Gerätschaften aus dem Hochschul-Labor zu sehen, an denen man auch heute noch naturwissenschaftliche Experimente durchführen kann.

Wir folgen der Straße weitere 150 Meter zum kleinen Spielplatz und biegen danach in die »Callejon de Belén« nach links ein. Nach wenigen Schritten stehen wir vor der **Iglesia La Concepción** ③. Die Besichtigung kostet für Erwachsene €2, Kinder unter neun Jahren sind gratis. Wir umrunden die Kirche gegen den Uhrzeigersinn und biegen anschließend vor »Starbucks« nach rechts in die **Calle Obispo Rey Redondo** ab. Uns bei der Gabelung rechts haltend, folgen wir der gemütlichen Einkaufsstraße. Hier können wir das besondere Flair dieser lebendigen Stadt mit vielen Geschäften, Cafés, Livemusik und historischen Gebäuden noch einmal

Kostenlose Stadtführung
Die Stadtverwaltung La Laguna bietet kostenlose Führungen mit deutschsprachiger Begleitung an.
Infos und Anmeldung: Tel. 0034 922631194, per Mail: coordinator@turismolalaguna.org oder in der Tourismusinformation »Casa de los Capitanes Generales«.

Die Bäume an der Plaza del Adelantado eignen sich prima zum Klettern.

hautnah erleben. Zu unserer Linken erscheint bald die imposante **Kathedrale von La Laguna** ③. Auch für diese Kirche werden Besichtigungen angeboten: Erwachsene €5, Kinder €3,50.

Am blauen Gebäude rechts vorbei folgen wir der Einkaufsstraße, bis diese an unserem Startpunkt endet. Kurz davor kommen wir an der Touristeninformation vorbei.

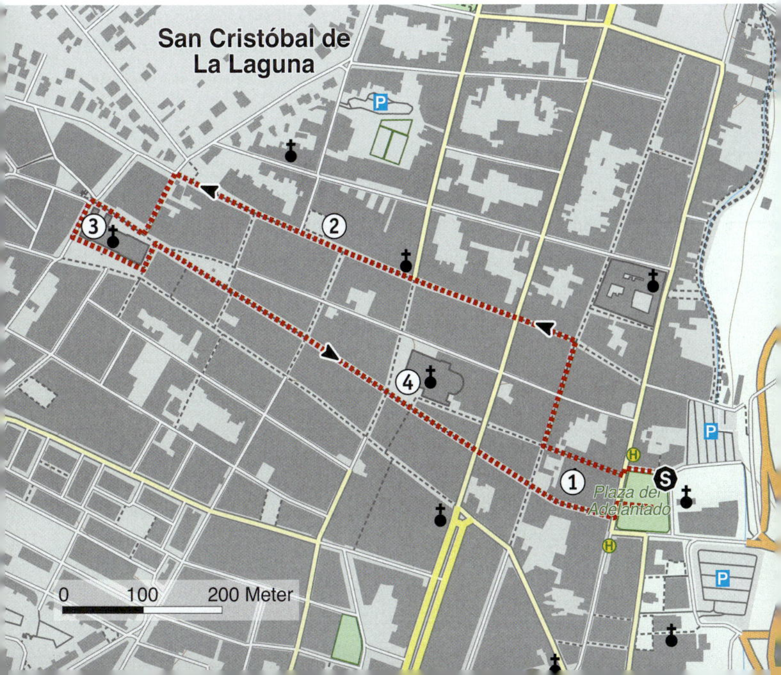

90 m

STRECKE

1,5 km

40 min

ab 4

Tour 23: Mirador Cruz del Carmen

Der Pfad der Sinne

Der Pfad der Sinne ist ein Naturerlebnis- und Lehrpfad und die bequemste Möglichkeit, einen Blick in das Anaga abseits der Straßen zu werfen. Er liegt mitten im Gebirge, umgeben von Wald, Wind und Wolken. Wir schließen die Augen und hören zu, greifen ins Laub, spüren und riechen es. Wie fühlen sich die unterschiedlichen Baumrinden an? Nein, nicht nur für Kinder ist das ein tolles Erlebnis. Auch Erwachsene können hier die Natur mit allen Sinnen erfahren.

TOUREN-STECKBRIEF

Anfahrt: Von La Laguna in Richtung »Anaga« fahren und der TF-12 sechs Kilometer mitten durch den westlichen Teil des Anaga bis zum Aussichtspunkt »Cruz del Carmen« folgen. Der Parkplatz liegt rechts an der Straße bei **GPS N 28°31'51.3", W 16°16'47.8"**.

Bus: Linie 275 von La Laguna nach Cruz del Carmen.

Anspruch und Charakter: Gut ausgeschilderter Spaziergang auf angenehmen Pfaden. Der erste Teil des Weges ist rollstuhlgeeignet.

Highlights: Naturlehrpfad, Zauberwald, Aussicht auf den Hafen von Santa Cruz.

Einkehr: Restaurante und kleiner Laden am Besucherzentrum »Cruz del Carmen«.

In der Nähe: Playa de Almaciga, Chinamada, Roque Taborno.

Wanderung: Bevor wir unsere Wanderung beginnen, schauen wir uns im Besucherzentrum um. Anschließend können wir uns auf der anderen Parkplatzseite an der Informationstafel »Sendero de Sentidos« einen Überblick über den Weg verschaffen. Es werden drei Varianten angeboten, wobei die kürzeste sogar rollstuhlgeeignet ist.

Der Weg beginnt direkt beim Schild und wir gelangen bald an einen Holzsteg, der uns zur **Feuerschneise** ① führt. Hier endet die erste Variante. Wir kehren zurück zum Hauptweg und folgen diesem nun bergab. Es gibt bald noch einen kleinen Abstecher

auf einen Holzsteg nach rechts. Hier endet die zweite Variante. Jetzt erreichen wir eine **Wegkreuzung** ②. Grundsätzlich spielt es keine Rolle, in welche Richtung wir gehen, da wir ab hier auf einem Rundweg unterwegs sind. Wir folgen aber zuerst der Beschilderung nach rechts.

Nun wandeln wir auf dem tief ins Terrain eingeschnittenen Weg, der in früheren Zeiten von den Marktfrauen auf ihrem Gang ins Tal genutzt wurde. Am Wegrand laden Infotafeln ein, die Natur intensiver zu erforschen. Es gibt auch immer wieder spannende Baumwurzeln zu entdecken. Wir folgen kontinuierlich der Beschilderung »3«. Dierekt hinter einer Wetterstation treffen wir dann auf einen **Aussichtspunkt** ③ und genießen wir den Blick über die Bäume hinweg ins Tal.

Nun geht es wieder bergauf und auf einem Pfad zurück bis zur **Kreuzung** ②. Auf unserem Hinweg spazieren wir zum Parkplatz zurück. Zum Abschluss lohnt noch der Abstecher vom Parkplatz zum **Aussichtspunkt Cruz del Carmen** ④. Hier hat man einen wundervollen Blick über La Laguna bis in die Cañadas.

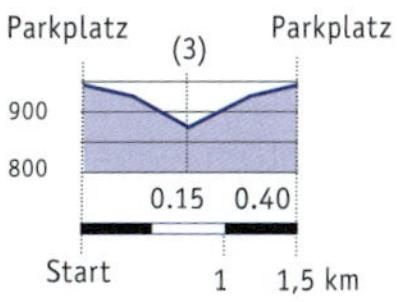

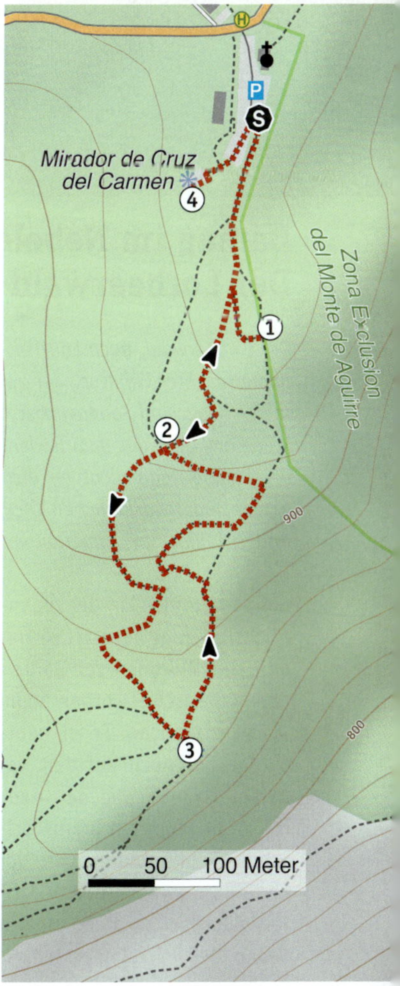

Bäume im Nebelgebirge
Der Lorbeerwald im Anaga

Der Lorbeerwald, auch Laurisilva genannt, ist ein immergrüner und immerfeuchter Waldtyp, der zwischen 500 und 1.400 Metern Höhe in der Nebelwald-Zone wächst. Dabei streben die Baumstämme oft kreuz und quer aus dem Boden, gerne auch mal waagerecht. Wenn die Bäume dann dicht an dicht wachsen, verflechten sie sich zu einem undurchdringlichen Dickicht. So sind die Lorbeerwälder im Anaga-Gebirge ein immergrüner, dichter, märchenhafter Nebelwald.

Ganz im Norden, in der regenreichsten Zone Teneriffas, gedeit seit Millionen von Jahren der kanarische Lorbeerbaum »Laurus azorica«. Er ist heutzutage nur noch auf den Kanaren, Madeira und den Azoren zu finden – ein prähistorisches Relikt, denn vor der Eiszeit vor zwei Millionen Jahren wuchs er noch in großen Teilen des Mittelmeerraumes. Heute findet man ihn nur noch in feuchten, subtropischen Regionen wie hier im Anaga-Gebirge und im Esperanza-Wald. Neben dem kleinen, buschartigen »Laurus azorica« ist im Anaga auch der größere »Viñatigo« (Persea indica) bildprägend. Der Kanarische Lorbeer wird selten höher als zehn Meter, der Viñatigo manchmal bis zu 30 Meter.

Die lederartigen, festen, länglichen Blätter des Lorbeer kennt sicher jeder aus der Küche. Die Blätter enthalten bis zu drei Prozent ätherische Öle, hauptsächlich Cineol. Dieser aromatische Geruch begleitet uns auf all unseren Wanderungen durch das Anaga-Gebirge, vor allem in den hohen und sehr feuchten Lagen.

Lorbeer und Gagelbaum (unten) sehen ähnlich aus, tragen aber unterschiedliche Früchte.

Die Blätter des hier wachsenden echten Lorbeers lassen sich zwar theoretisch auch zum Kochen verwenden, sind aber extrem bitter und weniger intensiv. Daher stammen die Blätter aus der Küche vom Gewürzlorbeer, der in Kleinasien und mittlerweile auch wieder im Mittelmeerraum angebaut wird.

Im Lorbeerwald finden wir neben den Lorbeerbäumen hauptsächlich Flechten, Farne, Heidesträucher, knorrige Weiden – und den Gagelbaum. Er ist dem Lorbeer sehr ähnlich: ein Busch mit länglichen Blättern. Vom Lorbeer können wir ihn an den leicht gezähnten Blättern und den schwarzroten Beeren unterscheiden.

So sehen die Früchte des echten Lorbeerbaumes aus.

Tour 24: Roque Taborno

In luftiger Höhe um den erhobenen Zeigefinger

Wie ein erhobener Zeigefinger ermahnt uns der Roque Taborno dazu, diese Wanderung mit Konzentration anzugehen. Bereits die spektakuläre Anfahrt in das verschlafene Dörfchen Taborno lässt uns erahnen, welch wunderschöne Wanderung wir vor uns haben. Sie beginnt mit einem gemütlichen Spaziergang durch das Dorf, zeigt sich dann aber schon bald als ein nahezu alpines Wandervergnügen. Luftige Steilwände, der felsige Berggrat und ein unbeschreibliches Panorama machen sie zu einem ganz besonderen Erlebnis. Der erhobene Zeigefinger erinnert uns dabei ständig an die nötige Vorsicht.

100 m

STRECKE 4 km

1 h 30

ab 8

Wanderung: Vom Parkplatz noch ein wenig der Straße abwärts folgend gelangen wir an unseren Start- und Zielpunkt, den Vorplatz der kleinen **Dorfkirche**. Unser Weg führt uns nun rechts an der Kirche vorbei, leicht ansteigend auf einen rötlichen Gehweg. Bereits hier genießen wir einen herrlichen Weitblick über die

TOUREN-STECKBRIEF

Anfahrt: Von La Laguna in Richtung »Anaga« fahren und auf die TF-12, auf der wir die nächsten acht Kilometer mitten durch den westlichen Teil des Anaga kurven. Einen Kilometer nach der Abzweigung zum »Mirador Pico del Inglés«, scharf nach links abbiegen, der Beschilderung nach »Taborno« folgend. An der Weggabelung nach drei Kilometern rechts halten. Die Straße führt uns nun direkt nach Taborno. Ab dem Ortsschild, hinter der gelb schraffierten Fläche schauen wir uns nach einem freien Parkplatz am Straßenrand um, **GPS N 28°33'20.2", W 16°15'54.0"**.

Bus: Linie 275 von La Laguna nach Taborno.

Anspruch und Charakter: Anfangs geht es über Betonwege, dann wird der Weg felsiger. Auch wenn nie eine unmittelbare Absturzgefahr besteht, ist die eine oder andere Passage sehr luftig und nur unter Zuhilfenahme der Hände zu bewältigen. Schwindelfreiheit und Trittsicherheit sind notwendig. Kinder sollten immer in der unmittelbaren Nähe der Eltern bleiben. Nicht bei starkem Wind oder nach Regenfällen wandern!

Highlights: Aufregende felsige Wege, traumhafter Blick vom Höhenweg auf das Anaga-Gebirge, die Küste und in tiefe Schluchten.

Einkehr: Kleiner Laden in Taborno, Restaurant »Historias para no dormir«.

In der Nähe: Playa de Almaciga, Chinamada, Pfad der Sinne.

Terrassenfelder der Bauern bis hinunter ins Tal. Nach etwa fünf Minuten endet der Gehweg. Zu unserer Rechten befindet sich nun das **Haus von José**, der gerne über die Gegend und die Traditionen im Anagagebirge erzählt. José bietet neben einem frisch aufgebrühten Kaffee auch Kurse für den »Salto Pastor« (Hirtensprung) an. Dabei überwinden die Hirten in Stabhochsprung-Manier Felseinschnitte und Hindernisse. José lässt sich auch als Guide buchen, wenn er gerade Zeit hat. Er spricht aber nur Spanisch.

Bevor wir seine Hütte hinter uns lassen, genießen wir kurz den Blick vom direkt anliegenden **Aussichtspunkt** auf den Roque Taborno. Nun folgen wir dem Weg absteigend, ehe wir 60 Meter weiter an einem weiteren Aussichtspunkt, den **Mirador Fuente del Lomo ①,** mit Blick ins Tal bis hinunter zum Atlantik gelangen.

Von diesen Eindrücken motiviert wenden wir uns um und folgen dem Weg teils über Treppen weiter abwärts durch das alte Dorfwäldchen. Aus dem Wald heraus führt uns der Pfad dem »Ziegenberg« entgegen. Nach etwa 15 Minuten passieren wir eine **Wasserstelle** ②. Dann geht es rechts ab durch ein Opuntienfeld und links am Ziegenzaun entlang, der sich um den Ziegenberg windet. Die **Pforte** ③, die uns auf der Rückseite des Berges den Weg versperrt, markiert gleichzeitig den Beginn des aufregenden und luftigen Teils der Wanderung.

Nachdem wir die Pforte wieder verschlossen haben, können wir auf unseren weiteren Weg hinab blicken. Bald erreichen wir den Bergrücken, der uns direkt zum Fuße des Roque Taborno führt. Nach insgesamt 25 Minuten zweigt nach rechts ein Weg ab, den wir jedoch ignorieren. Wir folgen unserem aufsteigenden Weg und wandern wenig später für eine kurze Strecke auf einem engen Pfad nahe an der Steilwand. Kleinere Kinder sollten hier auf keinen Fall vorweg laufen! Wenige Schritte nach dieser Passage halten wir uns rechts und erreichen einen weiteren Bergkamm. Der Roque Taborno sowie eine kleine **Hütte** ④ an seinem Fuße liegen nun unmittelbar rechts von uns. Zu dieser Hütte werden wir später wieder zurückkommen.

Nun führt uns unser Weg deutlich erkennbar an der linken Bergflanke leicht abwärts. Ab und an gibt es schmalere oder felsige

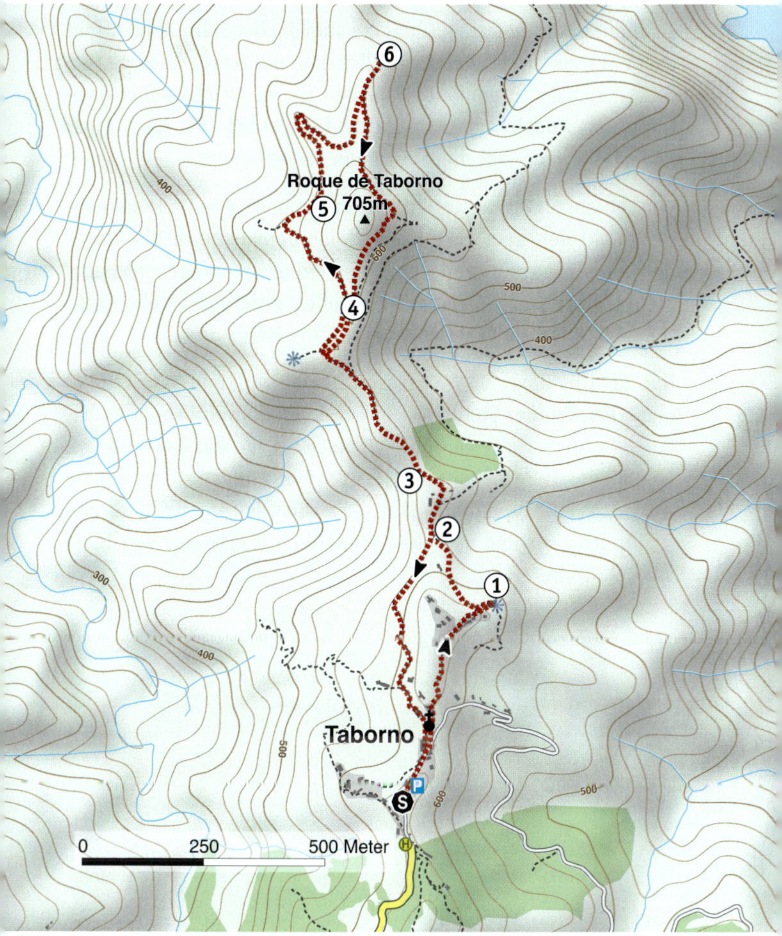

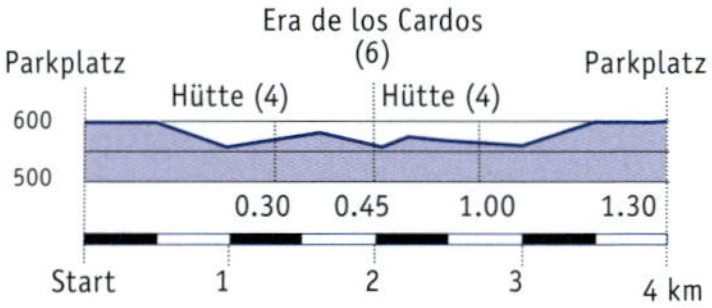

Partien, die jedoch keine besonderen Kletterfertigkeiten voraussetzen. Der Hang zu unserer Rechten bietet stets genug Raum, um Unsicherheiten auszugleichen. Nach etwa 40 Minuten erreichen wir eine **Höhle** ⑤, die für eine Rast bestens geeignet ist. Außerdem bietet sie eine schöne Gelegenheit, dem Forscherdrang und der Fantasie der Kinder Freiraum zu geben.

Nachdem wir hinter der Höhle zunächst einem Nordwestausläufer des Berghanges folgen, knickt der Weg fünf Minuten später scharf nach rechts ab und führt nun stark ansteigend für 100 Meter den Bergrücken hinauf. Am Ende der Steigung ignorieren wir den nach rechts verlaufenden Ziegenweg und folgen dem nahezu ebenen Weg weiter im Uhrzeigersinn um den Berg. Bald öffnet sich ein traumhafter Panoramablick über das Anaga-Gebirge. Um diesen richtig zu genießen, machen wir einen Abstecher nach links zum **Aussichtspunkt Era de los Cardos ⑥**. Nach einer knappen Stunde lädt dieser Ort zum Verweilen ein.

Wir kehren zurück zur letzten Kreuzung und gehen nun geradeaus direkt den Berg hinauf. Die kleine Bergkuppe rechts umgehen wir und ignorieren alle kleineren Ziegenpfade links und rechts. Auf nahezu unveränderter Höhe passieren wir zehn Minuten nach unserem Aufbruch eine weitere **Höhle**.

Nun geht es über den Fels stärker bergab zur kleinen **Hütte ④** und weiter zu der Stelle, an der wir den Rundweg begonnen haben. Wir folgen unserem Hinweg zurück bis zur **Wasserstelle ②**, an der wir bei Bedarf unseren Durst stillen können. Dann wählen wir für den Rückweg den nach rechts um den Dorfberg herumführenden Weg und gelangen schließlich wieder auf den Platz vor der Kirche.

Die Guanchen
Ureinwohner der Kanaren

Die Ureinwohner Teneriffas nannten sich selbst Guanchen, als sie im 15. Jahrhundert auf die spanischen Eroberer trafen. Man nimmt an, dass die Guanchen seit dem 4. Jahrhundert isoliert vom Rest der Welt auf Teneriffa eine eigene Kultur schufen. Da sie keine nautischen Kenntnisse besaßen, haben sie die Inseln nie verlassen.

Im 15. Jahrhundert teilte sich Teneriffa in neun Herrschaftsgebiete, die jeweils von einem Oberhaupt (Mencey) angeführt wurden. Die Namen der Gebiete haben sich größtenteils bis heute nicht verändert, wie zum Beispiel Güimar, Abona, Adeje, Icod. Auch viele andere Ortsnamen und der Name der Insel entstammen der Sprache der Guanchen.

Während sich die fünf südlichen Gebiete nach Ankunft der kastilischen Eroberer unterwarfen, lehnten die nördlichen Menceys die Unterwerfung ab. Es kam zu kriegerischen Auseinandersetzungen mit zwei großen Schlachten. Obwohl die Guanchen die Eroberer in der ersten Schlacht im Barranco de Acentejo, einer engen Schlucht, überwältigten, landeten die Eroberer bereits ein Jahr später erneut auf Teneriffa. Sie vernichteten die Guanchen in einer ungleichen Schlacht mit moderner Infanterie und Kavallerie gegen die Holzlanzen der Ureinwohner. 1.700 Guanchen kamen ums Leben.

Sie kapitulierten im Sommer des Folgejahres und unterwarfen sich den Eroberern. Durch die großen Verluste bei den Kämpfen, eingeschleppte Krankheiten und Sklavenhandel wurden die Ureinwohner Teneriffas fast ausgerottet. Der Rest des Volkes wurde gezwungen, ein christliches Leben zu führen und den gesellschaftlichen Regeln Kastiliens zu folgen. So wurde die Kultur der Guanchen Ende des 16. Jahrhunderts nahezu ausgelöscht. Nur die Namen der Orte und Regionen sowie einige Gerichte auf der Insel erinnern an die lange Kultur ihrer ursprünglichen Bewohner.

An der Promenade in Candelaria stehen überlebensgroße Statuen von neun Guanchenkönigen.

170 m

STRECKE 6,4 km

2 h 20

ab 6

Tour 25: Der heilige Fels im Zauberwald

Eine Wanderung durch den Pijaral Anaga

Kaum haben wir die ersten Schritte getan, verschlingt uns der Wald: dichtes Grün, krummes Geäst, Flechten, die wie Bärte von den Bäumen hängen. War es eine Nebelschwade, losgerissen von den Wolken, oder doch ein Geist, der durchs Geäst flüchtet? Und da! Ein kleiner Kobold, der schnell wieder in einer der Erdhöhlen verschwindet. Nein, es ist kein Troll, sondern der kahle, von den Guanchen als heilig verehrte Fels »Roque Anambro«, der unbeeindruckt durch das Blätterdach blinzelt und über das Anaga-Gebirge wacht. Oder doch ein schlafender Troll? Es gibt wenige Orte, die unsere Fantasie so explodieren lassen wie dieser und dabei hören wir eigentlich nur den Wind in den Ästen – glauben wir zumindest!

Wanderung: Am Ende des Parkplatzes folgen wir dem Weg links von der Straße, vorbei am Hinweisschild »Zutrittsbeschränkung« (siehe Infobox). Er ist deutlich erkennbar und führt leicht ansteigend in den Wald hinein. Wir bleiben immer auf dem Hauptweg und ignorieren nach links abzweigende Sackgassen. Wie in einem Naturschutzgebiet zu erwarten, muss der eine oder andere Baum überklettert werden. Manch einer zwingt uns auch in eine tief gebückte Haltung. Die Wege hier sind häufig rutschig und matschig, daher ist etwas Vorsicht geboten, auch die in den

TOUREN-STECKBRIEF

Anfahrt: Von La Laguna in Richtung »Anaga« und auf die TF-12 fahren, auf der wir die nächsten 17 Kilometer mitten durch den westlichen Teil des Anaga kurven. Dann biegen wir links ab und folgen der Beschilderung nach »Chamorga« auf die TF-123. Nach fünf Kilometern können wir auf dem Parkplatz rechts der Straße bei **GPS N 28°33'22.4", W 16°10'47.5"** unser Auto abstellen.

Bus: Linie 947 von Santa Cruz nach La Ensillada.

Anspruch und Charakter: Die Wege auf lehmigem und erdigem Untergrund sind alle sehr gepflegt, stärkere Steigungen sind mit Treppen versehen. An einigen Stellen kann es sehr rutschig sein, gelegentlich matschig. Der zweite Teil der Strecke führt über einen Fahrweg. Die Wanderung verläuft nahezu komplett im Schatten. Pullover und Regenjacke sollten auch bei sonnigem Wetter unbedingt mitgenommen werden.

Highlights: Der mystische Wald, in dem ganz sicher Elfen, Kobolde und Drachen zu Hause sind.

Einkehr: Keine.

In der Nähe: Playa de Almaciga, Mirador Cruz del Carmen, Chinamada, Chamorga.

lehmigen Boden geschlagenen Treppenstufen sind hiervon nicht ausgenommen. Wir gehen vorbei an einer mittlerweile gesperrten **Abzweigung zum »Chinobre«**, nun leicht absteigend.

Genehmigungspflichtige Wanderung: Der Weg führt durch ein Naturschutzgebiet, daher dürfen sich pro Tag maximal 45 Personen auf den Weg machen. Genehmigungen sind ab 90 Tagen vor der geplanten Wanderung kostenlos bei centralreservas.tenerife.es anzufordern. Die Wanderung ist unter dem Namen »El Pijaral« zu finden. Denken Sie am besten rechtzeitig vor dem Urlaub an die Genehmigung. Es finden Kontrollen statt!

Nach 800 Metern, noch keine 20 Minuten unterwegs, erreichen wir die erste deutliche **Abzweigung ①**, bei der wir weiter geradeaus wandern. Auf dem Rückweg kommen wir von rechts wieder hier an.

Nun durchqueren wir Farnfelder, während wir uns unmittelbar neben dem Bergkamm tiefer in den Wald hineinbewegen. Trotz der Nähe zum Kamm erlaubt uns das dichte Grün nur selten einen Blick in die Tiefe. Nach 30 Minuten

passieren wir einen kleinen **Platz auf einem Bergrücken**. Von hier sind es lediglich noch 300 Meter bis zum **Roque Anambro** ②. Der kahle Fels ist mit einigen Sicherungspunkten (teilweise rostig) ausgestattet und darf beklettert werden (6a, Kletterausrüstung notwendig). Die Aussicht von seiner Spitze ist die Mühe auf jeden Fall wert.

Bis auf einen Gegenanstieg geht es von nun an immer dem deutlichen Weg folgend abwärts. Wir erreichen den **Aussichtspunkt Cabezo de Tejo** ③. Das ist der perfekte Rastplatz. Anstatt wie so oft die Eidechsen, freuen sich hier Buchfinken über herunterfallendes Essen.

Der zweite Teil der Wanderung führt uns nun über den Fahrweg ohne Abzweigungen vorbei an kleinen Höhlen, freigewaschenen Baumwurzeln und tiefen Schluchten. Auf den Bäumen um uns wachsen Flechten und Farne.

Nach etwa 50 Minuten treffen wir auf die **Straße** ④ TF-123. Ihr kehren wir gleich wieder den Rücken, indem wir scharf nach rechts abbiegen. Nun steigen wir teilweise sehr steil über die Treppen den Berghang empor. Etwas über zehn Minuten später erreichen wir die **Abzweigung** ①, die wir schon vom Hinweg kennen. Hier geht es links und 800 Meter weiter stehen wir wieder am Parkplatz.

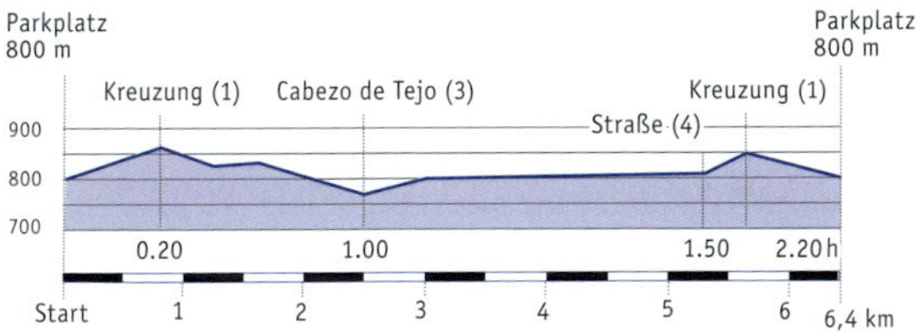

500 m

STRECKE 7 km

4 h 30

ab 8

Tour 26: Chamorga

Der Leuchtturm am Ende der Welt

An den nordöstlichsten Zipfel Teneriffas kommen wir nur zu Fuß, denn die Straße endet im kleinen Ort Chamorga. Schon die Fahrt hierher ist ein besonderes Erlebnis. Die endlosen Baumtunnel des Anaga auf serpentinenreicher Strecke lassen vergessen, dass wir uns auf einer Ferieninsel befinden. Hier sehen wir je nach Wetter den Atlantik auf beiden Seiten der Straße oder die fast mystisch anmutenden Wolken, die am Berggrat zerreißen. Noch spektakulärer werden die Ausblicke auf unserer Wanderung zum Ende der Welt, bei der Einsamkeit und Weite die Landschaft prägen.

Mehr Infos zur Tour
Zu dieser Tour gibt es unter dem Namen Sendero Chamorga Casas de Tafada einen Audioguide mit sieben Stationen, der zur Offlinenutzung heruntergeladen werden kann und viele zusätzliche Infos gibt.
www.rutasteneriferural.com

Wanderung: Der Wanderweg beginnt direkt in der Ortsmitte. Ein Wanderschild zeigt uns den Weg (TF 6.1) in Richtung **Faro de Anaga.** In einem Rechtsbogen geht es an einer Informationstafel vorbei den Berg hinauf. Schon nach 100 Metern haben wir einen schönen Blick in die Schlucht, das Dorf und den Atlantik im Hintergrund. Felstreppen bringen uns 50 Meter höher und zum kegelförmigen **Roque el Pilón** ①.

Der Wanderweg führt scharf nach links weiter bergab. Am Wegrand sind Opuntien (Feigenkakteen), Lorbeer, Baumheide, Agaven, Drachenbäume und Kanaren-Wolfsmilch zu sehen. Einige

TOUREN-STECKBRIEF

Anfahrt: Von La Laguna in Richtung »Anaga« und auf die TF-12 fahren, auf der wir die nächsten 17 Kilometer mitten durch den westlichen Teil des Anaga kurven. Dann biegen wir links ab und folgen der Beschilderung nach »Chamorga« auf die TF-123. Nach weiteren 16 Kilometern können wir unser Auto direkt im Ortskern an der Casa Álvaro abstellen. **GPS N 28°34'11.8", W 16°09'32.9".**
Bus: Linie 947 von Santa Cruz nach Chamorga (3 x täglich).
Anspruch und Charakter: Unproblematische, aber durch die Höhenunterschiede anstrengende Bergwanderung über felsige und erdige Wege. Die Strecke ist gut beschildert, immer gut erkennbar und an steilen Stellen mit Felstreppen entschärft. Der Mobilfunkempfang ist hier sehr eingeschränkt, daher alle nötigen Daten (GPS-Track, Audioguide) vorher offline speichern. Da das Wetter schnell umschlagen kann, sollte entsprechende Kleidung mitgeführt werden.
Highlights: Einsamkeit und Weite, historischer Leuchtturm, spektakuläre Aussicht, Bademöglichkeit an einem entlegenen Strand.
Einkehr: Restaurant »Casa Álvaro« in Chamorga. Kleiner Kiosk am Strand in Roque Bermejo (nur am Wochenende).
In der Nähe: Mirador de Jardina, Mirador Cruz del Carmen, Playa de Las Teresitas.

Birnbäume sind die Überbleibsel früherer landwirtschaftlicher Nutzung. Viele Pflanzen sind mit bunten Flechten überzogen.

Nach einem Kilometer geht es noch einmal steil hinauf, dann haben wir den höchsten Punkt unserer Wanderung erreicht und stehen vor den Häusern von **Tafada** ②. Sie dienten einst als Übernachtungsmöglichkeit für die Landarbeiter und zur Lagerung der Ernte.

Weiter geht es über den Bergrücken. Am nächsten Abzweig führt unser Weg nicht geradeaus auf den Gipfel. Stattdessen halten wir uns links und durchwandern ein **Baumheide-Wäldchen** ③. Am Ende des grünen Tunnels eröffnet sich vor uns eine spektakuläre Aussicht über das Meer, ein Weitblick in die Unendlichkeit. Die Roques de Anaga trotzen weit unter uns den Wellen und bieten ein schönes Fotomotiv.

Wir gehen rechts um den Berg herum und können nach Umrundung des Felsens unser Ziel schon sehen: den Leuchtturm von Anaga. Von hier steigen wir 300 Höhenmeter steil hinab. Teilweise ist der Weg rutschig, es sollten, wo möglich, die Steintreppen benutzt werden. Kurz vor Erreichen des Leuchtturms folgen wir dem Schild »TF 6 Roque Bermejo« nach rechts. Am **Leuchtturm** ④ angekommen geht es rechts am Zaun entlang und wir können im unteren Bereich auf den Mauern eine Pause machen.

Der Leuchtturm ist der älteste der sieben Leuchttürme Teneriffas und sogar der drittälteste von ganz Spanien. Er wurde 1864 erbaut und ist seitdem ununterbrochen in Betrieb. Der erste Leuchturmwärter Bernardo López Balbao hielt die Flamme noch mit Olivenöl in Betrieb. Er zog gemeinsam mit seiner Frau in diese abgeschiedene Gegend, wo sie vier Kinder bekamen. Ab 1932 wurde die Lampe mit Diesel betrieben und heutzutage mit Sonnenenergie. Die 46 Solarmodule sind gut zu erkennen. Der letzte Leuchtturmwärter, Baudilio Brito, verbrachte mit Frau und zwei Kindern 13 Jahre im Faro de Anaga. Die Familie verließ den Turm im Jahr 1989.

Nun geht es nochmals 150 Höhenmeter abwärts bis kurz vor den kleinen Ort Roque Bermejo. Hier wurde damals der Brennstoff für den Leuchtturm mit Schiffen angeliefert. Wer mag kann nun 500 Meter weiter zum Strand hinuntergehen, muss die 80 Höhenmeter anschließend allerdings wieder hinauf.

Wir folgen dem **Wegweiser »TF 6 Chamorga«** ⑤. Der Weg führt nun durch die Schlucht 400 Höhenmeter hinauf nach Chamorga zurück – teilweise mit steilen Anstiegen, teilweise moderat und immer an der Schluchtkante entlang. In der Mitte, bei der **Querung des üblicherweise trockenen Bachbetts** ⑥, sind die Warnschilder unbedingt zu beachten. Eine Überquerung im Wasser ist lebensgefährlich! Kurz vor Ende der Wanderung, Chamorga ist bereits in Sicht, teilt sich der Weg. Wir können links hinunter durch die Vegetation laufen oder geradeaus auf einem Fahrweg. Wir entscheiden uns für die kürzere Variante geradeaus direkt zu unserem Parkplatz.

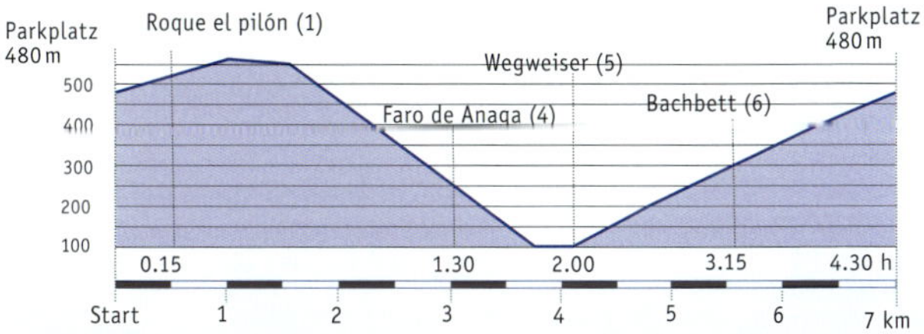

Der Süden der Insel liegt an den Ausläufern des Teide. Wir unterteilen den Südosten, einen 60 Kilometer langen Küstenstreifen von Santa Cruz bis hinunter zum Südkap, und den Südwesten 30 Kilometer hinauf bis nach Los Gigantes.

Wer vom Norden hierher fährt, wird den deutlichen Unterschied sofort wahrnehmen. Das Grün wechselt zu Brauntönen, die Landschaft ist karg, fast wüstenartig. Sukkulenten beherrschen die Pflanzenwelt und wir scheinen uns tausende Kilometer Richtung Süden bewegt zu haben. Grund ist der mächtige Teide, auf dessen windabgewandter Seite es deutlich trockener und wärmer zugeht.

Der Südosten ist, von den Bergregionen mal abgesehen, der am wenigsten besiedelte Teil Teneriffas. Der Massentourismus ist hier noch nicht angekommen, die kleinen Orte sind typisch und urig.

Wilde Felsformationen und ausgewaschene Barrancos bestimmen das Bild. Die Geröllfelder sehen oftmals aus wie Bauschutt in der kargen und wenig bewachsenen Region. Der Wind bläst heftiger als anderswo, da der Passat durch das Teidemassiv abgelenkt und wie an einem Flugzeugflügel beschleunigt wird. Daher liegt hier auch der beliebte Surf- und Kitespot El Médano. Zu beachten ist, dass sich in dieser wenig besiedelten Region auch die meisten Gewerbe- und Industrieansiedlungen befinden.

Der Südwesten zeigt ein völlig anderes Bild. Durch die windgeschützte und klimatisch begünstigte Zone mit viel Sonne und Wärme findet sich hier das Touristenzentrum der Insel. Der Bereich von Los Cristianos bis Costa Adeje ist auf zehn Kilometer Länge praktisch vollständig bebaut, auch bis in die höheren Regionen. Hotels, Apartmentanlagen, Restaurants und Shops dominieren das Bild. Nördlich davon wird es dann wieder etwas ruhiger und einige Ferienorte bieten Tourismus in einer weniger kompakten Form.

Baden im Südosten

Die Küste ist felsig und mit vielen bizarren Felsformationen durchzogen, in den Buchten findet man hauptsächlich Kieselstrände, wobei es sich oftmals eher um große Steine handelt. Für Kinder ist bei Wellengang daher das Baden nur an wenigen Orten möglich. Die hier vorgestellten Strände sind oft künstlich mit vorgelagerten Molen geschützt. An den wenigen Badeplätzen in dieser Gegend geht es dafür deutlich ruhiger zu als anderswo auf der Insel und so mancher Badeplatz gilt als Geheimtipp. Wie überall im Südosten kann es sehr windig werden, dann ist Baden an dieser Küste kein Spaß. Ein kleiner Tipp: vor dem Besuch des Südostens bei windfinder.com oder windy.com die Windvorhersage prüfen. Bei den üblichen 20 bis 30 Knoten Wind (5 Bft) ist ein Strandtag eine unangenehme Angelegenheit. Erst bei Windstärken unter 10 Knoten (3 Bft) macht Baden hier Spaß.

1 Playa de la Nea / Radazul

GPS N 28°24'18.5", W 16°19'01.3"
Die ruhige, optisch sehr ansprechende Badebucht nördlich von Radazul hat einen schwarzen Naturstrand und kristallklares Wasser. Der Strand ist nicht unbedingt feinsandig, aber angenehm. Badeschuhe sind nicht erforderlich. Bei ruhigem Meer ist er absolut kindertauglich. Die Lage vor einem steilen Hang schützt recht gut vor dem Wind. Der Strand ist bewacht, ein kleiner Kiosk und Duschen sind vorhanden. Ein schöner Park mit Trimmgeräten und großem Spielplatz befindet sich im südlichen Bereich.
Anfahrt über TF-1, Ausfahrt 9 Boca Cangrejo, über die Serpentinen bis zum Meer.

2 Playa de Radazul

GPS N 28°24'06.9", W 16°19'32.2"
An der künstlich angelegten Bademole mit mehreren Buchten gelangen wir über Treppen und die Steinmole ins Wasser. Der Strand ist auch zum Schnorcheln gut geeignet. Hinter dem Damm befinden sich beidseitig sandige Badebereiche. Durch die Abtrennung der Mole und den vorgelagerten Hafen ist das Wasser meist sehr ruhig und für Kinder hervorragend geeignet, fast wie ein Naturschwimmbad. Holzstege verbinden die verschiedenen Bereiche. Die Badestellen sind bewacht und mit Duschen ausgestattet. Eine kleine Beach-Bar ist vorhanden.
Anfahrt über TF-1, Ausfahrt 9 Radazul Bajo / Puerto.

3 Playa las Arenas / Caletillas

GPS N 28°22'17.6", W 16°21'43.5"
In Caletillas befinden sich gleich mehrere Strandbereiche mit vorgelagerten Molen. Der Strand ist stellen-

weise feinsandig und teils mit Steinen durchzogen. Badeschuhe sind sehr empfehlenswert. Zwischen den Molen ist das Wasser sehr ruhig und ideal für Kinder. Leider ist der Strand sehr windanfällig. Mehrere Holzterrassen laden zum Liegen ein. Lange Promenade mit Geschäften und Bars direkt am Strand.
Anfahrt TF-1 Ausfahrt 15, Caletillas.

4 Playa del Puertito de Güímar

GPS N 28°17'29.8", W 16°22'40.5"
Der 700 Meter lange Strand liegt mitten im Ort. In der Nähe des alten Hafens im Norden ist er sandig, weiter südlich wird es immer steiniger. Richtung Süden, beim neuen Segelhafen, ist es üblicherweise deutlich ruhiger und einsamer als im nördlichen Bereich. Die Bucht ist mit vielen Molen geschützt und dadurch auch für Kinder gut geeignet. Es gibt viele Bars und Cafés am alten Hafen. Holzstege, Duschen und Toiletten sorgen für einen angenehmen Aufenthalt.
Die Anfahrt erfolgt über die TF-1 Ausfahrt 22 Güímar, El Puertito, dann die TF-61 bis in den Ort. Ein Besuch empfiehlt sich nach unserer **[› Tour 27]**.

5 Piscina natural Punta Prieta

GPS N 28°15'52.7", W 16°23'15.9"
In diesem ruhigen, verschlafenen Küstenort findet sich ein Naturschwimmbad, welches wir durchaus als Geheimtipp bezeichnen können. Es ist sehr einsam in diesem kleinen, verwinkelten Dorf. Das Schwimmbad ist betoniert und wird bei Hochwasser mit frischem Atlantikwasser geflutet. Parken ist an der Straße im Ort möglich, aber nicht einfach, da der Parkraum begrenzt ist. Das Becken befindet sich etwas versteckt hinter den Häusern, ein gepflasterter Fußweg führt uns zum Ziel. Vorab empfehlen wir die Tidenvorhersage zu prüfen, da das Baden am besten bei Hochwasser funktioniert.
Die Anfahrt erfolgt über die TF-1, Ausfahrt 26, Punta Prieta, dann geht es in den Ort.

6 Playa de los Abriguitos

GPS N 28°08'34.2", W 16°26'25.7"
Als Geheimtipp gilt immer noch dieser feinsandige Naturstrand etwas abseits des kleinen Ferienortes Abades. Er liegt sehr geschützt durch vorgelagerte Felsen, daher gibt es hier weniger Wellen und Wind, als sonst in der Gegend üblich. Es geht sehr flach ins Wasser, deshalb ist der Strand besonders für kleine Kinder gut geeignet. Der Nachbarstrand ist über eine Steintreppe mit dem ersten Strand verbunden und wird als FKK-Gebiet

Die Playa de Tejita ist der längste natürliche Sandstrand auf Teneriffa.

genutzt. Das Baden hier lässt sich gut mit dem Besuch der nahen Geisterstadt verbinden **[› Tour 29]**. Ein Supermarkt, Bars und Cafés finden sich im Ort nur 100 Meter südlich.
Die Anfahrt erfolgt über die TF-1 Ausfahrt 42 Abades, dann in den Ort. Viele Parkplätze direkt am Wasser.

7 Playa Montaña Pelada

GPS N 28°03‘27.6“, W 16°31‘25.3“
Einen wunderschönen Blick auf die umliegende faszinierende Felsenküste bietet der kleine, verborgene, naturbelassene Sandstrand am Montaña Pelada. Der Zugang ins Meer ist sehr einfach, es geht extrem flach hinein, daher ist er für kleine Kinder ideal. Es gibt keinerlei Gastronomie oder Service. Der Strand ist leider sehr windanfällig.
Die Anfahrt erfolgt über die TF-1, Ausfahrt 55/57 nach El Medano. Am Ortseingang links Richtung Playa La Jaquita und von dort immer geradeaus Richtung Felsen fahren. Am Ende der Straße befindet sich der Parkplatz und von dort sind es nur noch 200 Meter Fußweg zum Strand.

8 Playa del Médano

GPS N 28°02‘48.3“, W 16°32‘02.2“
Der drei Kilometer lange Natur-Sandstrand ist Teneriffas Mekka der Surfer und Kiter. Beim passenden Wind wimmelt es hier von Wassersportlern. Auch für Nicht-Surfer ist der Besuch zum Zuschauen interessant. Bei Windstille (selten) ist der Strand auch zum Baden mit Kindern gut geeignet. Eine lange Holzpromenade führt über die gesamte Strandlänge bis in den Ort, wo sich direkt im Zentrum ein weiterer Naturstrand im Windschutz der Häuser befindet. An der Promenade gibt es viele Bars, üblicherweise im Surfer-Style. Im Ort finden sich Restaurants und Einkaufsmöglichkeiten. Parken kann man am besten im Norden etwas außerhalb bei GPS N 28°02‘48.3“, W 16°32‘01.7“. Der Weg zum Strand führt dann zu Fuß durch den gemütlichen Stadtkern. Die Strände sind Teil unserer **[› Tour 32]**.

9 Playa de la Tejita

GPS N 28°02‘03.4“, W 16°33‘11.4“
Mit einem Kilometer Länge ist der Tejita der größte natürliche Sandstrand der Insel. Er erstreckt sich westlich des Montaña Roja und ist daher leicht zu finden. Ins Wasser geht es flach abfallend, dadurch sind die oft hohen Wellen auch für Kinder ein Spaß. Ein Rettungsschwimmer ist vor Ort, Duschen und Umkleiden sind ebenso vorhanden. Bars befinden sich an beiden Seiten des Strands.
Die Anfahrt erfolgt über die TF-1, Ausfahrt 55/57 nach El Medano. Am Ortseingang ist der Strand gut ausgeschildert.

10 Playa und Charco El Barranco

GPS N 28°01‘12.0“, W 16°37‘12.5“
El Barranco ist eine ganz besondere Badestelle – es handelt sich um eine kleine Schlucht mit einem Salzwas-

ser-Canyon. Die Umgebung ist sehr felsig, daher empfehlen wir feste Schuhe am Kieselstrand. Um zum Wasser zu kommen, ist etwas Kletterei über die Felsen nötig.
Die Anfahrt erfolgt über die TF-1, Ausfahrt 62 Las Galletas (Gewerbegebiet, Einkaufszentrum) Richtung Meer, dann abfahren Richtung El Guincho, Amarilla Golf. Später Richtung Marina und am Kreisel vor dem Hafen Richtung Fairways, dann bis zum Ende der Straße im Apartmentgebiet La Quinta Calle fahren.

11 Playa Amarilla

GPS N 28°00'33.1", W 16°38'23.5"
Die Playa Amarilla ist eigentlich kein Strand, hier stehen Badeleitern als Einstieg an den Felsen. Über diese gelangt man ins kristallklare, türkise Wasser. Die Bucht ist ideal zum Schnorcheln. Kleine Felsenbecken laden die Kinder zum Fische angeln ein, zusätzlich bietet sich ein toller Blick auf die Felsformationen am Montaña Amarilla. Die Liegeflächen auf dem Fels sind betoniert und Teil einer gemütlichen Beach-Bar. Im nördlichen Bereich der Bucht liegt grober Kies. Der Strand ist Ausgangspunkt unserer [› Tour 33].
Die Anfahrt erfolgt über die TF-1, Ausfahrt 66, dann am Kreisel Richtung Las Galletas. Am Ortsausgang links Richtung Costa del Silencio fahren.

Ausflugsziele im Südosten

12 Wallfahrtsort Candelaria

Der historisch gewachsene Ort gilt als das religiöse Zentrum der Insel. Die Basilika beheimatet die Schutzheilige der Kanaren, die Jungfrau von Candelaria. Die Marienfigur wurde bereits 100 Jahre vor der Besiedlung durch die Spanier im Jahr 1392 von den Ureinwohnern gefunden und ist seitdem in dem Ort zu Hause. Um die Herkunft ranken sich diverse Legen-

den. Die ursprüngliche Figur fiel 1832 einer Sturmflut zum Opfer, die heutige Skulptur ist eine Kopie. Jährlich am 14. und 15. August kommen Tausende Pilger in den Ort. Die Basílica de Nuestra Señora de la Candelaria gibt es erst seit 1959. Sie wurde gebaut, um der Bedeutung der Stadt als Wallfahrtsort gerecht zu werden. Neben der Kirche stehen neun überlebensgroße Statuen der »Menceyes«, der Guanchen-Könige. Sie gelten als

Ein ungewöhnlicher Badeplatz: der Meerwasser-Canyon am Barranco de Archiles.

Versuch der Spanier, die grausame Eroberung Teneriffas aufzuarbeiten und in Erinnerung zu halten.

13 Finca Ecologica El Carreton

GPS N 28°19'46.9", W 16°23'15.1"
Die Finca ist sowohl ein Biobauernhof als auch ein Park für domestizierte Tiere. Hier wird kindgerecht und zum Anfassen über natürliche Lebensmittel und artgerechte Tierhaltung informiert. Am Wochenende und zu Feiertagen finden häufig besondere Thementage statt.
Geöffnet Mi bis So 10–15 Uhr € 6, Kinder unter zwei Jahren frei.
www.fincaelcarreton.com

14 Pyramiden von Güímar

GPS N 28°19'14.8", W 16°24'50.3"
Auch wenn Ethnografie kein Schulfach ist, kann man sich hier herrlich mit den Kindern zu Theorien unserer Zivilisation austauschen. »Pirámides de Güímar« wurde 1998 von dem bekannten norwegischen Forscher Thor Heyerdahl gegründet, welcher damit verhinderte, dass die historischen Gebilde einem neuen Bebauungsplan zum Opfer fielen. Nach der Theorie Heyerdahls stammen die Pyramiden aus vorchristlicher Zeit und sind eine Zwischenstation auf dem Weg ägyptischer Sonnenanbeter zu den Maya Mittelamerikas. Tatsächlich ist durch Keramikfunde unterhalb der Pyramiden mittlerweile nachgewiesen, dass sie aus dem 19. Jahrhundert stammen. Auch der Zweck ist viel diskutiert. Ob es sich einfach um simple Steinhaufen (majanos) handelt, die Bauern bei der Reinigung des Ackerlandes aufgetürmt haben, oder vielleicht um ein Symbol der Freimaurer, ist ungeklärt. Immerhin sind die länglichen Pyramiden genau nach der Sonne ausgerichtet, was Anlass zu Spekulationen gibt.

Es gibt mehrere Austellungen mit Informationen über die Pyramiden, den Sonnengott Kon Tiki und die Forschungsreisen Thor Heyerdahls. Auch ein botanischer Garten ist Teil der Anlage.
Geöffnet täglich 9.30–18 Uhr, je nach Besuchsoption € 12,50–18, Kinder 7 bis 12 Jahre € 5,50–6,50, bis 6 Jahre frei.
www.piramidesdeguimar.es

Sanatorio de Abades

GPS N 28°08'34.2", W 16°26'25.7"
Das verlassene Sanatorium ist eine schaurige, etwas bedrückende und leicht gruselige Geisterstadt für die Kinder, ein einzigartiges Fotomotiv für die Eltern. In Abades entstand im Jahr 1943 ein komplettes Dorf, das »Sanatorio de Abona«, als Lepra-Station. Es besteht aus einer Kirche im Franco-typischen Stil mit einem

Das Verwaltungsgebäude des Sanatorio ist verlassen und verfällt.

Der Felsbogen von Tajao ist etwa 15 Meter lang.

großen Kreuz auf der Spitze, einem Krankenhaus, einem Krematorium, vielen Bungalows und administrativen Gebäuden. Das Projekt wurde wegen neuer, erfolgreicher Behandlungsmethoden gegen Lepra nicht mehr gebraucht und nie fertiggestellt. [› Tour 29]

15 Felsbogen von Tajao

GPS N 28°06′59.1″, W 16°28′28.5″
Der natürliche Felsenbogen von etwa 15 Metern Länge und zehn Metern Höhe liegt versteckt in der Trockenlandschaft im Südosten Teneriffas. Er ist ziemlich unbekannt, aber sehr imposant und fotogen. Ein Besuch ist einfach, da er unweit der Straße liegt. Wir empfehlen, ihn im Rahmen unserer Wanderung [› Tour 30] durch die reizvolle Umgebung zu besuchen. Eilige können vom Parkplatz 200 Meter zu Fuß Richtung Nordosten gehen. Trotz des kurzen Weges sind Wanderschuhe oder feste Sportschuhe ratsam.

16 El Médano

Das Surfer-Mekka hat ein ganz besonderes Flair, das vom lässigen Lifestyle der Surfer bestimmt ist. Wir starten von hier unsere [› Tour 32].

17 Cueva del Hermano Pedro

GPS N 28°03′01.9″, W 16°33′12.4″
Es gibt zwei völlig unterschiedliche Gründe für einen Besuch an den Höhlen. Wir finden hier eine Art Open-Air-Kirche, ein Heiligtum zu Ehren von Santo Hermano Pedro. Der Heilige soll in dieser Höhle gebetet haben. Heute findet sich hier ein Schrein, an dem Pilger ihre Bitten hinterlassen.

Dass dieses Heiligtum genau neben dem Flughafen und am Ende der Startbahn liegt, finden Kids besonders spannend. Hier fliegen die startenden und landenden Flugzeuge direkt über unsere Köpfe hinweg.

18 Submarine Safaris Tenerife

Wer nicht tauchen kann, aber trotzdem die Rochen vor der Südküste anschauen möchte, kann mit einem U-Boot abtauchen. Auf seiner einstündigen Fahrt schwebt das Boot auch an Wracks vorbei. Natürlich sind auch Fische und andere Meeresbewohner zu sehen.

Das Boot hält in 30 Metern Tiefe bei den Rochengründen an. Die Rochen werden durch Taucher angefüttert und sind daher fast garantiert zu sehen. Während der Rochenfütterung kann man sich im Boot frei bewegen, während der Fahrt sitzt man an großen Bullaugen. Die Boote sind 18,5 Meter lang und es ist Platz für

48 Passagiere.
So bis Fr, je 3 Tauchfahrten täglich, €53, Kinder 2 bis 14 Jahre €32.
www.submarinesafaris.com

19 Banana Experience

GPS N 28°01'01.1", W 16°40'10.7"
Einmal durch eine große Bananenplantage schlendern und alles über die Erzeugung der Banane lernen? Hier wird ein Bummel durch die Plantage angeboten, wobei auf Infotafeln auch auf Deutsch die kulturelle, wirtschaftliche und landwirtschaftliche Bedeutung der Banane für Teneriffa erklärt wird.
Geöffnet Di bis Do 10–13 Uhr, Sa 10–12 Uhr, €8, Kinder bis 12 Jahre €6, geführte Touren mit Voranmeldung ab 12 Personen €11.
lasmargaritasbananaexperience.com

El Médano ist der bekannteste Surfspot auf Teneriffa.

Reiten

20 Rancho Bonanza

GPS N 28°06'34.6", W 16°32'51.9"
Dieser Pferdehof bietet Ausritte für alle Niveaustufen und Altersklassen an. Die Dauer der Ausritte reicht von einer Stunde in der unmittelbaren Umgebung der Ranch bis hin zu sieben Stunden durch Wälder, Schluchten und Vulkangebiete. Anfahrt: von der TF1, Ausfahrt Granadilla die TF-64 bergauf, dann TF-636 Richtung Chimiche bis in den Ort El Desierto fahren.
www.ranchobonanza.es

Outdooraktivitäten

21 Kletterschlucht von Arico

GPS N 28°11'14.3", W 16°31'12.0"
Arico gilt als das Klettergebiet auf Teneriffa. Hier ist fast ganzjährig gutes Wetter. Die enge Schlucht bietet aber auch für Wanderer eine herrliche Kulisse [› Tour 28]. Wer nur den Kletternden zuschauen möchte, hat von der Brücke in Ortsnähe einen guten Blick. Mehr Infos zum Klettern mit Kindern auf Teneriffa gibt es auf [› Seite 215].
Anfahrt über die TF-629 nach Arico, dann nach Norden über Calle el Calvario Richtung Ortiz bis zur Brücke.

Surfen in El Médano

Wer nicht nur zuschauen, sondern selbst surfen möchte, findet in El Médano eine Vielzahl von Surfschulen mit Kursen für Anfänger und Profis. Von Windsurfen über Kitesurfen bis hin zu Hydrofoil wird alles geboten. Zwei der vielen Anbieter sind das Surfcenter und Red Rock Surf. In beiden Surfschulen wird auch Deutsch gesprochen. Windsurfkurse gibt es ab acht Jahren, Wellenreiten können Kids beim Surfcenter schon ab vier Jahren lernen.
Tel. 0034 642850905 (auch WhatsApp). www.surfcenter.eu
Tel. 0034 635064619.
www.redrocksurf.com

22 Schnorcheln mit Meeresschildkröten

In Las Galletas und Los Cristianos gibt es diverse Anbieter von Schnorcheltouren, auf denen man den Tieren sehr nahe kommen kann. Im Landschaftsschutzgebiet zwischen den beiden Orten liegt eine bei Meeresschildkröten beliebte Bucht.
Ab €69, ab 8 Jahren.
www.oceanfriendsdiving.com

Baden im Südwesten

Von Los Cristianos bis nördlich von Adeje reiht sich für zehn Kilometer Strand an Strand. Das Bild ist fast immer gleich: eine Promenade mit Touristenläden, deren Sortiment von der Sonnenbrille bis zum aufblasbaren Einhorn reicht, dazu ein Beauty-Salon und Fast-Food-Lokale – eben alles, was einen typischen Küstenort in Touristenzentren so ausmacht. Dazwischen sind das eine oder andere Hotel und Apartmentanlagen zu sehen. Wer naturnahe Strände vorzieht, schaut besser bei unseren Strandempfehlungen im Norden. Wer aber wegen des Wetters den Süden bevorzugt oder mit kleinen Kindern einen ruhigen Strandtag verbringen möchte, ist hier gut aufgehoben.

Die Strände sind nicht immer natürlichen Ursprungs, die Farbe zeigt es deutlich. Alle Naturstrände auf Teneriffa sind schwarz. Wer auf goldfarbene Strände trifft, hat es mit importiertem Sand, meist aus der Sahara, zu tun. Alle Strände in der Gegend von Los Cristianos und Adeje, die wir erwähnen, sind bewacht und verfügen üblicherweise über Toiletten und Duschen. Meist gibt es auch einen Verleih für Liegestühle und Sonnenschirme. Da die Strände 23 bis 29 alle sehr ähnlich sind, erwähnen wir nur die Besonderheiten.

23 Las Vistas / Los Cristianos

Der Strand von Los Cristianos gehört zu den beliebtesten und bekanntesten Stränden Teneriffas. Er ist fast einen Kilometer lang, sandfarben und durch zwei Molen an den Seiten sehr

23

geschützt. An der Promenade gibt es einige Cafés und Fast-Food Stände, ansonsten sind hinter dem Strand Hotels und Apartmentanlagen zu sehen. Auf der anderen Seite reicht der Blick über das Meer bis nach La Gomera. Ausreichend Parkplätze gibt es am Fährhafen.

Die Anfahrt erfolgt über Los Cristianos und dann in Richtung Fähre. Der Strand verfügt über eine gute Webcam. Hier lässt sich aus der Ferne prüfen, wie das Wetter ist.
www.skylinewebcams.com

24 Playa del Camisón

GPS N 28°03'09.0", W 16°43'46.8"
An der sehr geschützten künstlichen Bucht stehen viele Palmen und es geht sehr flach ins Wasser. Das macht den Strand ideal für kleine Kinder. Hinter der palmengesäumten Promenade liegen drei große Hotels, daher gibt es wenig Geschäfte und es ist etwas ruhiger. Dafür ist die Parksituation schwierig.

25 Playas de Troya

GPS N 28°04'07.8", W 16°43'56.4"
In Las Americas reihen sich mehrere schwarze Naturstrände. Sie sind durch Felsbuhnen unterbrochen. Hinter dem Strand liegt eine klassische Promenade. In der Bucht befindet sich ein beliebtes Kinder-Surf-Gebiet. Wellenreiten wird hier wegen der mäßigen Brandung und dem feinen Sand schon für Kinder ab sechs Jahren angeboten.

Tenerife Surf Point. Kinder ab 6 Jahre.
www.tenerifesurf.es

26 Playa de la Pinta

GPS N 28°04'46.8", W 16°44'07.2"
Die Badebucht liegt extrem geschützt und besteht aus hellem, feinen Sand. Sie liegt an einer sehr belebten Promenade mit vielen Shops und Restaurants.

27 Playa de Fañabé

GPS N 28°05'08.8", W 16°44'13.7"
Der sehr lange Sandstrand ist geschützt durch Steinmolen. Es gibt diverse Wassersportangebote und an der Promenade Geschäfte aller Art.

28 Playa del Duque

GPS N 28°05'26.6", W 16°44'31.9"
Der feine Sandstrand ist von Wellenbrechern gut geschützt. Er ist durch das auf einem Felsen liegende benachbarte El Castillo del Duque optisch sehr ansprechend. Vom Castillo hat man einen schönen Blick auf den Strand. Die Promenade ist mit viel Grün bewachsen. Dahinter befindet sich ein großes Luxus-Hotel, daher ist es hier weniger belebt und es gibt weniger Shops als anderswo. Parken geht im kostenpflichtigen Parkhaus der angrenzenden Mall.

29 Playa del Veril und Playa de la Enramada

GPS N 28°05'56.4", W 16°45'05.0"
Hier endet die Reihe der Strände der Haupt-Tourismusregion. Es geht deutlich ruhiger zu. Einige Beach-Bars säumen den Strand und die Anzahl

Langer Sandstrand in geschützter Lage: die Playa de Fañabé

Der Strand von Abama eignet sich perfekt für jüngere Kinder.

der Shops ist sehr überschaubar. Der Strand ist schwarz und ohne schützende Wellenbrecher. Die beiden Strände gehen fast nahtlos ineinander über. Die Beach-Bar am Playa Enramada ist besonders gemütlich. Auf dem Parkplatz oder direkt am Strand landen oft Paraglider. Auf der Promenade kann man übrigens ohne Unterbrechung acht Kilometer bis nach Los Cristianos spazieren.

30 Playa de los Morteros und Playa Diego Hernández

Die beiden geschützten Badebuchten bieten kristallklares, türkises Wasser. Die südliche Playa de los Morteros ist kein Sandstrand, bietet aber dafür Felsen, von denen man ins Wasser springen kann, und einen kleinen Kieselstrand. In die Klippen sind teilweise Treppen geschlagen, die den Ausstieg aus dem Wasser erleichtern. Der Platz ist nur für Kinder, die gut schwimmen können, geeignet, dann aber ein großer Spaß.

Die nördliche Playa Diego Hernández ist ein sehr einsamer, feinsandiger Naturstrand und auch für Kinder zum Baden geeignet. Ein Teil des Strandes wird von FKK-Fans genutzt.
Beide Strände müssen erwandert werden und sind Teil unserer Wanderung **[› Tour 35]**.

31 Playa Puertito

GPS N 28°06'49.4", W 16°46'04.2"
Die tief eingeschnittene Bucht mit feinem Sandstrand liegt in einem kleinen Dorf, welches kaum touristisch oder kommerziell geprägt ist. Die Playa Puertito ist bei Tauchern und Schnorchlern sehr beliebt. Oft sind dort Meeresschildkröten zu sehen, die bis in die Bucht kommen. Eine kleine, gemütliche Tapas-Bar befindet sich nahe dem Strand. Es gibt weder öffentliche WCs noch Lifeguards. Der Ort ist beliebt bei Wildcampern.

32 Playa Lago Abama

GPS N 28°10'19.0", W 16°48'17.9"
Dieser Strand ist wahrlich eine Besonderheit und ein Unikat unter den Stränden im Süden. Er liegt tief eingeschnitten in einer kleinen Bucht,

ist sehr feinsandig und mit einem Steinwall gegen Wellen geschützt – für Kinder der ideale Badestrand. Es handelt sich um den künstlich geschaffenen Strand des Luxusresorts Ritz-Carlton-Abama. Da aber alle Strände in Spanien öffentlich sind, gibt es keinerlei Besuchsbeschränkungen. Der Weg zum Strand scheint zwar über das Hotelgelände zu führen und dem unbedarften Besucher wird suggeriert, hier unerlaubt Privatgelände zu betreten. Das ist aber nicht der Fall. Sogar die Fahrt mit dem Auto zum Strand ist erlaubt, jedoch nur zum Be- und Entladen. Ein öffentlicher Parkplatz befindet sich 850 Meter weiter bei GPS N 28°10'18.5", W 16°47'54.4". Eine hochpreisige Beach-Bar und öffentliche Toiletten sind vorhanden.

33 Playa San Juan

GPS N 28°10'50.9", W 16°48'50.5"
Der kinderfreundliche Strand liegt in der Hafenzone von San Juan. Durch die lange Mole ist er sehr geschützt, zusätzlich geht es sehr flach ins Wasser – für kleine Kinder ideal. Es gibt Duschen und WCs. Am Hafen befindet sich ein SUP- und Kajak-Verleih.

34 Piscinas naturales Alcalá und Playa Jaquita

GPS N 28°12'22.4", W 16°49'58.4"
Drei kleine, sehr naturnahe Naturschwimmbecken hinter Felsen, teilweise mit einer Betonmauer geschützt,

laden zum Klettern und Baden ein. Zusätzlich gibt es Badeplattformen an der Mole. Mehrere Treppen und Leitern führen ins Meer, drei mit Sand und Lavagranulat aufgeschüttete Buchten vermitteln Strandfeeling. Der nördliche Pool ist ruhig und auch für Kinder gut geeignet. Die Pools sind nur bei Hochwasser nutzbar, da sie mit einsetzender Ebbe teilweise leerlaufen. Es gibt Rettungsschwimmer, öffentliche Toiletten und Duschen. Die angrenzende schöne Promenade mit Palmen und einer Strandbar bietet auch einen Kinderspielplatz. Im Hintergrund befindet sich ein großes Luxushotel, welches kaum auffällt. Wer keinen der wenigen Parkplätze nördlich des Hotels ergattern konnte, findet südlich einen großen Parkplatz, muss dann aber einen etwas längeren Weg in Kauf nehmen.

Ausflugsziele im Südwesten

35 Monkey Park

GPS N 28°03'37.6", W 16°41'34.1"
Im kleinen, gepflegten Zoo sind verschiedene Affen, Meerschweinchen, Echsen und Vögel zu Hause. Teilweise sind die Gehege begehbar und wir kommen den Tieren ganz nah. Sie haben aber auch genug Rückzugsmöglichkeiten. An der Kasse ist Futter für Affen und Meerschweinchen erhältlich. Zur Freude der Kinder klettern erstere auch gerne mal auf die Arme, um sich ihre Leckerbissen abzuholen. Der Park ist nicht groß, ein Besuch sollte mit ein bis zwei Stunden eingeplant werden.
Geöffnet täglich 9.30–16 Uhr, €10, Kinder bis 12 Jahre €5, Futterbox €3. www.monkeypark.com

36 Kamelpark

GPS N 28°04'31.1", W 16°41'17.6"
Kamele waren früher im Süden Teneriffas kein seltener Anblick. Sie wurden in der Landwirtschaft eingesetzt, da sie mit dem trockenen Klima besser zurechtkommen als Kühe. Wer gerne mal auf einem Kamel reiten möchte, ist in dem kleinen Kamelpark richtig. Es gibt Ausritte über eine halbe Stunde, man kann die Kamele aber auch einfach nur auf dem Bauernhof besuchen.
Geöffnet täglich 10–17 Uhr, nur Besuch €5, Kinder 3 bis 11 Jahre €3, Kamelreiten €22, Kinder €11. www.camelpark.es

37 Jungle Park

GPS N 28°04'50.6", W 16°41'40.9"
Das Zoogelände ist aufwendig und schön angelegt. Da gibt es Höhlen, Hängebrücken, einen Abenteuerweg und viele schattige Bereiche, in denen wir uns teilweise wirklich wie im Dschungel fühlen. Die Flugvorführungen von Greifvögeln und Papageien unter freiem Himmel sind ein Highlight dieses Parks. Durch die vielen kostenpflichtigen Zusatzangebote wirkt er aber sehr kommerziell.
Geöffnet täglich 10.30–16.30 Uhr, €26, Kinder 5 bis 10 Jahre €18, Kinder 3 bis 4 Jahre €11. Wer auch noch das Aqualand besuchen möchte, kann ein Twin-Ticket erwerben für €39,50/€29,50. www.junglepark.es

38

38 Siam Park

GPS N 28°04'18.1", W 16°43'36.0"
Der riesige, mehrfach ausgezeichnete Wasser- und Rutschenpark ist eingebettet in eine große, ansprechende Parkanlage. Er wurde bei Tripadvisor sieben Jahre in Folge zum besten Wasserpark der Welt gekürt. Die Rutschen und Wasserbecken sind in der Tat einzigartig und beeindruckend.

Von ruhigen Wasserbereichen bis hin zur 28 Meter hohen Adrenalin-Rutsche mit bis zu 80 km/h ist alles dabei. Da die meisten Rutschen erst ab 1,25 Meter Größe genutzt werden dürfen, ist ein Besuch nur mit größeren Kindern sinnvoll.

Geöffnet Mai bis Oktober, täglich 10–18 Uhr, November bis April täglich 10–17 Uhr, €38, Kinder 3 bis 11 Jahre €26. Wer auch noch den Loro Parque **[› Tour 16]** *im Norden besuchen möchte, ist mit einem Twin-Ticket für €66/€45,50 gut beraten. www.siampark.net*

39 Aqualand Costa Adeje

GPS N 28°04'43.4", W 16°43'43.1"
Der kleine Mitbewerber des Siam-Parks ist etwas günstiger und kleiner, bietet aber genug Rutschen und Wasserspaß. Im Vergleich zum Siam-Park ist er für jüngere Kinder etwas besser geeignet, da es mehr Attraktionen für die Kleinen gibt und die großen Rutschen schon ab 1,20 Metern Größe genutzt werden können. Im Wasserpark gibt es außerdem ein Delfinarium.

Ganzjährig geöffnet, täglich 10–17 Uhr, €29, Juli und August bis 18 Uhr, Kinder 3 bis 11 Jahre €21, Familienticket €86. Wer auch noch den »Jungle Park« besuchen möchte, kann ein Twin-Ticket erwerben €39,50/€29,50. www.aqualand.es/costa-adeje

40 Quesería Artesanal Montesdeoca

GPS N 28°09'48.8", W 16°45'18.4"
Dieser kleine Ziegenbauernhof mit Käserei bietet Einblicke in seine Arbeit. Kinder können die Ziegen streicheln und melken. Der Traditionsbetrieb besteht seit drei Generationen und erhielt mehrere Auzeichnungen für seinen Käse. Eine Käseverkostung und eine 60-minütige Tour durch die Käserei sind möglich. Im eigenen Shop werden allerlei Ziegenkäse-Produkte angeboten.

Online-Anmeldung über www.quesosmontesdeoca.com.

Bootstouren im Südwesten

An vielen Häfen und Buchten werden Bootstouren angeboten, zum Angeln oder als Wal- und Delfin-Touren mit zusätzlichem Badestopp. Die Anbieter sind an den Strandpromenaden zu finden. Preislich sind alle Touren sehr ähnlich, entscheiden muss man sich lediglich zwischen den teureren privaten Touren und preiswerten Touren mit vielen Personen. Die meisten

Grindwale sind rund um die kanarischen Inseln relativ häufig zu beobachten.

Touren starten in Los Cristianos, Playa las Americas oder Los Gigantes. Eine Suche bei Google, Tripadvisor oder getyourguide nach »whale tenerife« fördert hunderte von Anbietern in allen Preisklassen zutage.

Wir empfehlen die Touren ab Los Gigantes. Hier bekommen wir neben Walen und Delfinen auch noch die traumhafte Kulisse des Teno-Gebirges zu sehen. [› Tour 36]

Outdoorsport

Paragliding Costa Adeje / Enramada Beach

Auf dem großen Parkplatz am Playa Enramada tummeln sich mehrere Paragliding-Anbieter. Hier kann auch spontan ein Flug gebucht werden. Mit dem Minibus wird man nach oben gefahren. Je nach Wind und Wetter gibt es verschiedene Absprungpunkte auf über 1.000 Metern Höhe. Mit dem Gleitschirm geht es wieder zum Ausgangspunkt zurück. Kinder können üblicherweise ab sechs Jahren mitfliegen. Preise ab €90.
www.overflytenerife.com
www.flytenerife.com

Wellenreiten in Playa de las Americas

Durch die regelmäßigen und nicht zu hohen Wellen sind die Playas de Troya wie geschaffen, um Kindern den Start in den Sport zu ermöglichen. Hier gibt es Kurse speziell für Kinder, um das Wellenreiten zu erlernen. Wir nennen hier stellvertretend drei Anbieter.

IKA IKA Surf School,
Kinder ab 6 Jahren.
www.ikaikasurfschooltenerife.com

Tenerife Surf Point,
Kinder ab 6 Jahren.
www.tenerifesurf.es

Tenerife Surf School,
Kinder ab 6 Jahren.
www.tenerifesurfing.com

Tauchen in Adeje

Der Südwesten eignet sich perfekt zum Tauchen, daher gibt es hier die meisten Tauchschulen. In nahezu jedem Küstenort finden sich Tauchbasen, die meist Kurse für Kinder ab acht Jahre anbieten. Einer der deutsprachigen Anbieter ist »Dive Center Aquanautic Club Tenerife« in Adeje.
Preis ab €35, ab 8 Jahren.
www.tauchen-auf-teneriffa.com

Tour 27: Die Düne von Güímar

110 m

STRECKE 6,4 km

2 h 20

ab 6

Salz sammeln an der Lava-Küste

Kaum lassen wir die Häuser und Straßen hinter uns, befinden wir uns zwischen erkalteter Lava, riesigen Kanaren- und Lamarck-Wolfsmilchpflanzen und dem Vulkan. Je weiter wir uns vom Ort entfernen, desto präsenter wird die gewaltige Kraft der Natur. Kurz ein Blick in eine Lavahöhle, dann stapfen wir barfuß durch die »Düne«. Der Wind pustet den Sand vom Meer bis ins Landesinnere und so entsteht hier eine Düne ohne Strand. Dann steigen wir hinunter zum Meer. Wo der Wind die Gischt über die unebene Lava trägt, bilden sich Salzkristalle in kleinen Becken. Physikunterricht zum Anfassen. In unsere Proviantboxen »ernten« wir naturreines Meersalz fürs Abendessen oder das Frühstücksei.

Wanderung: Direkt neben unserem Parkplatz an der Informationstafel beginnt der Wanderweg. Er steigt leicht an und obwohl es sich hier um eine der regenärmsten Gegenden der Insel handelt, wachsen um uns herum stellenweise riesige Wolfsmilchgewächse. Nach knapp 300 Metern stößt von links ein Weg dazu, wir bleiben auf unserem und nehmen nun Kurs auf den Vulkan. Links von uns zerbröckeln verlassene landwirtschaftliche und industrielle Anlagen, während vor und rechts von uns der Vulkan, die Lavalandschaft und das Meer wesentlich netter anzusehen sind.

Nach etwa 20 Minuten passieren wir die **Überreste eines Wasserkanals**, ehe wir an eine Informationstafel über die landwirtschaftliche Nutzung gelangen. Die alte **Pumpenanlage** ① erregt sogleich die Aufmerksamkeit der Kinder. Wir passieren eine weitere Informationstafel und erreichen nach insgesamt gut 30 Minuten Gehzeit eine kleine **Anhöhe**. Hier lohnt ein Abstecher

TOUREN-STECKBRIEF

Anfahrt: Über die TF-1, Ausfahrt 22. Nun die TF-61 Richtung Küste nach Puertito de Güímar bis zum Ende durchfahren. Am Beginn der Fußgängerzone biegen wir nach links und dann zweimal gleich wieder rechts, ehe wir nach links in die »Calle Marqués de Santa Cruz« fahren. In der Mitte der Linkskurve am Ende der Straße verlassen wir diese nach rechts. Nach 70 Metern liegt links ein Parkplatz bei **GPS N 28°17′53.8″, W 16°22′17.0″**.

Bus: Linie 111 von Los Cristianos oder Santa Cruz bis zur Haltstelle an der Autobahnabfahrt Güímar. Von dort mit der Linie 120 (Haltestelle an der Hauptstraße) von Güímar nach Puertito de Güímar und zu Fuß zum 500 Meter entfernten Stadtparkplatz.

Anspruch und Charakter: Die Wanderung führt über gut erkennbare und gepflegte Wege. Der Bodenbelag wechselt zwischen Schotter, Lavagestein und Sand. Wegen des häufig starken Windes ist eine leichte Jacke auch bei gutem Wetter zu empfehlen.

Highlights: Lavalandschaft, selber Salz schöpfen, schöner Küstenstreifen.

Einkehr: Restaurants in Puertito de Güímar.

In der Nähe: Candelaria, Playa del Puertito de Güímar, Pyramiden von Güímar.

nach rechts. Der Weg ist nur schwer erkennbar und darum nicht einfach zu finden. Nach etwa 100 Metern entdecken wir ein großes Loch vor uns, die Höhle **Cueva Honda** ②. Man kann nicht in den Hohlraum hinein und, wie an den vielen Tierknochen erkennbar, anscheinend auch nicht wieder heraus.

Wir gehen auf gleichem Pfad zurück zu unserem eigentlichen Weg und folgen diesem weiter Richtung **Montaña Grande**. Auf den nächsten 200 Metern kommen wir an zwei Abzweigungen nach links vorbei, die auf den Weg westlich des Vulkanes führen. Da sich dort auch die Autobahn befindet, bleiben wir lieber auf der östlichen Bergseite. Unser Weg führt uns nun am Fuße des Vulkans entlang zu einem **Aussichtspunkt** ③, der bestens für eine Rast geeignet ist. Aber Vorsicht, in den Steinen lauern überall hungrige Eidechsen. Sie sind zwar vollkommen ungefährlich, hätten aber gerne ihren Anteil an unserer Brotzeit.

Wir setzen unseren Weg fort und gelangen nun zur »Düne«, einem Wegstück mit Strandsand, der unter unseren Füßen knirscht, bis wir den nächsten **Wegweiser** ④ erreichen. Wir folgen dem Weg Richtung **Montaña del Mar** hinunter zum Meer. Der Abstieg macht nach gut 300 Metern einen deutlichen Knick nach rechts und bringt uns in etwa 25 Minuten hinunter auf den Küstenwanderweg. Dort biegen wir nach rechts Richtung **Puertito de Güímar** ab. Etwa 50 Meter weiter ragen mehrere **Lavazungen** ⑤ ins Meer, die wir bei mäßigem Wellengang erkunden können. Durch den Wind wird viel Meerwasser auf die Lava geweht. Wäh-

rend das Wasser in den Becken verdunstet, sammelt sich mit der Zeit immer mehr Salz an. Die Kinder können das reine Meersalz prima in die mittlerweile leeren Proviantbehälter sammeln. Selbstgemachten »Papas arrugadas« steht nun bald nichts mehr im Wege! [› Seite 323].

Es geht nun immer der Küste entlang zum **Montaña del Mar** ⑥, auf dessen Gipfel ein Aussichtspunkt einen fantastischen Blick über die Küste ermöglicht. Dann setzt sich unser Weg direkt am Atlantik fort. Auf der nächsten Informationstafel wird die traditionelle Salzgewinnung erklärt. Immer häufiger begegnen uns nun zu Halbkreisen aufgetürmte Steinburgen. Diese dienen den hier in den Felsen Badenden als Windschutz. Am Felsenstrand vorbei erreichen wir unseren Startpunkt.

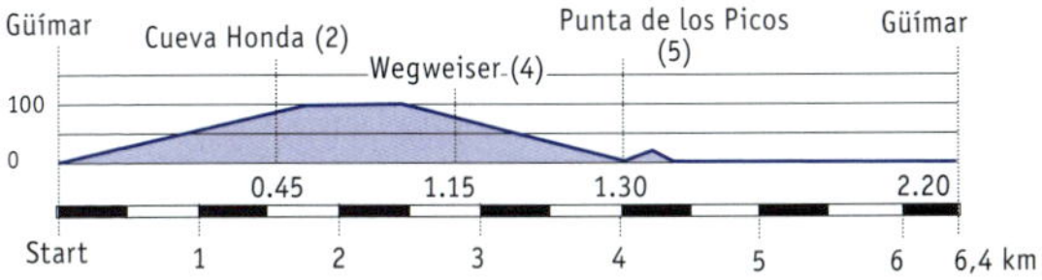

Sukkulenten
Die Pflanzen des Südens

An den unterschiedlichen Pflanzen der Insel lassen sich die Vielfalt und der Abwechslungsreichtum Teneriffas am besten erkennen. Während im Norden immergrüner Lorbeerwald und Kiefern zu finden sind, bietet der karge Süden ein ganz anderes Bild. Die Gebiete im Südwesten sind durch die windgeschützte Lage hinter dem Vulkan ungleich trockener, steppen- oder sogar wüstenartig. Sukkulenten, saftreiche Pflanzen, dominieren hier das Bild. Vor allem Kakteen, Agaven, Wolfsmilchgewächse (Euphorbien) und vereinzelt Palmenhaine prägen das Landschaftsbild. Die wasserspeichernden Pflanzenteile wie fleischige Blätter oder dicke Stämme helfen den Gewächsen über längere Trockenphasen hinweg. Die folgenden Pflanzen sind auf den Kanaren endemisch, das heißt, sie stammen von hier.

Am häufigsten treffen wir auf die omnipräsente Kanaren-Wolfsmilch (Euphorbia canariensis). Umgangssprachlich beschreiben kann man die Pflanze als »Kaktus-Busch«. Sie erreicht Wuchshöhen von bis zu drei Metern und einen Umfang von mehreren Metern mit Hunderten von Trieben. Die einzelnen Triebe sind vier- bis sechskantig, an den Rändern sehen wir kurze Stacheln. Die kleinen, rotbraunen Blüten zeigen sich auf der Oberseite. Die Kanaren-Wolfsmilch wächst oft in größeren

Die bis zu drei Meter hohen Triebe der Kanaren-Wolfsmilch prägen das Landschaftsbild im trockenen Süden der Insel.

Gruppen, sogenannten cardonales. Im Schutz dieser Pflanzen sehen wir auch viele andere Gewächse, die sich dort in Sicherheit vor Ziegenfraß gerne ansiedeln. Achtung: Der Saft der Wolfsmilch ist hochgiftig.

Wenn wir im Süden buschartige Bäume antreffen, sind diese meist Lamarck-Wolfsmilch (Euphorbia lamarckii) oder ähnliche Gattungen. Der bis zu zwei Meter hohe strauchartige Baum hat dicke, weiche und biegsame Äste, die sich nach oben stark verzweigen. Die länglichen Blätter finden sich nur an den Spitzen der Triebe und sind kreisförmig angeordnet.

Auch die kanarische Dattelpalme (Phoenix canariensis) prägt die Landschaft auf den Kanaren. Wir treffen sie oft allein stehend oder in Hainen an. Sie sieht genauso aus, wie man sich das Ideal einer Plame vorstellt: hoher Wuchs, ein schlanker Stamm und buschige Blätter. Die Früchte der kanarischen Dattelpalme sind für den Menschen nicht genießbar. Sie werden als Futter für Schweine und zur Herstellung von Likör und Hustensaft verwendet.

Schon seit prähistorischer Zeit ist der Drachenbaum (Dracaena draco), eines der Wahrzeichen Teneriffas. Der Saft der Pflanze ist blutrot, was schon früh die Fantasie der Menschen anregte: Viele Sagen und Geschichten ranken sich um die Pflanze. Der Baum wächst sehr langsam. Wir finden ihn meist einzeln stehend überall auf der Insel. Es handelt sich eigentlich um ein Spargelgewächs, der Drago sieht aber aus wie ein Baum. Die Äste sind sehr dick und verzweigen sich stark. Die langen, schwertförmigen Blätter finden sich am Ende der Äste.

Die Blüten der Kanarenwolfsmilch sind dunkelrot.

Viele subtropische Pflanzenarten sind von den Seefahrern und Entdeckern aus Süd- und Mittelamerika und der Karibik hier angesiedelt worden. Sehr oft zu sehen gibt es Bougainvillea, Opuntien (Feigenkakteen), Agaven, Aloen und Bananen. Viele dieser Pflanzen bedrohen mittlerweile die einheimische Flora. So breitet sich

Der Drachenbaum gilt als Wahrzeichen Teneriffas. Unten: Die Früchte der Opuntien sind essbar, müssen jedoch von ihren Stacheln befreit werden.

Die Blätter der Lamarck-Wolfsmilch wachsen wie kleine Pinsel am Ende der Zweige.

der ursprünglich als Heckengewächs und zur Cochinilla-Lauszucht eingeführte Feigenkaktus immer weiter aus und wird von freiwilligen Helfern regelmäßig entfernt.

Er wächst strauchig bis baumartig, auch in Matten oder Haufen und ist an seinen ohrenförmigen Gliedern gut zu erkennen. Er besitzt lange, spitze Stacheln und kann auf unseren Wanderungen ein schmerzhaftes Hindernis sein. Die Blüten sind wunderschön anzusehen, gelb bis orange und überziehen die Oberseite der Triebe. Die Kaktusfeigen sind erst gelblich bis orange, die reifen Früchte dann tiefviolett. Die Früchte sind essbar, müssen aber vor dem Verzehr gut geschält werden, denn die Schale ist mit winzigen, feinen Stacheln übersät.

Tour 28: Barranco de los Albarderos

150 m

STRECKE 3,2 km

1 h 20

ab 4

Durch die Kletterschlucht von Arico

Arico ist das Kletterzentrum der Kanarischen Inseln. Allein in der Schlucht befinden sich weit über 200 Sportkletterrouten und viele Boulder. Vom Anfänger bis zum Profi ist für jeden was dabei und auch das Zuschauen sorgt meist schon für einen sportlichen Puls. Die Wanderrunde lohnt sich aber auch für Nicht-Kletternde. Sie führt uns zunächst durch die schöne Natur rund um die Schlucht, ehe wir von oben durch das Bachbett herunterwandern.

TOUREN-STECKBRIEF

Anfahrt: Im Ort »Villa de Arico« im Kreisverkehr auf die »Calle Virgen de Abona« fahren. Nachdem die Straße nach links abknickt, rechts auf die »Calle Benitez de Lugo« abbiegen. Die Straße schwenkt nach 40 Metern leicht nach rechts und wird zur »Calle El Cavario«. Wir verlassen die Ortschaft und halten uns nach 1,6 Kilometern rechts. Die Straße wird nun sehr schmal, bleibt aber asphaltiert. Nach weiteren 1,5 Kilometern erreichen wir die Brücke über die Schlucht. Hier suchen wir uns einen Parkplatz bei **GPS N 28°11'14.3", W 16°31'12.0"** oder **N 28°11'15.6", W 16°31'14.7"**.

Bus: Linie 450 von Los Cristianos bis La Mareta, dann 430 bis Arico. Für den Weg zum Start muss eine Taxifahrt in Kauf genommen werden.

Anspruch und Charakter: Der Weg ist in gutem Zustand und leicht zu finden. Sonnenschutz ist obligatorisch.

Highlights: Spektakuläre Kletterschlucht zum selber klettern und zuschauen, Weitblick auf Meer und Berge.

Einkehr: Keine.

In der Nähe: Playa de los Abriguitos.

Wanderung: Unser Startpunkt befindet sich auf der **Brücke**, von der wir zunächst einen Augenblick den Kletterern zuschauen können, wie sie angestrengt versuchen, auf unsere Höhe zu gelangen. Wir folgen der Straße bergauf, bis der Asphalt endet, und biegen dort nach rechts ab.

Nachdem wir einen **Wasserkanal** überquert haben, folgen wir dem Wegweiser nach »**El Contador – PR-TF-86**«, durchschreiten das trockene Bachbett und beginnen gegenüber unseren Anstieg auf dem deutlich mit Steinen gekennzeichneten Weg. Um uns herum wachsen spärlich kleine Pinien, die von ihrer Größe eher an Weihnachtsbäume erinnern. Nach fünf Minuten überqueren wir eine Piste und setzen unseren Weg, der sich bald in Serpentinen den Berg hinauf schlängelt, gegenüber weiter fort.

Der anstrengende Anstieg wird uns durch schattenspendende Pinien erleichtert. Wer hier aufmerksam schaut, entdeckt rechts am Weg ein von oben kommendes **leeres Rohr** ① rechts neben uns, an dem man mit dem Echo

spielen kann, wenn man laut hineinruft. Für Kinder ist es ein großer Spaß, sich mit dem Echo zu unterhalten, während die Eltern den schönen Weitblick genießen können – vom Hafen von Granadilla bis hin zum Montaña Roja.

Dem Rohr folgend geht es weiter aufwärts, bis der Weg nach weiteren fünf Minuten deutlich abflacht und ein **alter Baumstamm** zum Klettern einlädt. Einen Moment später queren wir einen weiteren **Wasserkanal** und haben einen tollen Blick in das Nachbartal. Der Weg steigt ein letztes Mal in Serpentinen an, ehe wir nach insgesamt knapp 25 Minuten auf dem **Hochplateau** ②

ankommen. Ein blau-weißer Vermessungsstein nach genau einem Kilometer markiert das Ende der Steigung.

Von hier aus können wir erkennen, dass der Wanderweg nun langsam abwärts auf einen Bergrücken zuführt. Dort angekommen stehen wir an einer **Verzweigung** ③, der Weg geradeaus ist mit einem »X« markiert. Wir gehen hier links am Berg vorbei.

Keine zehn Minuten später erreichen wir eine majestätische Pinie, die **Pino Choya** ④. An der Rinde können wir erkennen, dass die Pinie schon einige Brände überstanden hat. Wir freuen uns über diesen idealen Platz für eine Pause, denn der Baum markiert nahezu die Mitte der Wanderung, spendet Schatten und es stehen hier sogar einige Bänke.

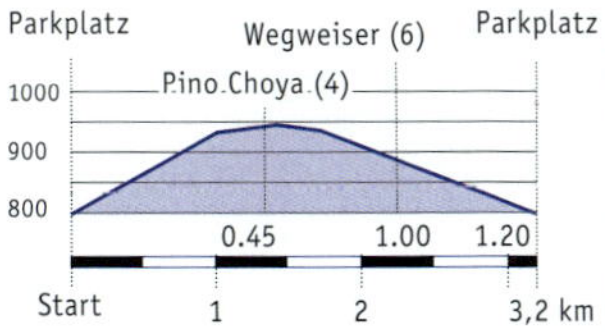

Kurz hinter der Pinie durchschreiten wir das Bachbett und erreichen nach einem kurzen Aufstieg den nächsten **Wegweiser**. An dieser Stelle verlassen wir den PR-TF-86 (El Contador) und folgen dem Weg PR-TF-86.1 hinab nach **Ortiz**.

Auf der anderen Schluchtseite wandern wir nun auf einem breiten, gut erkennbaren Wanderweg abwärts. Es gesellt sich bald ein **Wasserkanal** zu uns und begrenzt den Weg seitlich. Wir befinden uns nun auf einem Bergrücken zwischen zwei Armen der Schlucht und bleiben an dieser Stelle links vom Kanal. Rechts geht es sehr steil abwärts in den Barranco. Wir sehen noch einmal die »Pino Choya« in einiger Entfernung und können den Blick auf den Atlantik in der Ferne genießen.

Obwohl wir die Schlucht erst kürzlich gequert haben, ist der Einschnitt zu unserer Linken auch bereits wieder verblüffend tief. Ein zweiter Kanal kreuzt den **Wasserkanal** an unserem Weg ⑤. Wir überqueren den einen und bald auch den anderen, sodass wir rechts davon laufen.

Nach wenigen Minuten schlängelt sich der Weg hinab in die Schlucht. Wir passieren die letzten Pinien und können den schön strukturierten braunen Basaltfelsen links von uns betrachten. Ein weiterer **Wegweiser** ⑥, etwa 15 Minuten nach dem vorherigen, weist uns die Richtung nach Ortiz. Wir folgen nun stets dem Bachbett, links und rechts beginnen die Kletterrouten. Hier können wir zuschauen, wie die Sportler in scheinbar waghalsigen Aktionen über sich hinauswachsen. Der Weg schlängelt sich um die Boulderblöcke herum, die zum Ausprobieren einladen.

Das eine oder andere Mal müssen wir nach dem einfachsten Weg durch die Schlucht suchen. Kurz bevor wir die **Brücke** wieder sehen, liegt auf der rechten Seite ein Sektor mit leichten Kletterrouten, der Name »Escuela« (auf Deutsch »Schule«) ist hier Programm.

Wir gehen bis kurz vor die Brücke und lassen rechts die **erste Ausstiegmöglichkeit** ⑦ aus. Stattdessen gehen wir noch wenige Meter weiter und dann erst nach rechts auf den Ausstiegsweg. Wer noch den Kletternden auf der anderen Seite der Brücke zusehen möchte, geht noch ein Stück weiter und unter der Brücke hindurch.

Klettern mit Kindern auf Teneriffa

Teneriffa als Klettergebiet ließe sich als »schlafender Riese« bezeichnen. Weit über 1.000 Routen in den Schwierigkeitsgraden 3–8c gibt es hier, trotzdem ist die Insel unter Kletternden nur mäßig bekannt. Es gibt außerdem viele kleine und große Bouldergebiete auf der Insel. Von der kurzen Sportkletterroute über den Boulder inmitten der Cañadas, einem coolen Deep Water Solo Spot **[› Tour 33]** *bis zur Mehrseillänge mit Gipfelglück ist für jeden was dabei.*

Die Bewertung erfolgt auf den Kanarischen Inseln nach französischer Skala. Da diese mit der UIAA-Skala aber bis zum 5. Grad nahezu identisch ist und wir uns in diesem Buch auf diese für Kinder geeigneten Routen beschränken, braucht niemand umzurechnen. In den folgenden Klettergebieten gibt es gute Routen. Sie eignen sich für Eltern, die bereits Erfahrung mitbringen, um mit ihren Kindern klettern zu gehen.

Die Escuela von Arico

Das Zentrum des Klettersports befindet sich im Südosten in den Schluchten rund um Arico. Allein im Barranco de los Alberderos **[› Tour 28]** im Ortsteil Ortiz gibt es viele Bouldermöglichkeiten und über 220 Sportkletterrouten. Darunter befindet sich auch der Sektor »Escuela« bei GPS N 28°11'16.8", W 16°31'17.7", der schon für die Kleinsten im Toprope oder zum Vorstieg üben geeignet ist.

In Arico finden sich Läden für Kletterzubehör, Restaurants und Bars, die zum Fachsimpeln einladen, sowie Unterkünfte, die sich auf Fans des Klettersports spezialisiert haben.

Klettern ist ein kostenloses Outdoor-Erlebnis, das nur durch die Arbeit vieler Freiwilliger sicher ermöglicht wird. Die Haken und Umlenker kommen nicht von alleine in den Fels und müssen alle paar Jahre ausgetauscht werden, damit das Klettern auf Teneriffa auch bei salzhaltiger Luft ein sicheres Vergnügen bleibt. Die lokale Klettercommunity opfert dafür viele Stunden ihrer Freizeit. Deshalb ist es nicht nur nett, sondern angemessen, sich durch eine kleine Spende in den Klettershops rund um Arico erkenntlich zu zeigen. Was wohl der gleiche Spaß in der Kletterhalle gekostet hätte?

Cañada de Capricho

Dieses Klettergebiet präsentiert sich mit gelblichem Basalt und einer komplett anderen Landschaft. Eingebettet im Amphitheater des Nationalparks vor der Kulisse des Pico del Teide finden sich über 120 Routen. Im Sektor »La Losa« bei GPS N 28°13'14.9", W 16°37'15.8" gibt es Toprope-Routen im Schwierigkeitgrad IV, die für Kinder wie geschaffen sind **[› Tour 41]**. Sie heißen La Losa, Mickey, Mini, Daisy, Donald, Lucky Look und Goofy. Am Felsfuß können Kinder ohne Absturzgefahr toben.

Playa de San Marcos

Im Klettergebiet von Playa de San Marcos im Nordwesten der Insel lässt sich Klettern mit Strand kombinieren **[› Seite 108]**. Hier sind die unkomplizierte Anfahrt und der kurze Zustieg hervorzuheben. Das Tragen eines Helms ist obligatorisch, da insbesondere nach Regentagen mit Steinschlag gerechnet werden muss. Direkt neben dem weißen Häuschen am Ende der Treppe befinden sich drei Einsteigerrouten im fünften Schwierigkeitsgrad bei GPS N 28°22'40.6", W 16°43'16.6".

In der angrenzenden Schlucht können sich Boulderfans einen ganzen Tag lang austoben. Für eine Kletterpause warten am Strand Restaurants und Bars (zum Beispiel Casa Chicha oder Amarca).

Mehr Infos für Kletterer
Die Topos und Beschreibungen der Kinder-Routen in diesen drei Gebieten stellen wir auf der Website zum Buch zur Verfügung.
klettern.teneriffa-mit-kindern.de

Kletter- und Bouldermaterial zum Leihen und Kaufen gibt es bei Tenerife Outdoor (www.tenerifeoutdoor.com) in Arico oder La Laguna sowie bei Decathlon in La Laguna.

Eltern, die selbst nicht ausreichend Erfahrung mitbringen, um alleine mit ihren Kids klettern zu gehen, können sich einem Guide anschließen oder gemeinsam mit ihren Kindern Klettern lernen. Klettertouren und Kurse für Kinder und Erwachsene lassen sich bei www.ocho-escalada.com buchen. Preise: ab €80 pro Person für vier Stunden.

Für alle weiteren Fragen rund ums Klettern auf Teneriffa und für Coaching von Fortgeschrittenen empfehlen wir, sich an an Walter Goller von www.allyearclimbing.com zu wenden.

Unsere Touren mit Klettermöglichkeit
- Tour 15: Rambla del Castro
- Tour 25: Der Zauberwald und der heilige Fels
- Tour 28: Die Kletterschlucht
- Tour 33: Montaña Amarilla
- Tour 41: Wir gehen klettern
- Tour 43: Roques Garcia

Ein ganz besonderes Erlebnis, auch als Zuschauer, ist der DWS-Spot auf der [› Tour 33]. In vier bis fünf Metern Höhe geht es an einem Felsenbogen über dem Atlantik auf die andere Seite und zurück. Im Vorfeld sind Tide und Wellengang zu überprüfen.

Es gibt noch viele weitere Klettergebiete rund um die Insel (zum Beispiel in Santa Ursula direkt über dem Atlantik). Hierzu sollten Kletterfreunde dann aber entsprechend spezialisierte Literatur beziehungsweise lokale Kontakte zurate ziehen.

40 m

STRECKE 3 km

1 h

ab 4

Tour 29: Die Geisterstadt

Auf Forschertour im Sanatorio de Abades

Die Ruinenstadt östlich von Abades wurde 1943 als Lepra-Sanatorium geplant und erbaut. Weil die Krankheit bei Fertigstellung bereits heilbar war, wurde sie aber nie in Betrieb genommen. Stattdessen übernahm das Militär einige der Gebäude. Heute ist der Komplex eine bizarre Geisterstadt mit Grusel-Faktor für die Kinder und voll von ungewöhnlichen Fotomotiven für die Eltern. Die Anlage besteht aus einem großen Sanatorium, mehreren Betriebsgebäuden, Wohnbungalows und einer im Franco-Stil errichteten Kirche.

Wanderung: Los geht es am Parkplatz direkt am kleinen Hafen. Von dort laufen wir hinunter zum Strand und überqueren die Bucht. Am anderen Ende steigen wir die **Steintreppen** hinauf. Der gepflasterte Weg führt uns zu einem zweiten Strand. Auch diesen überqueren wir. Unser erstes Ziel ist von hier gut zu sehen: eine **rote Villa** ①. Diese beherbergte bis 2011 die Militärverwaltung, bis 2015 eine Sozialstation. Heute ist das Haus verschlossen und verlassen und bietet ein schönes Fotomotiv. Es gibt viele Sitzmöglichkeiten und wir genießen den Blick aufs Meer.

Von der Villa folgen wir einem mit Steinen begrenzten Weg bergauf und zwischen den ersten Bungalows hindurch. Achtung: Das Betreten der Ruinen ist möglich, aber nicht ganz ungefährlich. Hinweisschilder warnen uns vor Steinschlag. Man betritt die Gebäude auf eigene Gefahr!

TOUREN-STECKBRIEF

Anfahrt: Von der Küstenstraße TF-1 die Ausfahrt Abades wählen und durch den Ort bis zum Parkplatz am Strand bei **GPS N 28°08'34.2", W 16°26'25.7"** fahren.
Anspruch und Charakter: Die Tour führt uns über zwei Strände, teilweise als FKK-Badestelle genutzt, und über unbefestigte Wege. Der Abstieg bei der Kirche ist etwas steiler, aber auch für kleine Kinder kein Problem. Das Betreten der Häuser ist möglich, erfolgt aber auf eigene Gefahr. Vor Steinschlag wird gewarnt.
Highlights: Die Ruinenstadt lädt zum Gruseln und Entdecken ein. Viele ungewöhnliche Fotomotive. Am Ende lockt ein Bad am feinsandigen Strand.
Einkehr: Bars und Restaurants direkt am Strand.
In der Nähe: Piscina natural Punta Prieta, Felsbogen von Tajao, El Médano.

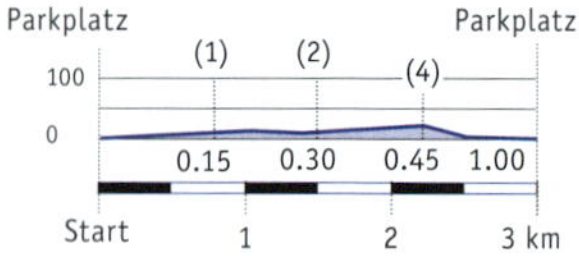

Am Ende des Weges halten wir auf einen großen Gebäudekomplex zu: das Sanatorium. Kurz davor biegen wir noch einmal nach rechts ab und spazieren hinunter zu weiteren interes-

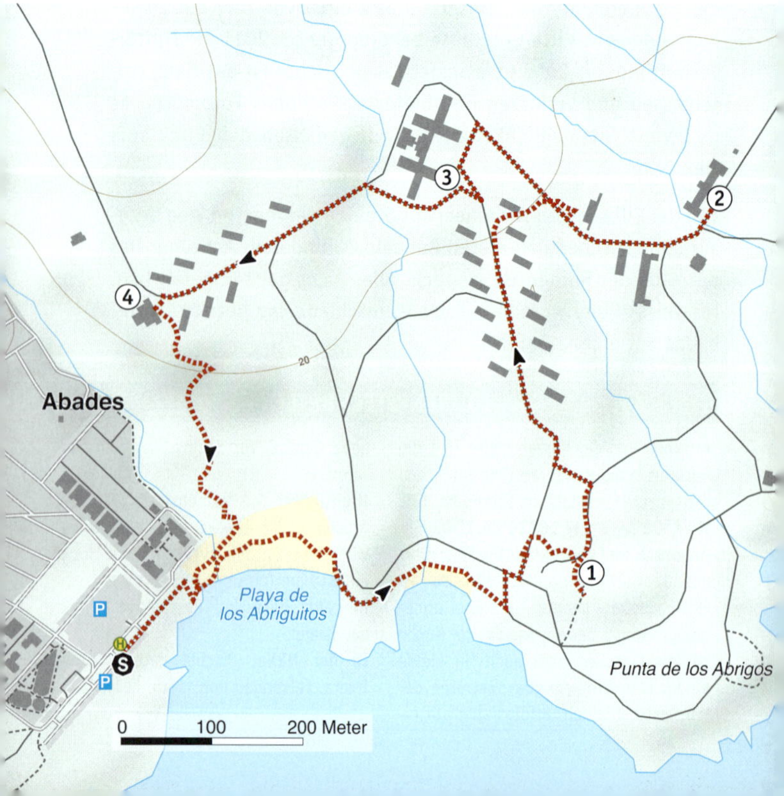

santen Gebäuden. Wir entdecken ein **Waschhaus** ② und einen Aufenthaltsbereich mit Küche.

Wir gehen den gleichen Weg zurück und schauen uns jetzt das **Sanatorium** ③ an. Wer sich der Gefahr bewusst ist, kann auf eigene Verantwortung hindurchgehen. Die Räume sind gut erhalten. Viele teils künstlerische Graffitis zieren die Wände.

Am Schluss wenden wir uns nach links in Richtung **Kirche** ④. Das monumentale Bauwerk im Franco-typischen Stil ist noch gut erhalten. Von der Kirche geht es direkt wieder hinunter zum Strand und weiter zum Parkplatz. Am Ende kann man die Tour mit einem Bad am feinsandigen Strand abschließen.

30 m

STRECKE 3,3 km

1 h 15

ab 4

Tour 30: Der Bogen von Tajao

Rundweg durch eine bizarre Steinlandschaft

Vom Hafen von Tajao führt diese Wanderung durch eine Landschaft wie von einem anderen Stern. Anfangs vermittelt uns das schroffe, dünenartige Gelände das Gefühl, durch die Kulissen eines Star-Wars-Films zu wandern. Zeit, Wind und Wellen haben hier eine bizarre Steinlandschaft erschaffen. Ganz am Anfang des Weges liegt ein dicker, besonders eindrucksvoller Steinbrocken im Wasser. Weiter geht es dann durch einen alten Steinbruch zum imposanten Steinbogen von Tajao.

TOUREN-STECKBRIEF

Anfahrt: Über die TF-1, Ausfahrt 46, in Richtung Küste nach San Miguel de Tajao fahren. Nach einem Kilometer im Kreisverkehr die zweite Ausfahrt in die »Avenida Cabildo Insula« wählen. Nach 100 Metern können wir die Einfahrt zum Hafen nutzen, hier gibt es ausreichend Parkplätze bei **GPS N 28°06'34.2", W 16°28'11.0".**

Bus: Mit der Linie 111 von Los Cristianos oder Santa Cruz bis zur Haltestelle an der Autobahnabfahrt Tajao fahren. Von hier aus sind es 250 Meter bis zum Bogen, an dem wir dann in die Wanderung einsteigen können.

Anspruch und Charakter: Anfang und Ende der Tour führen über nahezu weglose flache Felsen. Solange man sich (besonders bei starkem Wind) weit genug von der Steilküste fernhält, sind alle Wege gefahrlos begehbar. Die weitere Strecke führt über gut erkennbare Wanderwege. Kein Schatten.

Highlights: Dünenartige Felslandschaft, imposanter Felsbogen.

Einkehr: Bars und Restaurants in Tajao.

In der Nähe: Piscina natural Punta Prieta, Felsbogen von Tajao, El Médano.

Wanderung: Unsere Wanderung beginnt am **Hafen von Tajao**. Von hier aus gehen wir zurück zur Einfahrt und biegen dann nach rechts auf den Weg ab, der am Parkplatz entlang führt. Nach dem leichten Versatz des Weges nach rechts stehen wir direkt über dem Meer an der Abbruchkante eines vor uns im Wasser liegenden **Felsbrockens** ①. Rechts von uns ist der zurückgebliebene Teil des Felsens zu sehen. Er wirkt wie eine steinerne Düne im Ozean. Während der Fels einst den Blick aufs Meer versperrte, sorgt er nun für ein beeindruckendes Panorama.

Der ursprüngliche Küstenweg ist mit dem Felsen ins Meer gestürzt, sodass unser Weg jetzt links den Hügel hinaufführt. Ein Pfad lässt sich meist erahnen. Als Orientierungspunkt dient uns hier ein **Telefonmast,** auf den wir zuerst zuhalten, um ihn dann auf der rechten Seite zu passieren.

Wir durchqueren eine **Senke** ②. Dort zweigt nach rechts ein Weg ab, der direkt an der Steilküste entlangführt. Dieser ist etwas schwieriger zu gehen und bei starkem Wind auch gefährlich. Generell lädt diese Stelle zum Pfadfinden ein, solange der Abstand zur Abbruchkante gewahrt wird.

Wenn wir auf dem Hauptweg bleiben und kurz wieder aufwärts steigen, gelangen wir an eine **T-Kreuzung** ③. Hier folgen wir dem Weg nach rechts Richtung Meer und erreichen nach etwa fünf Minuten den Beginn eines steinigen **Strandes** ④. Wer zuvor in der Senke rechts abgebogen ist, trifft genau hier wieder auf unseren Weg.

Wir biegen jetzt scharf nach links ab, können jedoch vorher noch kurz einen Abstecher zur Infotafel am »Hinkelstein« machen.

Dann folgen wir dem langsam ansteigenden Wanderweg. Oberhalb der Schlucht führt uns der Weg durch einen schmucklosen alten Steinbruch. Eine Infotafel berichtet über die Arbeit dort. Dann wird die Landschaft abwechslungsreicher und führt zwischen interessanten Felsformationen hindurch. Wir bleiben stets auf dem Weg am Rande der Schlucht. Links und rechts von uns wachsen »Tabaibas« (auf Deutsch Balsam-Wolfsmilch), die zwischen Dezember und Juni nach Regengüssen große Blüten entwickeln.

Nach insgesamt etwa 30 Minuten taucht der Felsenbogen **Arco de Tajao** ⑤ zu unserer Linken auf. Der Bogen genießt leider keinen Schutzstatus und kann somit von allen Seiten frei erforscht werden. Damit noch weitere Generationen in den Genuss

des Bogens kommen, möchten wir darum bitten, die natürliche Erosion nicht menschlich zu verstärken. Über die Entstehung der Felsformation wird auf einer weiteren Tafel informiert. Der Bogen bietet sich für eine Rast an, da er der einzige schattige Ort auf dieser Wanderung ist.

Direkt neben dem Arco de Tajao führt uns der deutlich erkennbare Weg nun abwärts dem Bett des Barrancos entgegen. Gleich nachdem wir dort unten angekommen sind, verlassen wir den Barranco wieder und wandern an seiner linken Seite zurück in Richtung Meer.

Nach 250 Metern passieren wir einen versandeten **Brunnen** ⑥ und gelangen wieder hinunter in den Barranco. Diesem folgen wir jetzt bis zum **Strand** ④. Über die Hügel gelangen wir auf unserem Hinweg wieder zurück zum Hafen.

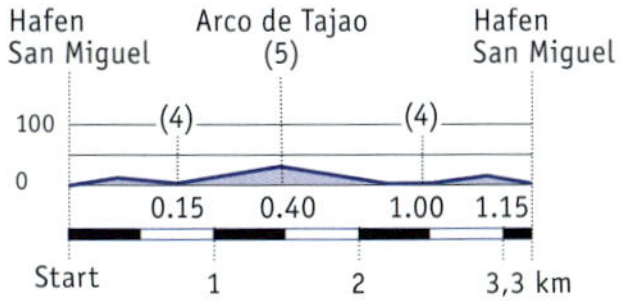

150 m

STRECKE 5,3 km

2 h

ab 6

Tour 31: Staudamm ohne Wasser

Ein Wanderziel für Junior-Forscher und Technikfans

Über weite Strecken ist diese Tour nicht außergewöhnlich, teilweise gar unansehnlich, aber das Ziel hat es insbesondere für Kinder in sich. Für unsere Kids ist es eines DER Wanderziele auf Teneriffa. Es geht zu einem stillgelegten, besser gesagt: nie in Betrieb genommenen Staudamm, der auch noch von innen zu begehen ist. Also Stirn- und Taschenlampen eingepackt und los geht das Abenteuer! Noch lange Zeit werden gerade die Jüngeren all ihren Freunden davon erzählen, wie sie die Staudammruine von innen und außen erforscht haben.

TOUREN-STECKBRIEF

Anfahrt: Über die TF-1 fahren, Ausfahrt 42 »Arico« nehmen. Der TF-629 für sieben Kilometer bis nach Arico folgen. Der dritten Ausfahrt im Kreisverkehr auf die TF-28 folgen. Nach fünf Kilometern erreichen wir »El Rio« und parken am Ortseingang rechts oder links an der Hauptstraße bei **GPS N 28°08'38.5", W 16°31'22.7"**.

Bus: Linie 111 von Los Cristianos oder Santa Cruz bis zur Autobahnabfahrt El Poris, von hier die 430 nach El Rio.

Anspruch und Charakter: Die Tour verläuft größtenteils auf Fahrwegen und guten Pfaden. Für die Erforschung des Staudammes von innen werden Lampen benötigt. Das Ende der Wanderung führt 400 Meter entlang der gehweglosen Hauptstraße.

Highlights: Die Staudammruine erforschen, tiefe Schlucht.

Einkehr: Keine.

In der Nähe: Charco El Barranco, Cueva del Hermano Pedro, Kletterschlucht.

Wanderung: Auf dem Vorplatz der Kirche **Parroquia San Bartolomé** ① beginnt unsere Tour. Wir folgen zunächst der Beschilderung zur »**Via de Aqua**« und gehen auf der **Calle San Bartolomé** 300 Meter steil bergauf. 50 Meter nachdem ein sandiger »Camino« nach links abzweigt, können wir die Straße nach rechts verlassen und eine Kurve abschneiden. Es geht den Hang hinauf, an einem **Picknickplatz** und zwei weißen Häusern vorbei. Der Weg führt nahezu über das Grundstück der Häuser, ist aber öffentlich. Die Hunde, die hier wohnen, sind laut, aber ungefährlich. Kinder sollten an dieser Stelle bei den Erwachsenen bleiben. Alternativ kann auch der Straße gefolgt werden.

Wir gehen nun für einen Kilometer erneut auf der Straße weiter bergauf. Bald eröffnet sich ein traumhafter Blick auf die Cañadas. Nach insgesamt 30 Minuten passieren wir ein weißes **Wasserbassin** ② und biegen direkt dahinter nach links in einen Sandweg ein. Dieser führt uns zunächst in einem Bogen um ein Privatgrundstück herum. Die Behausungen auf diesem Anwesen sind höhlenartig in den hier relativ weichen Fels gehauen. Der Weg wird dann schmaler und nach einem Links- und einem Rechtsknick befinden wir uns oberhalb der Schlucht. Hier genießen wir den Blick in die Tiefe.

Der Pfad führt nun oberhalb der Schlucht entlang und schon bald sehen wir auch den Staudamm. Wir bleiben immer rechts von der Wasserleitung. Dann geht es links die Felsentreppe hinunter und über die Mauer der **Staudammruine** ③. Auf beiden Seiten des Dammes ist nur sehr selten Wasser zu sehen. Auf der anderen Seite angekommen, können wir die Treppe links hinun-

terkraxeln oder wir folgen dem Fahrweg für knapp 150 Meter und gehen dann auf dem Abzweig zurück.

Das Tor ins Innere des Dammes ist nicht zu übersehen. Bitte niemals Kinder alleine hineingehen lassen und immer eine Lampe mitnehmen! Es befinden sich Treppen im Inneren des Tunnels. An die Wand gesprühte Pfeile weisen den richtigen Weg zurück zum Eingang.

Nachdem wir nun unsere Neugierde befriedigt haben, folgen wir dem Fahrweg direkt am Tor, bis wir nach etwa 40 Minuten an die Hauptstraße TF-28 gelangen. Etwa zehn Minuten bevor wir die Straße erreichen, überqueren wir einen **Wasserkanal** ④, hinter dem sich ein kleiner Pfad nach links befindet. Dieser Pfad führt zwar zurück zur Schlucht und ins Dorf. Man muss dabei aber über eine wenig vertrauenerweckende Brücke und durch einen auf öffentlichem Weg gebauten Carport.

Wir folgen daher ein kurzes Stück der Hauptstraße, bis wir am zweiten Abzweig nach rechts ausweichen können. Nun geht es noch zweimal nach links und wir sind wieder an unserem Ausgangspunkt angelangt.

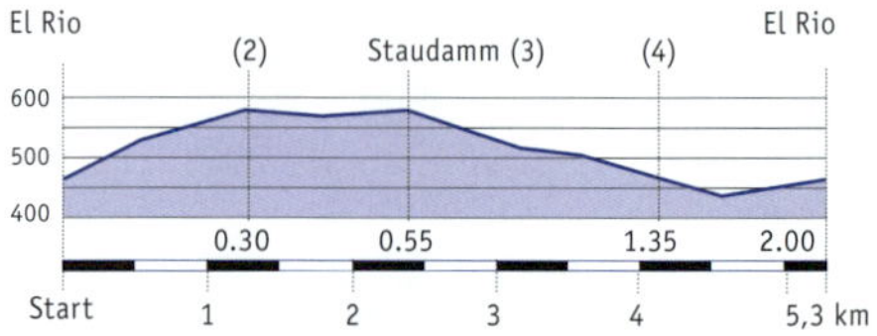

ral de Corona Forestal
Presa del Río
3
600
2
600
500
4
1
El Río
0
250
500 Meter

130 m

STRECKE 7 km

2 h 15

ab 6

Tour 32: Surfers Paradise

Am Strand von El Médano

Wer bei der Landung auf Teneriffa auf der richtigen Seite am Fenster saß, hat ihn wohl bereits gesehen: den »Montaña Roja«. Inmitten der kargen Landschaft um den Flughafen fällt er sofort auf. Am Fuß des Berges liegt die Bucht von El Médano. Hier spielt sich das bunte Treiben eines Surfhotspots ab. Wind-, Kite- und Foil-Surfer sorgen mit ihren farbigen Segeln und Kites vor dem blauen Atlantik und dem rotbraunen Berg für eine traumhafte Kulisse. Die charmate Altstadt von El Médano ergänzt das besondere Flair dieses Ortes sehr kontrastreich. Vom unbekümmerten jungen Surfer bis zum gelassenen alten Canario – in El Médano fühlen sich alle wohl. So treffen wir hier meist auf ganz unterschiedliche Menschen, was den Ort besonders spannend macht.

Wanderung: Wir beginnen die Wanderung am alten Hafen »Puerto del Médano« am südlichen Zipfel der Stadt. Zwischen der alten Hafenmauer und einer Kunstinstallation, welche die sieben größten Kanarischen Inseln darstellen soll, genießen wir den ersten Blick auf unser heutiges Ziel: den »Montaña Roja«. Davor tanzen die bunten Segel der Surfer.

Wir folgen der **Avenida José Miguel Galván Bello** etwa 250 Meter entlang des alten Hafenbeckens, welches bei Niedrigwasser fast leer ist. Dann erreichen wir die winzige **Playa Chica** ①. Unser Weg führt uns nun durch die liebenswerte Innenstadt von El Médano mit ihren Boutiquen und gemütlichen Restaurants. Anders als in anderen touristischen Orten ist hier ein ganz besonderer Charme erhalten geblieben. Zuerst gehen wir nach links in den »Paseo Marcial Garcia« und kurze Zeit später leicht links in den »Paseo El Picacho«, bis wir auf die **Plaza mit Spielplatz** und auf den beliebten, windgeschützten **Stadtstrand** treffen.

Wir folgen nun der Promenade, die nach wenigen Metern als Holzbohlenweg weiterführt, und stehen bald vor dem blauen Schriftzug **»El Médano«** ②. Die kleinen Cafés und Restaurants wecken schon jetzt Vorfreude auf eine Einkehr am Ende der Wanderung. Die Gastronomie weicht bald den vielen Surfschulen. Knapp 300 Meter später endet der Holzbohlenweg und wir laufen am Sandstrand weiter. Es geht immer an der niedrigen Begrenzung entlang und auf den »Montaña Roja« zu. Hier können wir die Surfer beobachten und uns von den spektakulären Sprüngen beeindrucken lassen.

Am Ende des Strandes müssen wir weglos auf die vor uns liegende Anhöhe gelangen, wo uns eine **Informationstafel und ein Wegweiser aus Holz** ③ erwarten, welchem wir Richtung **Playa La Tejita** folgen. Nun wandern wir auf dem gut erkennbaren, mit Steinen eingefassten Weg etwa 500 Meter geradeaus. Die Land-

TOUREN-STECKBRIEF

Anfahrt: Über die TF-1, Ausfahrt 55 »El Médano«, auf die TF-64 bis zum Ortsbeginn von El Médano fahren. Am Beginn der Bebauung links in die »Avenida Juan Carlos I« abbiegen und bis zum Ende fahren, im Kreisverkehr die erste rechts. Hinter dem großen Parkplatz links in die Avenida Maritima einbiegen und nach etwa 250 Metern einen Parkplatz bei **GPS N 28°02'41.2", W 16°32'03.0"** am Rand suchen.
Bus: Linie 470 von Los Cristianos.

Anspruch und Charakter: Erst führt der Weg über über gepflasterte Wege und Holzbohlenpromenade, später über sandige und fein schottrige Abschnitte. Der steile Anstieg erfordert kurzzeitig Kraft. Häufig sehr windig bis stürmisch.
Highlights: Bunte und aktionsreiche Unterhaltung durch die Surfer, toller Ausblick vom Berg, Strände.
Einkehr: Restaurants in El Médano.
In der Nähe: Playa Amarilla, Cueva del Hermano Pedro.

schaft ist hier sehr karg, lediglich die ausgewaschenen Gesteinsformationen und die startenden Flugzeuge sorgen für Abwechslung. Wir erreichen eine **Kreuzung** und folgen dem Pfad nach links, während der Weg nach rechts zu einem komplett deplatzierten kleinen Bauwerk führt. Es handelt sich um den **Tower des früheren Flugfeldes** ④, das bis in die Sechzigerjahre genutzt wurde.

Unser Weg hält auf den »Montaña Roja« zu und knickt nach knapp 100 Metern noch einmal leicht nach links ab. Er beginnt langsam anzusteigen und führt uns durch eine Landschaft mit Mini-Dünen. Der wehende Sand verfängt sich im Geäst der Büsche und wird so zu Hügeln geformt. Hier können Kinder prima im Sand herumtollen.

An der nächsten Kreuzung biegen wir rechts ab und laufen direkt auf den Hang zu. Der Weg wird nun felsiger, langsam steiler und führt geradeaus den Berg hinauf. Kleinere ebene oder abfallende Pfade nach links und rechts ignorieren wir. Nun heißt es Augen auf, da der Weg kurze Zeit später scharf nach links abknickt und weiter den Berg hinaufführt. An zwei Treppenstufen erkennen wir, dass wir auf dem richtigen Weg sind.

Wenig später befinden wir uns auf einem kurzzeitig etwas flacheren **Bergrücken**, ehe wir zum letzten Anstieg starten. Kurz vor dem Gipfel haben wir die Wahl zwischen einem luftigen Pfad an der Flanke oder der sicheren Passage über den Berggrat. Nach etwas mehr als einer Stunde erreichen wir den **Gipfel** ⑤, ein traumhafter Platz für eine Rast mit schöner Aussicht. Links an der Bergspitze vorbei führt noch ein kleiner Pfad zur Abbruchkante, für diesen Abstecher sind Trittsicherheit und Schwindelfreiheit zwingend erforderlich!

Unser Rückweg führt uns vom Gipfel zunächst auf gleichem Weg bergab. Nach etwa 15 Minuten gehen wir an einer **Kreuzung am Fuß des Berges** ⑥ geradeaus auf einem kleinen Pfad zum vor uns liegenden Hügel **Bocinegro** ⑦. Über die rechte Seite wandern wir auf dessen Gipfel. Dann führt uns der Weg vorbei an alten Weltkriegsbunkern, aus denen Soldaten das Flugfeld bewachten, wieder Richtung El Médano. Wir bleiben nun am Wasser und gehen über die Strände vorbei am Salzwassersee zurück bis zu unserem Ausgangspunkt.

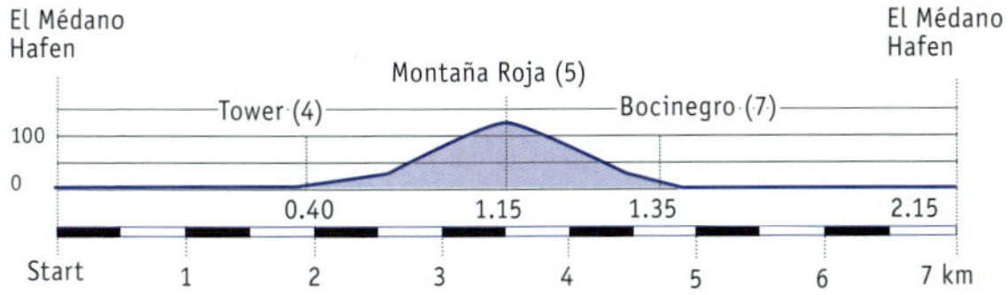

50 m

STRECKE 2,5 km

1 h 15

ab 4

Tour 33: Costa del Silencio

Die versteinerten Dünen

In dieser wüstenartigen Landschaft bei Costa del Silencio gibt es einiges zu entdecken. Die Highlights sind eine traumhafte Badebucht mit glasklarem, türkisem Wasser und der Blick hoch oben vom Berg über die Küste und die karge Landschaft des Südens. Außerdem kommen wir auch noch an ein imposantes Felsentor, an dem die Könner klettern. Es gibt faszinierende Felsformationen in verschiedenen Farben direkt am Meer zu bestaunen.

Wanderung: Los geht es bei der schmucken **Beach-Bar Mana Nui** ① an der **Playa Amarilla**. Von hier blicken wir bereits auf den gelben Vulkankegel. Wir gehen direkt auf den Berg zu, die kleine Lavasteinmauer an der Straße hat einen klar erkennbaren Durchlass. Nun geht es 50 Höhenmeter nach oben, der Weg hinauf zum Gipfel ist unübersehbar. Bereits auf der Hälfte der Strecke weitet sich der Blick auf die türkise Badebucht unter uns.

Nach etwa 15 Minuten erreichen wir den **Gipfel** ②. Hier ist der Ausblick wahrlich gigantisch. Er reicht bis zum neun Kilometer entfernten Montaña Roja und dem Flughafen links davon. Die anfliegenden Flugzeuge sind ein Highlight für die Kinder. Hier oben verzweigt sich der Weg, es geht links oder rechts um den Kraterrand herum. Wir entscheiden uns für die rechte Seite, da der Blick aufs Meer deutlich schöner ist.

TOUREN-STECKBRIEF

Anfahrt: Die TF-1, Ausfahrt 66 nehmen, am Kreisel Richtung Las Galletas fahren. Am Ortsausgang links Richtung Costa de Silencio halten. Parkplatz bei **GPS N 28°00'33.1", W 16°38'23.5".**

Bus: Linie 467 von Los Cristianos nach Costa del Silencio.

Anspruch und Charakter: Leichte Wanderung auf gut erkennbaren Pfaden. Der erste Anstieg auf den 50 Meter hohen Berg ist steil, der Abstieg deutlich moderater. Viel Lavageröll macht feste Schuhe erforderlich. Der Weg am Schluss ist gezeitenabhängig und nur bei niedrigem Wasserstand möglich, daher die Tidezeiten beachten! Der Weg führt an einer FKK-Badestelle vorbei.

Highlights: Bizarre Küstenformen, imposanter Steinbogen über dem Wasser, herrliche Ausblicke vom Montaña Amarilla, Baden in der kristallklaren, türkisfarbenen Bucht.

Einkehr: Bar »Mana Nui« am Ziel.

In der Nähe: Charco El Barranco, Cueva del Hermano Pedro, Banana Experience.

Deep Water Solo am Felsen von Silencio
Deep Water Solo oder auch Psicobloc bezeichnet das Klettern ohne Sicherung über tiefem Wasser, das Kletternde im Fall des Falles auffängt. Der Felsenbogen auf dieser Wanderung eignet sich hervorragend für geübte Kletterer. Kletterschuhe und Magnesiumpulver für einen guten Griff sollte man mitbringen. Die vom Magnesium weiß gefärbten Griffstellen zeigen die Beliebtheit dieses Spots.

Nach 150 Metern entfernt sich der Weg vom Kraterrand. Wir gehen nun in den Krater hinein bis zu einer offenen Stelle im Osten. Dort folgen wir dem Pfad an der **Gabelung** ③ erst nach links, dann wenige Meter später nach rechts hinab.

Der Weg ist an beiden Seiten mit Steinen eingefasst und geht treppenartig abwärts. Nach 100 Metern erreichen wir einen **Wanderkreisverkehr mit einem Steinturm** ④ in der Mitte, wir halten uns links. Die Landschaft ist sehr karg mit viel Lava-Geröll und niedriger Vegetation.

Der Weg führt weitere 150 Meter geradeaus, dann biegen wir rechts direkt Richtung Küste ab. Am Meer angekommen halten wir uns rechts. Der Weg schlängelt sich immer an der rauen Küste entlang. Abzweigungen ignorieren wir. Nach 200 Metern erkennen wir eine deutlich ins Meer ragende flache **Lavazunge**. Hier verlassen wir kurzzeitig den Wanderweg, um zu einem besonderen Platz zu kommen. Dazu klettern wir über die Felsen Richtung Lavazunge. Dort entdecken wir rechts einen bizarr geformten **Felsbogen** ⑤, der über dem Wasser zu schweben scheint. Davor befindet sich eine natür-

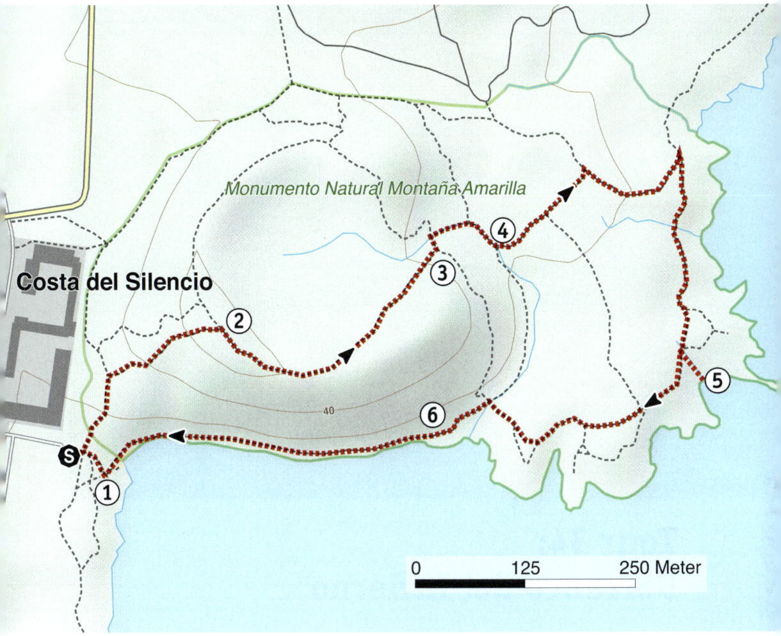

liche Plattform, die zu einem Picknick einlädt. Der Felsbogen ist bekannt als Kletterstelle für Deep Water Solo.

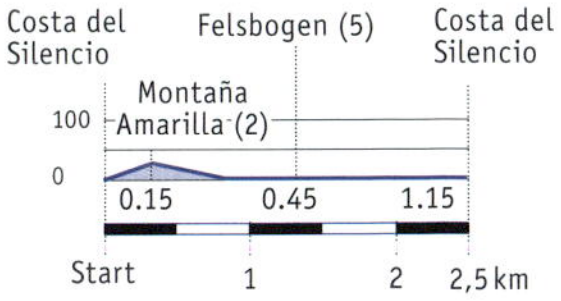

Weiter geht es auf dem Küstenwanderweg. Am Fuß des Berges biegen wir links auf den Pfad zur Küste ab. Dieser Weg ist gezeitenabhängig und nur bei niedrigem Wasserstand möglich, daher bitte die Tidenzeiten überprüfen. Bei hohem Wasserstand geht es von hier über den Berg zurück. Der Küstenweg führt direkt am Wasser an tollen **Felsformationen** ⑥ in verschiedenen Farben vorbei. Versteinerte Dünen, bizarre Felsen in Weiß bis Rotbraun sind auf dem gesamten Weg direkt am Meer entlang Richtung Ausgangspunkt zu bewundern. Hier bietet sich zum Abschluss ein Bad in der traumhaften Bucht an.

250 m

STRECKE 7 km

3 h 30

ab 6

Tour 34: Barranco del Infierno

Die Höllenschlucht von Adeje

Teneriffas Barrancos sind schroff, eng und tief. Dadurch sind Schluchtenwanderungen für Familien mit kleinen Kindern üblicherweise zu schwierig. Aber die Höllenschlucht mit fast 1.000 Meter hohen Felswänden drumherum ist auch für Kinder ab fünf Jahren möglich, denn sie ist gut zugänglich. Der Name »die Schlucht der Hölle« ist insbesondere im Bezug auf den schmalen Canyon, aber auch wegen der hohen Temperaturen im Sommer passend.

Wanderung: Bevor es losgeht, müssen wir uns anmelden und die Helme aufsetzen. Es gibt noch eine Sicherheitsunterweisung, wir bekommen eine Karte und schon können wir starten. Der Pfad ist immer gut erkennbar, verlaufen können wir uns in der engen Schlucht nicht. Zunächst geht es am Rand des Berges 100 Höhenmeter über teils gepflasterte Wege mit Felsstufen leicht bergauf. Schon von hier haben wir einen schönen Blick in die Schlucht hinein und mehrere Aussichtspunkte bieten die Möglichkeit für eine Pause. Infotafeln verraten uns allerhand über Flora und Fauna der Schlucht. Hier am Anfang entdecken wir mit Glück Falken oder Bussarde.

Nach zwei Kilometern geht es rechts ab und es beginnt der **Abstieg in die Schlucht** hinein. Kurz vorher werfen wir vom **Mirador Bailadero de las Brujas** ①, dem Aussichtspunkt der tanzenden Hexen, noch einen letzten Blick von oben in die Schlucht unter uns.

Reservierung nicht vergessen!
Der Zugang zur Schlucht ist auf 300 Personen am Tag begrenzt. Eine Online-Reservierung (ab 90 Tage im Voraus) ist dringend zu empfehlen.
€8,50, Kinder €4,25. Der obligatorische Leih-Helm ist im Preis enthalten.
www.barrancodelinfierno.es/de

Unten angekommen folgt der Weg dem Flussbett immer leicht bergan, stets am Bach entlang auf teilweise feuchtem und rutschigem Waldboden. Ab hier dürfen wir keine längere Pause mehr machen, denn die Schlucht ist sehr eng und der Fels hängt über.

TOUREN-STECKBRIEF

Anfahrt: Über die TF-1, Ausfahrt 80 (Adeje), dann immer den Schildern nach Adeje folgen. In Adeje kann man im Parkhaus Casa Fuerte bei **GPS N 28°07'25.4", W 16°43'31.2"** parken (€1,20/Stunde) und dann die Calle de los Molinos hinauflaufen.

Tipp: Bei Anfahrt mit der Familie erst direkt zum Eingang des Barranco fahren (GPS N 28°07'33.3", W 16°43'26.2"). Für Kinder ist der 300 Meter kurze, aber steile Weg vom Parkhaus schwieriger als die Wanderung. Ein Erwachsener fährt dann zurück zum Parkhaus. Mit Glück lässt sich auch einer der wenigen Parkplätze an der Straße ergattern.

Bus: Linie 447 von Los Cristianos.

Anspruch und Charakter: Leichte Wanderung auf gut erkennbaren Pfaden in einen tiefen und engen Canyon. Zuerst Felsen mit Treppen, dann teils feuchter Waldboden. Wegen des felsigen Weges am Anfang sind feste Schuhe mit rutschfester Sohle dringend empfohlen. Die Wanderung ist sehr beliebt, durch die Besucherbegrenzung aber nicht überfüllt.

Highlights: Tiefe, enge Schlucht mit fast 1.000 Meter hohen Felsen, interessante Flora und Fauna in der Schlucht.

Einkehr: Restaurant mit Außenterrasse und Blick auf die Schlucht am Start.

In der Nähe: Die Strände des Südens, Piscinas naturales Alcalá.

Diese Wanderung sollte man im Frühjahr oder Winter machen, so etwa von November bis April. Im Sommer ist es in der Schlucht unerträglich heiß. Im Frühjahr ist alles grün und das Froschkonzert ein sehr besonderes Erlebnis. Wir empfehlen eine Tour um 9 Uhr (frühestmögliche Zeit) zu starten, denn dann kommt einem auf dem Hinweg niemand entgegen.

Man möchte mit dieser Regelung das Verletzungsrisiko durch Steinschlag minimieren.

Die Vegetation ist spannend. Neben den üblichen Wolfsmilcharten finden wir hier auch Wacholder, Strauchpappeln, Pistazien und den seltenen Kanaren-Maytenus. Der Bach ist einer der wenigen, die ganzjährig Wasser führen. Daher ist die Pflanzenvielfalt einzigartig. Im Frühjahr ertönt in den Tümpeln ein Konzert von Tausenden Fröschen, die wir auch leicht erspähen können. Der Weg wechselt häufig von der einen Seite des Baches zur anderen und präsentiert den Barranco aus immer neuen Blickwinkeln.

Am Ende des Weges nach einem kurzen Aufstieg erreichen wir nach 3,5 Kilometern einen kleinen **Wasserfall** ②. Alpenliebhaber und Skandinavier mögen über den Wasserfall lächeln, für Teneriffa ist er etwas Besonderes. Nach diesem Anblick kehren wir auf demselben Weg zurück.

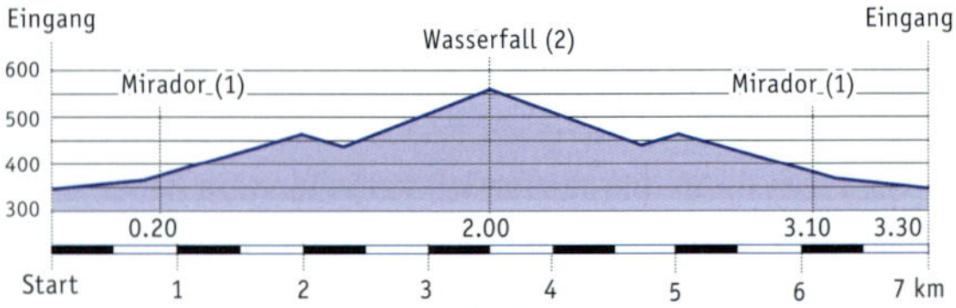

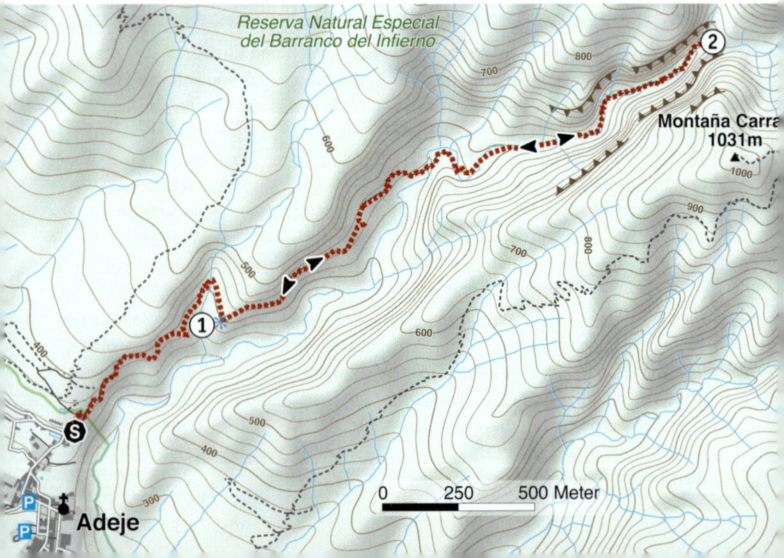

Tour 35: Traumbucht La Caleta

100 m

STRECKE 5,7 km

2 h 15

ab 6

An der Felsenküste von Strand zu Strand

Auch im touristischen Süden finden wir einen unbebauten, ursprünglichen und zauberhaften Küstenabschnitt. Die tief eingeschnittene Bucht von La Caleta lockt mit türkisem und glasklarem Wasser. Wir können gleich hier baden gehen oder an einem der schon beinahe einsamen Strände an der Strecke. Nach einer Einkehr in der Bar oder einem Picknick am Strand im kleinen Ort El Puertito geht es auf dem gleichen Weg zurück.

TOUREN-STECKBRIEF

Anfahrt: Auf der TF-1 Ausfahrt 79 Richtung Adeje nehmen, am Kreisverkehr nach Centro Commercial abbiegen. Am nächsten Kreisel ist La Caleta ausgeschildert. Am letzten Kreisverkehr vor den Hotels befindet sich der Parkplatz bei **GPS N 28°06'06.4", W 16°45'18.0".**
Bus: Linie 467 von Los Cristianos nach La Caleta.
Anspruch und Charakter: Einfache Wanderung auf gut erkennbaren Trampelpfaden im Lavageröll. Teilweise Holzbohlenwege. Viele Kakteen säumen den Weg. Zwei Anstiege pro Richtung von jeweils 25 Metern auf Felsen. Badesachen nicht vergessen!
Highlights: Traumhafte Badestellen, schöne Küste, viele Kakteen.
Einkehr: In La Caleta am Ausgangspunkt und in der Bar in El Puertito.
In der Nähe: Monkey Park, Kamelpark und Queseria.

Wanderung: Von unserem Parkplatz geht es gerade hinunter an die Promenade des **Playa el Muelle**. Dort lassen wir die wilde Küste auf uns wirken. Wir wenden uns nach rechts und folgen der Promenade durch eine kleine Gasse. Bald erreichen wir die **zweite Badestelle** ① des Ortes mit einem Kieselstrand.

Von dort wenden wir uns wieder dem Ort zu und gehen wenige Meter, bis wir eine **große Treppe** neben einer Ferienanlage erblicken. Hier geht es den Berg 25 Meter hinauf. Oben angekommen folgen wir geradeaus dem erkennbaren Pfad direkt in der kargen Felsenlandschaft mit viel Lavageröll. Wir passieren eine niedrige **Mauer** und erreichen den höchsten **Punkt** ②. Von hier aus genießen wir den Blick in die traumhafte Bucht »Los Morteros« mit türkisem und glasklarem Wasser. Die Boote, die hier ankern, scheinen förmlich zu schweben.

Der Weg führt nun deutlich erkennbar an der Steilküste entlang. In der Mitte des Felsens treffen wir auf einen **Wander-Kreisverkehr** ③, hier vereinigen sich viele Wege aus dem Ort. Wir nehmen den Weg leicht links, denn scharf links geht es sehr steil bergab. Für Kinder ist unser Weg deutlich einfacher, auch weil er teilweise mit einem **Holzbohlenweg** ④ angelegt ist. Am niedrigsten Punkt angekommen kann man nun zwischen einem Badestopp in der herrlichen **Bucht Playa de los Morteros** ⑤ und dem erneuten Anstieg wählen.

Wir heben uns das klare Wasser für den Rückweg auf und erklimmen den zweiten Felsen über einen gut erkennbaren, steilen Weg. Hier wachsen viele Opuntien (Feigenkakteen). Die Stacheln können sehr schmerzhaft sein, also Vorsicht. Oben angekommen geht es weiter geradeaus. Abermals haben wir einen herrlichen Blick über die Küste des Südens. Der Spot ist auch beliebt zum Wildzelten. Der vor uns liegende Weg ist von hier aus prima zu erkennen. Wir nutzen den sanft abfallenden Pfad auf halber Höhe, um zum **Strand Playa Diego Hernández** ⑥ hinunterzusteigen. Wer mag, kann natürlich auch die steileren Abstiege benutzen. Der Strand **[› Seite 197]** ist feinsandig und lädt zum einsamen Baden ein. Am Wochenende kann es hier aber auch voll werden, ein

Geheimtipp ist dieses Fleckchen Erde schon lange nicht mehr. Hinter dem weißen Felsen am Strandende befindet sich auch noch ein Kieselstrand, an man gut Steine ins Wasser werfen kann.

Weiter geht es leicht aufwärts zu einigen stillgelegten **Plantagen** ⑦. Auf der ersten Etage halten wir uns links und folgen dem Fahrweg. Nun geht es wieder auf ein kleines Plateau, von dem wir schon die Häuser von **El Puertito** ⑧ sehen. Über zwei Treppen gelangen wir durch die kleine Siedlung an den Strand. Hier können wir in der gemütlichen Bar einkehren oder am beliebten Schnorchelstrand nach Meeresschildkröten suchen. Der Rückweg ist identisch. Alternativ könnten wir auch per Taxi zurück nach La Caleta fahren.

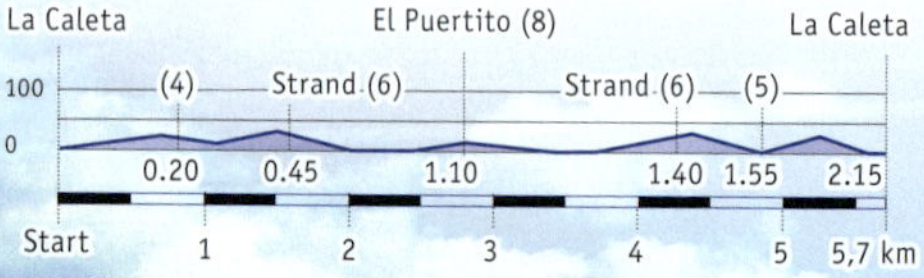

El Puertito
8
7
Golfplatz
100
6
Playa Diego Hernandez
4
5
3
Playa de los Morteros
2
La Caleta
P
1
S
0
250
500 Meter

1 Tag

ab 4

Tour 36: Whale Watching

Eine Bootstour ab Los Gigantes

Das Meer zwischen dem Teno und La Gomera gilt als sehr fischreich. Wo viel Futter ist, sind auch die Jäger nicht weit. In diesem Fall sind es diverse Arten von Zahn- und Bartenwalen. Es ist ein ganz besonderes Gefühl, die Grindwale und Delfine aus der Nähe zu beobachten. Wenn eine Walkuh mit ihrem Kalb auftaucht und uns direkt in die Augen schaut, erzeugt dies Demut vor dem Meer und seinen Lebewesen. Aber auch Freude, für einen Moment Teil dieses Lebensraums zu sein. Dies sind nur zwei der Emotionen, die uns heute begleiten.

TOUREN-STECKBRIEF

Anfahrt: Von Süden kommend von der TF-1 die Ausfahrt 87 »Playa San Juan« wählen, dann TF-46 folgen bis zum Kreisverkehr. Dort der zweiten Ausfahrt nach »Alcalá« und der TF-47 bis Los Gigantes folgen, nach dem Aussichtspunkt »Archipenque« der Beschilderung zum Hafen folgen. Von Norden kommend ist die Anfahrt über Tamaino und die TF-82 kürzer. Parkplatz am Hafen bei **GPS N 28°14'48.5", W 16°50'35.8"**.
Bus: Linie 477 von Costa Adeje, Linie 325 von Puerto de la Cruz.
Highlights: Bootstour, Wale und Delfine beobachten, schnorcheln vom Boot aus.
In der Nähe: Charco de Isla Cangrejo, Playa de los Guíos, Mirador Tancón.

Nachdem wir von der Kaimauer die großen Fische im Hafenbecken bewundert haben, spazieren wir an dieser entlang und entdecken bald die 14 Meter lange Segelyacht »Mugen«. Die Crew winkt uns heran und begrüßt uns herzlich an Bord. Schuhe aus, Sachen verstaut: die große Seefahrt kann beginnen.

Leinen los und ahoi! Wir verlassen den Hafen und drehen nach Backbord, La Gomera voraus, den Strand »Los Guíos« achtern. Schon bald können wir mit etwas Glück weit draußen die ersten Meerestiere bewundern. Fliegende Fische und Meeresschildkröten können jederzeit unseren Kurs kreuzen. Die Kinder sitzen im Ausguck und wir genießen ein kühles Getränk.

Dann taucht ein schwarzer Fleck in den ruhigen und gleichmäßigen Wogen des Atlantiks auf – und dann noch einer. Wir haben eine Schule Grindwale entdeckt! Oder ist es doch »nur«

Die Fahrt muss vorher online gebucht werden. Touren mit maximal acht Teilnehmern gibt es ab €65, Kinder €35. Private Chartertouren starten ab €350 für vier Personen, Essen und Getränke sind inklusive, Schnorchelausrüstung nicht. Einige Crewmitglieder sprechen Deutsch. Informationen und Buchung:
www.thirdelementcharters.com
Weitere Anbieter für Whale-Watching-Touren auf **[› Seite 39]**.

einen umherziehenden Hammerhai? Immer wieder tauchen nun Finnen auf. Meistens handelt es sich um Grindwale. Es können aber auch Bryde-, Sei-, Schnabel- oder »unechte« Schwertwale sein.

Laut wird das freudige Gekreische der Kinder, wenn die »Großen Tümmler«, besser bekannt als Delfine, auftauchen und anfangen steuerbords, backbords, achtern, vorm Bug oder überall gleichzeitig mit dem Boot zu spielen.

Die Erlebnisse verarbeitend nehmen wir nun Kurs auf die gigantischen Felswände des Tenos. Den Anker werfen wir vor der Bucht von Masca mit dem kleinen Naturstrand. Beim Schnorcheln dürfen wir nun noch die kleineren Meerestiere besuchen. Trompetenfische, Hornhechte, Tintenfische oder riesige Fischschwärme treiben sich um uns herum oder suchen unterm Boot ein schattiges Plätzchen. Das Badeerlebnis direkt von »unserem« Boot aus ist nicht nur für die Kinder ein wundervolles Erlebnis. Zurück an Bord beglückt uns der Smutje mit regionalen Köstlichkeiten, ehe es am Fuße der Felswände zurück zum Heimathafen geht.

Grindwal und Tümmler lassen sich leicht an der Form des Kopfes unterscheiden. Beide gehören zur Gattung der Delfine und leben in Gruppen von mehreren Tieren.

Während Tümmler etwa vier Meter lang werden, misst ein ausgewachsener männlicher Grindwal auch mal stolze acht Meter.

Von der Napfschnecke zum Wal
Unter Wasser ist tierisch viel los!

Vor allem die Meeressäuger haben es den Kindern und uns angetan. Hat man in der Heimat höchstens mit Schweinswalen, den kleinsten Vertretern der delfinartigen Wale zu tun, kann man hier auf eine deutlich größere Artenvielfalt treffen.

Die zur Familie der Delfine gehörenden Großen Tümmler und Grindwale sind in den Gewässern zwischen Teneriffa und La Gomera beheimatet. Die Großen Tümmler werden gemeinhin als »Delfin« bezeichnet und fallen durch ihre hohen und oft akrobatischen Sprünge auf. Gerne kommen sie auch mal zum Spielen zu den Booten. Die Grindwale sind deutlich ruhiger und ruhen sich mit Vorliebe an der Wasseroberfläche aus. Dann kann man den kompletten Rücken inklusive der sichelartigen Rückenflosse sehen. Beim Auftauchen stößt der Grindwal zunächst mit dem runden Kopf durch die Wasseroberfläche. Die Wölbung des Kopfes wird Melone genannt. Grindwale und Große Tümmler schlafen übrigens stets nur mit einer Gehirnhälfte, also auch immer nur mit einem Auge, sodass sie drohende Gefahr jederzeit erkennen können.

Nicht selten bekommt man auch noch den einen oder anderen Besucher zu sehen, wenn sich Schnabel-, Sei-, Brydewale oder gar ein »unechter Schwertwal« die Mägen in den fischreichen Gewässern vollschlagen. Der Sei- und der Brydewal gehören nicht zur Familie der Zahnwale, sondern zu den Bartenwalen. Sie jagen also nicht gezielt ein einzelnes Beutetier, sondern öffnen ihr riesiges Maul, füllen es mit Tausenden Litern Wasser und drücken es

Sieht man im Meer rund um Teneriffa einen richtig großen Wal, handelt es sich meist um einen Brydewal. Die Tiere sind zwischen zwölf und 14 Metern lang und wiegen bis zu 25 Tonnen. Sie sind dunkelgrau gefärbt, nur Kehle und Bauch sind meist etwas heller. Die Finne sitzt weit hinten am Körper. Brydewale leben in kleinen Gruppen und ernähren sich hauptsächlich von Schwarmfischen.

Brassen sind beim Schnorcheln rund um Teneriffa häufig zu sehen.

dann durch die wie ein Sieb funktionierenden Barten zurück ins Meer. Alles Essbare und leider auch viel Plastik bleibt dann in den Barten hängen.

Ebenfalls regelmäßig zu Gast an der Wasseroberfläche und nicht weniger aufregend sind die verschiedenen Arten von **Meeresschildkröten**, die allerdings sehr scheu sind und daher selten ganz aus der Nähe bewundert werden können. Aus der Ferne wirken sie eher wie ein auf dem Meer treibendes Stück Holz. Ein zu lautes Wort und sie verschwinden schnell wieder in die Tiefe des Atlantiks, wo sie bis zu drei Stunden bleiben können.

Überhaupt nicht aggressiv, sondern sehr scheu und nicht in Landnähe zu sehen ist der **Hammerhai**. Es ist ein imposantes Bild, wenn vom Boot aus die vielsagende Rückenflosse zu sehen ist. Sollte nun jemand ins Wasser fallen, würde er jedoch schnell flüchten, denn den Mythos des blutrünstigen Hais gibt es nur im Film.

Wer zudem das seltene Glück hat, einen der hier lebenden **Engelhaie** zu entdecken, würde diese sich von Weichtieren ernährenden, sehr friedlichen Haie vermutlich mit einem Rochen verwechseln. Während des Corona-Lockdowns im Frühjahr 2020 haben sich die Haie für einen kurzen Zeitraum die

Der Hammerhai sieht gefährlich aus, ist aber sehr scheu. Von ihm sieht man vom Boot aus meist nur die vielsagende Flosse.

sandigen Strände rund um das Anaga-Gebirge zurückerobert, wo sie mit der Schnauze durch den Sand pflügend kleine Krebse jagen konnten. Durch die zurückkehrenden Menschen wurden die »Engel« dann aber schnell wieder vertrieben.

Das wahre Leben im Wasser spielt sich aber nicht an der leicht zu beobachtenden Wasseroberfläche ab, sondern meist verborgen einige Meter darunter. Hier tummeln sich Fische in allen Farben. Zwischen Oberfläche und Grund finden sich Hornhechte und auch diverse **Schwarmfische**. Das Farbenspiel nahe dem Meeresboden und an den Unterwasserriffen wird bestimmt durch bunte Meerpfauen, rote Papageifischmännchen, an goldenen Streifen und goldener Schwanzflosse erkennbaren Goldstriemen und dunkelblau schimmernden Neon-Riffbarschen. Hier und da entdecken wir die langen Trompetenfische mit dem Zebrastreifen vor der Schwanzflosse oder gar einen **Tintenfisch**, der sich gut getarnt durch die Felsen schleicht. An den Felsen sind oft **Seegurken** zu sehen, die übrigens quasi durch den Po atmen.

In den Gezeitenzonen und den Charcos können wir den verschiedenen Krabbenarten beim Sonnenbaden zusehen. Wer genau hinschaut, entdeckt an den Felsen die wie Muscheln aussehenden **Napfschnecken**, die als »Lapas« auch auf vielen Speisekarten auftauchen. In vielen kleinen Tümpeln können wir Grundel- und Schleimfischarten beobachten, die auch gerne von einem Becken zum anderen springen. Am Boden der Becken verstecken sich häufig die stacheligen **Seeigel**.

Von Krabben und der portugiesischen Galeere sollte man lieber etwas Abstand halten.

Vorsicht ist geboten, wenn beim Baden das lila-bläulich schimmernde Segel der **portugiesischen Galeere** auftaucht. Die Tentakel dieser Quallen können schmerzende Verletzungen verursachen und bis zu zehn Meter lang sein. Glücklicherweise kommen sie nur sehr selten auf Teneriffas Südseite vor, was dann an einer Flagge mit lila Quallen erkennbar ist.

Die Gegend rund um den mächtigen Vulkan El Teide ist eine ganz eigene Welt. Hier oben in über 2.000 Metern Höhe scheinen wir weit entfernt von Realität und Zivilisation auf einem anderen Planeten angekommen zu sein. Sobald wir die Waldgrenze hinter uns gelassen haben, dominieren bizarre Lavaformationen in verschiedenen Farben die Landschaft. Lavaflüsse sind als solche klar zu erkennen, mächtige Felsformationen versperren den Blick und surreal geformte Steine bieten ein ganz besonderes Panorama. Ein Besuch ist unvergesslich. Die Caldera ist eine kesselförmige Struktur vulkanischen Ursprungs, die hier deutlich im Süden und Westen zu erkennen ist. Im Norden dominiert der Teide, mit 3.715 Metern der höchste Berg Spaniens.

Die Cañadas, wie die Region rund um den großen Vulkan genannt wird, lassen sich über vier Straßen erreichen. Sie starten auf der Westseite in Chio, im Nordwesten von La Orotava, im Norden von La

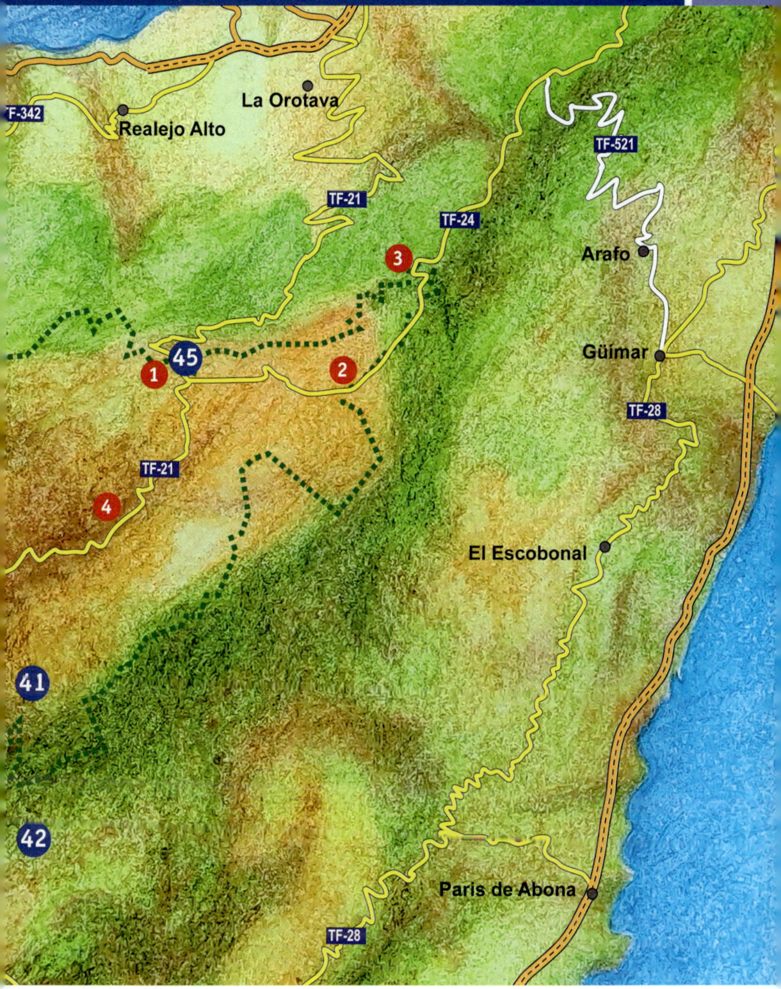

Laguna und im Süden von Vilaflor. Die Strecken sind allesamt landschaftlich wunderschön, führen durch verschiedene Klimazonen und bieten teilweise eine spektakuläre Aussicht. Die Anfahrt von Westen über die TF-38 ist die einfachste und schnellste Möglichkeit, in die 2.200 Meter hohe Caldera zu gelangen.

Ein Abstecher in den Nationalpark ist Pflicht bei einem Teneriffa-Aufenthalt. Den Status Nationalpark erhielt die Region bereits 1954, seit 2007 gehört sie auch zum Weltnaturerbe der UNESCO. Wer wenig Zeit hat oder Vulkane eher langweilig findet, sollte mindestens einmal quer hindurch fahren. Wer mehr Zeit hat, nutzt unsere Ausflugs- und Tourentipps. Am besten eignet sich eine Wanderung, um diese surreale Gegend auf sich wirken zu lassen. Im Besucherzentrum El Portillo gibt es auch eine Karte mit den 37 offiziellen Wanderrouten im Nationalpark.

Ausflugsziele in den Cañadas

1 El Portillo Besucherzentrum

GPS N 28°18'13.9", W 16°34'00.3"
Eine Besichtigung des Besucherzentrums ist, vor allem für Kinder, eine perfekte Einführung in die spezielle Landschaft der Cañadas. In einem kleinen Museum wird die Entstehung des Teide erklärt und wir bekommen viele Infos rund um den Vulkanismus und die typische Flora und Fauna dieser Region. Man betritt das Gebäude über einen künstlichen Magma-Kanal, den unsere Kinder ziemlich spannend finden. Im Kino des Museums wird ein sehenswerter Film auch in deutscher Sprache gezeigt. Im Außenbereich befindet sich ein botanischer Garten. Hier befindet sich auch der Start unserer [› Tour 45].
Geöffnet täglich 9–16.15 Uhr, Eintritt frei.

2 Observatorio Astronómico del Teide

GPS N 28°17'52.6", W 16°30'34.6"
Die Sternwarte auf Teneriffa gehört genau wie das Roque-de-los-Muchachos-Observatorium auf der Nachbarinsel La Palma zu den größten Observatorien der Welt. Die idealen Bedingungen hier in den Bergen auf 2.300 Metern Höhe haben schon Mitte des 19. Jahrhunderts Forscher auf die kanarischen Inseln gelockt. Heute sorgen spezielle Regeln, auch beim Flugverkehr, für gute Konditionen. Das erste Observatorium wurde hier 1964 errichtet. Mittlerweile konzentriert man sich auf Teneriffa verstärkt auf Sonnenbeobachtung und überlässt den Nachthimmel den Kollegen auf La Palma, wo es noch etwas weniger Lichtverschmutzung gibt. Das Sonnenteleskop ist das größte Europas und eines der leistungsstärksten weltweit. Ein neues Projekt der ESA erforscht hier derzeit die Erfassung und Kartographierung von Weltraumschrott mittels Laser, damit aktive Satelliten nicht beschädigt werden.
Die Anlagen können mit Voranmeldung besucht werden, es gibt auch Führungen in deutscher Sprache. Ab €21, Kinder 8–16 Jahre frei, für Kinder unter 8 Jahren kein Zutritt. www.volcanoteide.com

Wer das Observatorium einfach nur mal sehen möchte, kann mit dem Auto zum Aussichtspunkt des Berges Izaña fahren. Der tolle Ausblick von dort erstreckt sich über Sternwarte und Teide.

3 La Tarta

GPS N 28°20'03.5", W 16°29'24.7"
Direkt an der Straße von La Laguna in Richtung Teide findet sich diese einzigartige geologische Formation aus mehreren vulkanischen Gesteinslagen. Durch ihre unterschiedlichen Farben sind die einzelnen Schichten, die durch vulkanischen Ausstoß entstanden sind, sehr gut voneinander zu unterscheiden. Der Name »die Torte« ist auf diese Schichtung zurückzuführen. Vom Aussichtspunkt haben wir auch einen gigantischen Blick auf den Teide.

Die Cañada Blanca besteht aus weißem Bimsstein, der bei Lavaexplosionen entsteht.

4 Cañada Blanca

GPS N 28°15'56.3", W 16°35'18.8"

Die riesige vulkanische Sandbank eignet sich hervorragend, um nach Herzenslust umherzutollen und durch die Felsen zu klettern. Das ungewöhnlich helle Vulkangestein stammt aus dem einzigen dokumentierten Ausbruch auf Tenereffa, der explosionsartig verlief. Dabei warf der Berg Tonnen von Bimsstein aus. Dieser leuchtet im Licht der Sonne in verschiedenen Farben und erinnert ein wenig an eine Mondlandschaft. Und tatsächlich wurden hier Testfahrten des Mondrovers vorgenommen, wie auf der Informationstafel am Parkplatz zu lesen ist. Von hier haben wir auch einen schönen Ausblick auf die Vulkangebiete im unteren Teil der Cañadas.

5 Teleférico del Teide

GPS N 28°15'18.4", W 16°37'32.2"

Die Seilbahnfahrt auf den 3.555 Meter hohen Teide beginnt auf einer Höhe von 2.356 Metern. Dem Besuch des höchsten Bergs Spaniens widmen wir eine eigene **[› Tour 44]**.

Geöffnet täglich 9 – 17 Uhr, € 37, Kinder € 18,50. www.volcanoteide.com

6 Roques de García

GPS N 28°13'24.1", W 16°37'48.7"

Die Gesteinsgruppe Roques de García besteht aus teilweise sehr bizarr aussehenden Felsen in verschiedenen Farben und Formationen. Der bekannteste ist der als Turm geformte Roque Cinchado, der auch »Steinerner Baum« oder »Finger Gottes« genannt wird. Auch der große Felsen La Catedral und andere seltsam geformte Steine sind sehenswert. Am besten geht das auf unserer Rundwanderung **[› Tour 43]**. Wer nur wenig Zeit hat, kann von verschiedenen Aussichtspunkten, die mit Wegen und Treppen gut erschlossen sind, die Felsen betrachten. Der große Parkplatz ist wegen der Beliebtheit dieser Region oft überfüllt, alternativ können die Parkplätze gegenüber des Hotels Parador genutzt werden.

7 Zapata de La Reina
GPS N 28°12'38.5", W 16°39'21.9"
Der »Schuh der Königin« ist eine weitere felsige Laune der Natur. Der Lavafels hat die Form eines hochhackigen Schuhs und ist ein beliebtes Fotomotiv. Er befindet sich an einem Aussichtspunkt am Rand der großen Strauchebene »Llano de Ucanca« an der TF-21.

8 Museo Ethnográphico Juan Évora
GPS N 28°12'46.2", W 16°40'52.5"
Das kleine Museum informiert über die frühere Weidenutzung in den Cañadas und die Wohnsituation der Hirten. Es ist außerdem Startpunkt unserer [› Tour 40].
Eintritt frei.

9 Pino Gordo
GPS N 28°09'55.0", W 16°38'11.7"
Eine der größten Kiefern Teneriffas wächst etwas außerhalb des Nationalparks an der Straße nach Vilaflor. Die »dicke Kiefer« sticht deutlich hervor, ist über 45 Meter hoch und hat einen Stammumfang von 9,40 Metern. Sie steht direkt an der TF-42 und ist nicht zu übersehen.

10 Cueva de Samara
GPS N 28°16'21.7", W 16°44'11.5"
Die einfachste Möglichkeit, eine Lavaröhre von Innen in natura zu sehen, befindet sich an der TF-38 zwischen dem Nationalpark und Chio. Genau bei der »km 10«-Markierung führt leicht ansteigend ein etwa 100 Meter langer, unscheinbarer Pfad nahezu geradeaus ins leicht bewaldete Lavafeld. Neben dem großen Haupteingang gibt es auch noch kleine Löcher in der Lavakruste zu entdecken. Besonders für Kinder ist das Erlebnis sehr spannend.

11 Mirador de Chirche
GPS N 28°13'16.9", W 16°45'33.9"
Am schön gestalteten Aussichtspunkt in 974 Metern Höhe gibt es einen Kakteen- und Sukkulentengarten. Er bietet außerdem einen tollen Blick auf das Gebirge, die Küste und die Nachbarinseln La Gomera, La Palma und El Hierro. Das dazugehörige Restaurant stellt eine relativ preiswerte Möglichkeit, den Nationalpark-Tag mit einem guten Essen vor traumhafter Kulisse ausklingen zu lassen.
Geöffnet Di bis So 9–19 Uhr.

Sternenbeobachtung

An wenigen Orten der Welt sind nächtliche Himmelsbeobachtungen so spektakulär wie hier in den Cañadas. Der Mond, die Planeten, Satelliten, Kometen, Sternschnuppen, Galaxien und die Sterne in all ihren Konstellationen zeigen sich hier in einer unbegreiflichen Schönheit. Durch die hohe Lage, die klare Luft und die fehlende Lichtverschmutzung zeigt sich der Sternenhimmel in seiner ganzen Pracht. In jeder Minute gewöhnt sich das Auge mehr an die tiefe Dunkelheit und mehr und mehr Sterne kommen zum Vorschein. Neben Hawaii und der Atacamawüste in Chile gehören Teneriffa und La Palma zu den besten Plätzen für die Sternenbeobachtung auf unserem Planeten und sind daher ein Hot-Spot des Astro-Tourismus.

Egal ob wir den Himmel mit bloßem Auge, mit einem Fernglas oder mit einem Teleskop betrachten, der Anblick der Milchstraße wird sicher auch den Kindern im Gedächtnis bleiben. Um für Fragen nach den Sternbildern, Planeten oder dem Kosmos nicht unvorbereitet zu sein, empfehlen wir eine Sternkarte oder noch besser eine Kosmos-App (zum Beispiel Stellarium für iOS und Android). Durch den Kompass und die Bewegungssensoren des Smartphones ist dank AR-Technologie (Augmented Reality) jeder Stern und jeder Planet zielsicher zu sehen, die meisten Apps ermöglichen auch die Einblendung von Satelliten.

Neben der Technik sollten Picknickdecke, Essen, Getränke und warme Kleidung ins Gepäck. In den Höhenlagen der Cañadas wird es abends schnell bitterkalt. Sie werden vielleicht mehr Zeit hier oben verbringen als ursprünglich geplant!

Geeignet für dieses Event sind alle Aussichtspunkte im Nationalpark. Wir empfehlen einen Platz in der Llano de Ucana, hier hat man einwandfreie Sicht. Etwa eine Stunde vor Sonnenuntergang beginnen wir mit der Suche nach einem schönen Plätzchen. Im Winter empfehlen wir die Umgebung des Hotels Parador. Falls sich das Wetter schlagartig ändert, finden wir hier Schutz. Übrigens: An vielen Aussichtspunkten stehen Tafeln mit Informationen zum Teide und zum Sternenhimmel.

Aussichtspunkte im Nationalpark:

Aussichtspunkt Minas de San José
Info 1: Der Teide und die Sonne teilen sich ein vibrierendes Geheimnis.

Info 2: Landschaften anderer Planeten zum Greifen nah.

Aussichtspunkt Tabonal Negro
In welcher Zeit hat sich der Teide gebildet?

Aussichtspunkt Roques de Garcia
Die »Montes Tenerife« befinden sich auf dem Mond.

Aussichtspunkt Los Azulejos
Testfeld der Suche nach Beweisen für Leben auf dem Mars.

Aussichtspunkt Llano de Ucanca
Wäre der Teide ein Riese auf dem Mars?

Parkplatz Juan Évora-Museum
Ein Katalog von Eruptionen im Sonnensystem.

Wem die Augen oder der mitgebrachte Feldstecher nicht ausreichen, kann eine der zahlreichen Touren buchen, die mit großen Teleskopen besondere Erlebnisse versprechen. Einige Beispiele:

Observación de las Estrellas
Erstklassiges Teleskop mit 25-Zentimeter-Öffnung, 2,5 Meter Brennweite und automatischer Objektansteuerung. Führung auch in Deutsch.
€ 40, *www.astroamigos.com*

Discover Experience
€ 35, Kinder 4 bis 12 Jahre € 25,
Tel. 0034 683529350.
www.discoverexperience.com

Volcano Teide Experience
Diverse Touren ab € 49 pro Person. Teilweise inklusive Fahrt mit der Seilbahn bis zum Aussichtspunkt Pico Viejo. Empfehlenswert ist die Tour »Sunset and Stars« für € 99. Man erlebt den Sonnenuntergang auf der Bergstation inklusive Teide-Schatten, danach gibt es eine professionelle Sternenbeobachtung mit großen 23-Zentimeter- und 30-Zentimeter-Teleskopen. Führung leider nur auf Englisch und Spanisch.
www.volcanoteide.com

Canarias Nature Guides
€ 30, Kinder 4 bis 12 Jahre € 15,
Tel. 0034 626404899.
www.canariasnatureguides.com

Stargazing Experience-Tour
€ 85, Kinder 4 bis 12 Jahre € 65. Inklusive Abholung mit dem Bus vom Quartier, Picknick, Sekt und Sternenfotografie.
www.canariasrent.com/stargazing-experience-tour-tenerife

170 m

STRECKE 8,4 km

3 h 30

ab 6

Tour 37: San José de los Llanos

Wasser, Wald und Vulkane

Der Kontrast der sattgrünen kanarischen Kiefern zur tiefschwarzen Lava macht die Landschaft auf dieser Wanderrunde besonders eindrucksvoll. Die Bäume stehen vereinzelt mitten in der pechschwarzen Asche-Wüste, dahinter ragt der Gipfel des Pico del Teide auf und die Lavalandschaft der Cañadas entfaltet ihre ganze faszinierende Schönheit. Wir klettern über Lavaflüsse und wandern quer durch den Wald. Eine besondere Überraschung für die Kids ist dann der Kanal mit herrlich klarem Wasser.

TOUREN-STECKBRIEF

Anfahrt: Von Süden über die TF-82, von Santiago del Teide über den Erjos Pass fahren, von Norden ebenfalls über die TF-82 in Richtung Santiago del Teide. Bei Erjos auf die TF-373 in Richtung La Montañeta wechseln, dann bei San José de los Llanos abfahren und gleich rechts immer nach oben auf der Calle La Hoya bis zum Parkplatz bei **GPS N 28°19'21.7", W 16°47'15.2"** am Ende der Straße fahren.

Anspruch und Charakter: Leichte, gut ausgebaute und beschilderte Wege auf meist ebenem Boden. Nur bei den Lavaflüssen ist ein wenig Kraxelei nötig. Für eine Vulkanwanderung in solcher Höhe kommt diese Tour mit wenigen Höhenmetern aus. Durch die häufig auftretenden Passatwolken ist mit spontanem Wetterumschwung zu rechnen, entsprechende Kleidung mitnehmen!

Highlights: Vulkanlandschaft, Blick auf den Teide und La Palma.

Einkehr: Keine, Wasser kann am Kanal und am Rastplatz aufgefüllt werden.

In der Nähe: Ecomuseo, Playa de las Arenas in Buenavista, Playa de San Marcos.

Wanderung: Der Weg beginnt als Verlängerung der Bergstraße rechts vom Haus. Von dort geht es in den Kiefernwald, die »Corona Forestal« der Insel. Hier hängen auch immer mal wieder die Passatwolken fest und tauchen dann die Landschaft in undurchdringlichen Nebel. Dann sollte die Wanderung nur mit großer Vorsicht angetreten werden. Aber auch bei Sonnenschein können sich plötzlich Wolken bilden, Regen- und Fleecejacke gehören also immer in den Rucksack.

Nach 100 Metern wählen wir den linken Pfad (nicht dem TF-51 folgen). Es geht immer geradeaus, Kreuzungen und Abzweigungen ignorieren wir. Nach einem knappen Kilometer erreichen wir eine große **Wanderwegkreuzung** ①. Wir gehen direkt zum Schild und folgen dem Weg TF 43.1 in Richtung Chinyero. Jetzt geht es auf einem bequemen und gut erkennbaren Weg mit angenehmem Anstieg immer geradeaus quer durch den Wald. Der Weg ist mit Steinen gesäumt und mit gelb-weißen Markierungen gekennzeichnet.

Alle folgenden Kreuzungen überqueren wir geradeaus. Nach einem weiteren Kilometer erreichen wir die Baumgrenze, die hier so unerwartet kommt, dass wir fast erschrecken vor der plötzlichen Fernsicht. Der mächtige Pico del Teide im Hintergrund ist im Winter oft mit Schnee bedeckt. Links ragt der klar als Vulkan zu erkennende Montaña Negra empor, den wir gleich entgegen dem Uhrzeigersinn umrunden werden. Rechts sehen wir einen **Wasserkanal** ②. Er ist durch den hellen Beton im Kontrast zur Lava-Landschaft leicht zu entdecken. Oben auf der Leitung befinden sich Metallklappen, unter denen herrlich klares und frisches Wasser fließt. Wir können hier unsere Flaschen auffüllen und uns ein wenig abkühlen.

Mini-Vulkanrunde für die Jüngsten
4 km, ↓↑ 150 m, Gehzeit 2 h.
Der Start am Grillplatz »Arenas Negras« ③, der allerdings nur auf einer Schotterpiste zu erreichen ist, verkürzt die Wanderung auf den Rundweg um den Montaña Negra.

An einem **Abzweig mit Schild** verlassen wir kurz darauf den TF-43.1 und laufen links direkt am Fuße des Vulkans weiter, den

wir immer zu unserer Linken lassen. Der Pfad ist gut zu erkennen und durch wenig Höhenunterschiede leicht zu laufen. Alternativ können wir auf dem Kanal entlang wandern. Egal wofür wir uns entscheiden, wir werden mit einem traumhaften Panorama belohnt. Nach 1.000 Metern erreichen wir eine Schranke und verlassen direkt dahinter den Fahrweg auf den Wanderweg PR TF-43 Richtung Arenas Negras. 750 Meter weiter gelangen wir wieder auf einen Fahrweg und erreichen wenig später den Rast- und Grillplatz **Arenas Negras** ③ mit Feuerstelle, Kinderspielplatz und Picknickbänken. Dies ist ein schöner Ort für eine Pause.

Die große Vulkanrunde
14 km, Gehzeit 5 h 30.
Diese Wanderung lässt sich mit [› Tour 38] verbinden und zu einem Rundweg um zwei Vulkane erweitern. Wer an der Wasserleitung rechts abbiegt und den Schildern »Chinyero« folgt, kann zusätzlich noch diesen Berg umrunden.

Hier kreuzen viele Wanderwege, wir nehmen den Pfad ganz links unterhalb des Spielplatzes. Er ist dem Vulkan am nächsten und gelb-weiß markiert. Ein Schild ermahnt uns, immer auf den Wegen zu bleiben und den Vulkan nicht zu betreten. Der Berg bleibt weiterhin stets links von uns. Jetzt führt uns der immer schmaler

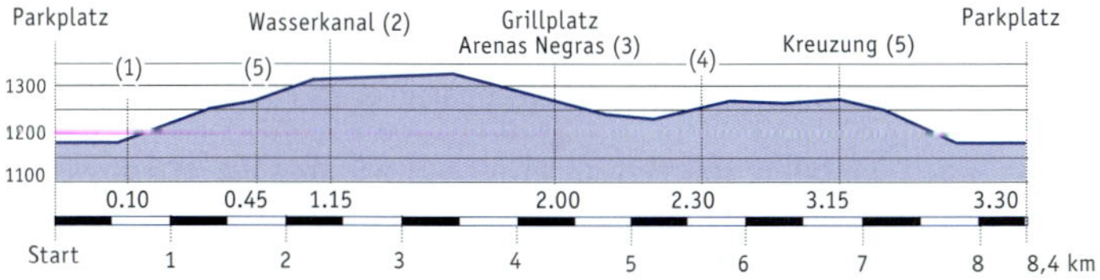

Unter dem Metalldeckel fließt klares Wasser durch den gemauerten Kanal.

werdende Weg über Vulkanasche, die beidseitig aufgereihten Steine machen den Wegverlauf trotzdem eindeutig. Nach einem knappen Kilometer treffen wir auf einen **Lavafluss** ④, an dem ein wenig Kletterei nötig ist. Hier kann man sich herrlich hinter großen Lavasteinen verstecken. Bei gutem Wetter können wir am Horizont problemlos die Nachbarinsel La Palma erkennen.

Nach weiteren 500 Metern erreichen wir diesmal etwas weiter nördlich die Baumgrenze und gehen geradeaus in den Wald hinein. Nach wenigen Minuten geht es zuerst links und am kurz darauf folgenden **Abzweig** ⑤ rechts. Nun befinden wir uns wieder auf unseren Hinweg, dem wir zurück zum Parkplatz folgen.

Tour 38: Rund um den Chinyero

200 m

STRECKE 8,3 km

3 h 30

ab 6

Kurz nach dem Ausbruch

Erdgeschichtlich gesehen ist er gerade eben erst ausgebrochen. Der Chinyero, den wir heute umkreisen, ist der jüngste Vulkan Teneriffas. Die Lavafelder des Chinyeros sind bisher nahezu unbewachsen und er liegt inmitten einer schwarz-roten Lavalandschaft, in die Pinienwälder leuchtend grüne Akzente setzen. Am Anfang der Wanderung können wir im Wald die blauen Teydefinken beobachten, wenig später spüren wir förmlich die gewaltige Kraft der Lava inmitten eines 500 Meter breiten Lavaflusses, auch wenn dieser schon seit über einem Jahrhundert erstarrt ist.

Wanderung: Vom **Mirador Los Poleos** geht es zunächst links der Hauptstraße bergauf bis zum Hinweisschild auf der linken Seite. Statt weiter der Straße zu folgen, nutzen wir den Fahrweg ne-

TOUREN-STECKBRIEF

Anfahrt: Über die TF-1 fahren, Abfahrt auf TF-82 »Chio / Tamaimo«, im Kreisverkehr auf die TF-82 Richtung »Chio« einbiegen. Nach einem Kilometer links Richtung »El Teide« auf die TF-38, dann gleich wieder rechts und auf der TF-38 bleiben. Nach 13 Kilometern auf der TF-38 befindet sich unser Ziel, der Mirador »Los Poleos«, links und rechts der Straße. **GPS N 28°16'50.6", W 16°46'03.0".**

Anspruch und Charakter: Der Weg ist stets in einem guten Zustand, beim Lavafluss etwas geröllig und bis kurz vor dem Ende immer leicht zu finden.

Highlights: Lavafluss, Panorama.

Einkehr: Keine.

In der Nähe: Piscinas naturales Alcalá, Cueva de Samara, Mirador de Chirche.

benan. Dieser führt bald wieder zur **Straße** hinauf und sogleich wieder in den Wald hinein, wo er nach etwa 150 Metern bei einer sehr dicken Pinie in einen Pfad mündet.

Über einen kleinen **Lavastrom** ① führt er uns auf eine Forststraße. Dieser folgen wir nach links und laufen für weitere fünf Minuten, vorbei am Schild »Naturpark Chinyero«, in den Wald hinein. An der Stelle, wo sich die Straße gabelt, stehen neben uns **zwei große Pinien**. Wir gehen zwischen ihnen hindurch und verlassen am gleich darauf folgenden **Abzweig** ② die Piste nach rechts auf den gelb-weiß gekennzeichneten ansteigenden Wanderweg.

Fortan schlängelt sich unser Weg durch den Wald stetig den Berg hinauf. Mit etwas Glück und Ruhe können wir die hier endemischen Teydefinken zwischen den Pinien beobachten. Das Federkleid der Männchen schimmert blau in der Sonne. Wir gelangen nach etwa 15 Minuten an eine **T-Kreuzung** ③ und setzen unseren Anstieg nach links fort. Kurz darauf erreichen wir den höchsten Punkt und zwischen den Pinien ist der Chinyero zu erkennen. Der Weg verläuft nun nahezu eben. Weitere 15 Minuten später überrascht uns ein kurzer Gegenanstieg, an dessen Ende wir einen perfekten **Rastplatz** ④ mit einer sehr dicken, schattenspendenden Pinie und einer Bank aus Natursteinen vorfinden.

Anschließend führt uns der Abstieg an einen Fahrweg, den wir geradeaus überqueren. Wir folgen dem Wegweiser »Circular Chinyero« und verschwinden bald wieder im Wald. Etwa fünf Minuten später halten wir uns an das **Hinweisschild »Betreten des Berges verboten«** und ignorieren den nach links führenden Pfad. Unser Weg verläuft geradeaus weiter und ist mit Steinen markiert, steigt zeitweilig wieder an und hat nun auch mal Abschnitte mit Geröll. Der Wald wird spärlicher und es

geht durch eine Lava-Kiesel-Landschaft mit nahezu solitär stehenden Pinien. Der Weg ist weiterhin einfach zu erkennen und er führt bis auf einen kleinen Schlenker in einer langgezogenen Linkskurve um den Chinyero herum. Knapp 20 Minuten nach der Abzweigung mit dem Schild haben wir einen fabelhaften **Ausblick** ⑤ auf den Pico del Teide und auf den Chinyero. Felsbrocken, die als Sitzgelegenheit dienen, laden zum Rasten ein.

Der Weg verläuft nun mit leichtem Rechtsdrall und stößt bald an eine **Piste** ⑥. An dieser Stelle bietet sich die Gelegenheit, diese Wanderung mit der **[› Tour 37]** zu verbinden, hierzu der Beschilderung Richtung »Arenas Negras« folgen.

Wir biegen nach links auf die Piste ab. Nach etwa 80 Metern verlassen wir sie in einer Rechtskurve wieder nach links auf einen leicht ansteigenden Pfad. Wir queren einen Fahrweg und finden uns kurz darauf im ersten Ausläufer eines riesigen Lavastroms wieder, dessen aufgebrochene Schollen zum vorsichtigen

Die große Vulkanrunde
14 km, Gehzeit 6 Stunden.
Diese Wanderung kann mit **[› Tour 37]** verbunden und zu einem Rundweg um zwei Vulkane erweitert werden. Hierzu einfach bei Punkt ⑥ der Beschilderung nach »Arenas Negras« folgen.

Klettern verlocken. Nun geht es noch einmal durch den Wald und dann liegt er direkt vor uns: der gigantische Lavastrom, den der Ausbruch im Jahr 1909 hinterlassen hat. Die nächsten 500 Meter führt uns der Pfad mitten durch diese tödliche Urgewalt aus scharfkantigen Spalten und kleinen Schluchten. Mittendrin ragt ein **Lavafels ⑦** empor. Man kann die glühende Lava fast fühlen, die Hitze auf der Haut spüren und könnte sich gut vorstellen, dass der Boden unter den Füßen schmilzt.

Auf der anderen Seite angekommen folgen wir dem Fahrweg nach links und biegen nach etwa 500 Metern am nächsten **Ausläufer des Lavastroms ⑧** scharf nach rechts ab. Nun folgen wir der Piste oberhalb der Lava bergab durch den Wald.

Während wir den »Montaña Los Poleos« umrunden, schweift der Blick über das Teno-Gebirge und La Gomera. Nach weiteren zehn Minuten befindet sich rechts neben der Weggabelung ein **Loch ⑨ im Boden**. An dieser Stelle wählen wir den nicht markierten Fahrweg nach links, der nach 50 Metern wieder stetig ansteigt.

Nur 150 Meter später endet die Piste und unser weiterer Weg ist auf den ersten Blick nur schwer zu erkennen. Wir suchen den mit Piniennadeln bedeckten Trampelpfad auf der linken Seite und setzen unseren Aufstieg fort. Etwa zehn Minuten nach dem Erdloch macht der Pfad einen Versatz nach links. Kurze Zeit später, nach etwa 100 Metern, zweigt ein deutlich erkennbarer Weg nach rechts ab, den wir jedoch ignorieren. Während sich nun bald der Teide zwischen den Nadeln der Bäume zeigt, müssen wir uns nach weiteren 100 Metern auf den Weg konzentrieren, denn die nun folgende Abzweigung ist ebenfalls schwer zu erkennen.

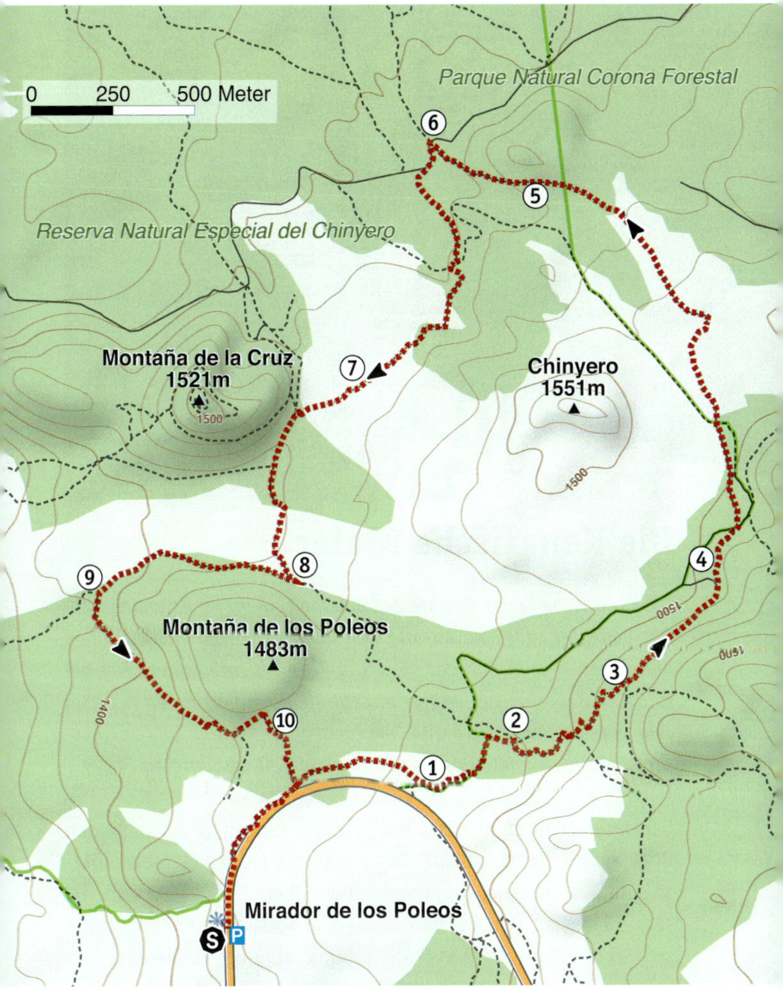

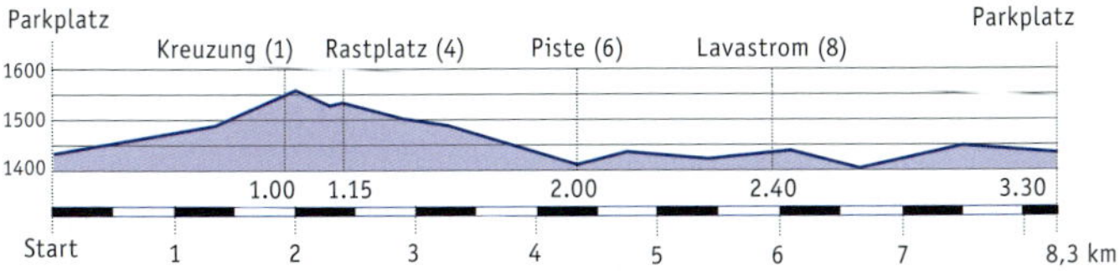

Wir folgen dem sporadisch mit Steinen gesäumten Pfad nach rechts und halten auf einen etwa **sechs Meter hohen Fels** ⑩ zu. Diesem weichen wir nach rechts aus, passieren bald ein kleines Lavafeld, ehe der Pfad noch mal einen Schwenk nach links macht. Bald ist die Straße zu erkennen. An dieser angekommen geht es rechts herum für knapp zehn Minuten auf unserem vom Hinweg bekannten Weg bis zum Mirador Los Poleos.

Die Kanarische Kiefer

Die kanarische Kiefer ist eine Besonderheit, denn sie ist endemisch. Das bedeutet, dass sie nur auf den Kanaren vorkommt. Mit ihrem mächtigen Stamm und der dicken, grauen bis rotbraunen, tief gefurchten Borke ist sie unserer in Zentraleuropa bekannten Art aber sehr ähnlich. Auch die breite, unregelmäßig und wild umher wachsende Krone erinnert uns an den bei uns weit verbreiteten Baum.

Der Unterschied zeigt sich beim Blick auf die Nadeln, denn diese sind extrem lang, dünn und sehr biegsam. Der Baum hat sich an das Klima der Vulkaninseln angepasst. Die Nadeln »melken« den Nebel, der häufig in den höheren Lagen des Nordens in den Bergen hängt. Biologisch nennt man diesen Vorgang »auskämmen«. Der feuchte Passatwind wird auf seiner langen Reise über den Atlantik an den Bergen plötzlich über 2.000 Meter in die Höhe getrieben. Er kühlt dabei stark ab und kondensiert zu dem auf Teneriffa so bekannten »Mar de Nubes« – dem Wolkenmeer. Auch wenn es wenig regnet, die Feuchtigkeit aus den Wolken reicht der Kiefer völlig aus. Sie sammelt sich auf den langen Nadeln und wer

An den langen Nadeln der Kiefer kondensiert der Nebel. So produziert der Baum aus tiefhängenden Wolken seinen eigenen Regen.

im Nebel unter einer kanarischen Kiefer steht, wird schnell bemerken, dass diese ihren eigenen Regen produziert. Stetig tropft es von den Nadeln und die Kiefer versorgt sich so selbst mit Wasser.

Noch einer Besonderheit verdankt die Kiefer ihr Überleben in diesem trockenen Lebensraum: Sie ist praktisch feuerfest. Die großen Exemplare haben eine stark gefurchte und in schuppigen Platten aufgerissene Rinde mit bis zu 50 Schichten. Den hier oft vorkommenden Waldbränden widersteht dieses Wunder der Natur, indem seine Borke in den Flammen verkrustet. Dank dieses Schutzmechanismus verbrennen zwar Nadeln und kleine Äste, aber der Baum selbst bleibt intakt. Deshalb treibt er nach dem Feuer an Stamm und Ästen wieder aus und seine »schlafenden Knospen« erwachen.

Das Holz der Kanarischen Kiefer war jahrhundertelang wegen seiner Härte ein sehr beliebtes Baumaterial. Nachdem die Bäume auf Teneriffa vor nicht allzu langer Zeit nahezu abgeholzt waren, kommen sie mittlerweile wieder in großer

Der Eukalyptusbaum: Ein Gast aus Australien

In den Kiefernwäldern finden wir auch einen Besucher aus Australien: den Eukalyptusbaum. Er ist hier nicht heimisch und so schön er anzusehen ist, bedroht er durch seinen schnellen Wuchs, seinen hohen Wasserbedarf und seine schnelle Vermehrung die heimischen Gewächse. Die Bäume sind einfach zu erkennen, da sich ihre rotbraune Rinde beim Wachsen vom Baum abschält und in langen Streifen zu Boden fällt. So finden wir unter den mächtigen, bis zu 40 Meter hohen Bäumen eine Unmenge an Rindenschale und können ihn damit leicht entdecken. Die länglichen, teils gewellten Blätter sind dunkelgrün, die Unterseite hellgrün gefärbt. Auch der Eukalyptus übersteht Feuer, seine Wurzeln und Samenkapseln profitieren sogar davon. Die Samenkapseln sehen aus wie kleine Knöpfe, riechen deutlich nach Hustenbonbons und können unter den Bäumen gesammelt werden.

Zahl rund um die Insel vor. Die meisten stehen in der »Corona Forestal« in einer Höhe von rund 1.000 bis 1.500 Metern. Zum einen gibt es diverse Aufforstungsprogramme, zum anderen ist die Kiefer inzwischen geschützt und der Wald wird nicht mehr forstwirtschaftlich genutzt.

Die kanarische Kiefer ist üblicherweise bis 25 Meter hoch und kann einen Durchmesser von über einem Meter erreichen. Es gibt auch einzelne größere Exemplare, die größte Kiefer auf Teneriffa ist 60 Meter hoch und hat 265 Zentimeter Durchmesser.

Auf unseren Bergwanderungen **[› Tour 18, 19, 21, 37, 38]** treffen wir auch auf Kanarische Kiefern. Junge Bäume sehen aus der Ferne oft aus wie Tannen, denn ihre Äste sind regelmäßiger geformt als die älterer Bäume. Einzeln stehende Kiefern in höheren Lagen sind oft imposante Exemplare und in den schwarzen Lavafeldern besonders hübsch anzusehen.

Tour 39: Mirador de Sámara

220 m

STRECKE 5,3 km

2 h 15

ab 6

Im Sommer heiß, im Winter weiß

Unterschiedlicher kann sich eine Wanderung im Laufe der Jahreszeiten kaum präsentieren. Wer diese Tour im Sommer macht, wird in kurzer Hose und mit Schweiß auf der Stirn die unterschiedlichen Farben der Lava vor blauem Himmel bewundern. Ganz anders die Wandernden im Januar, die sich mit etwas Glück an der weißen Schneepracht mit den durchscheinenden Farben der Lava und den weiß gepuderten Pinien erfreuen können. Aber egal zu welcher Jahreszeit: Die Vulkankulisse vor dem imposanten Pico del Teide und dem Pico Viejo ist immer spektakulär.

TOUREN-STECKBRIEF

Anfahrt: Von der TF-1 an der Abfahrt »Chio/Tamaimo« auf die TF-82 wechseln. Im Kreisverkehr der TF-82 in Richtung »Chio« folgen und nach einem Kilometer links in Richtung »El Teide« auf die TF-38 abbiegen. Dann geht es gleich wieder rechts und wir bleiben auf der TF-38. Nach 21 Kilometern auf der TF-38 befindet sich unser Ziel, der »Mirador de Sámara« auf der linken Straßenseite bei **GPS N 28°16'00.0", W 16°43'34.2".**

Anspruch und Charakter: Der Weg führt meist über feines Lavagestein. Die Anstiege sind größtenteils gleichmäßig, die Wege gut zu erkennen. Der Abstieg ist für etwa fünf Minuten anspruchsvoll und teilweise geröllig. Sonnenschutz ist obligatorisch.

Highlights: Spektakuläres Vulkan-Panorama, riesiger Lavakanal, Blick über das Teno-Gebirge bis nach La Palma.

Einkehr: Keine.

In der Nähe: Piscinas naturales Alcalá, Cueva de Samara, Mirador de Chirche.

Wanderung: Am **Mirador de Sámara** beginnen wir die Wanderung und gehen hinunter zu dem mit Steinen eingefassten Weg. Bei der ersten Gelegenheit nach etwa 30 Metern biegen wir auf den deutlich erkennbaren Weg nach rechts ab, lassen den »Sámara« hinter uns. Nun befinden wir uns auf dem Rundweg um den **Montaña de Botija,** der in regelmäßigen Abständen mit Schildern »S 13« gekennzeichnet ist.

Nach fünf Minuten erreichen wir einen kleinen **Felsriegel**, der bestens zum Klettern geeignet ist. Der Weg beginnt nun anzusteigen und führt an einer **Wetterstation** zu unserer Rechten vorbei. Mit zunehmender Steigung endet auch vorübergehend die Einfassung mit Steinen, was der Erkennbarkeit des Weges aber keinen Abbruch tut.

Nach 700 Metern gelangen wir an eine **Weggabelung** ① und setzen unseren Weg auf dem »S 13 – Cuevas Negras« nach links fort. Es folgen nun immer wieder Stücke mit stärkeren Steigungen, aber auch flache Abschnitte. Bald passieren wir die vorerst letzte Pinie. Unser Weg befindet sich zwischen dem Berg zu unserer Linken und dem Lavastrom zur Rechten.

Rund 50 Minuten nach dem Start erreichen wir eine weitere **Gabelung mit Schild** ② und gleichzeitig den Wendepunkt der Wanderung. Bevor wir jedoch unseren Weg nach links weiter um den Berg herum fortsetzen, können wir diesen Platz für eine Rast nutzen und dabei den Blick in den Vulkankrater des **Volcán Reventada** und auf den farbenfrohen Lavastrom neben uns genießen. Eine einsame Pinie leistet uns dabei Gesellschaft.

Leicht absteigend führt uns unser Weg oberhalb des Lavastroms am Berg entlang. An einem Abzweig nach etwa 800 Metern halten wir uns links und folgen dem deutlichen Weg aufwärts. Am **höchsten Punkt** ③ belohnt uns ein atemberaubendes Panorama für den Aufstieg.

Der nun folgende kurze **Abstieg durch Geröll** erfordert höchste Konzentration und ist für Erwachsene scheinbar schwieriger als für Kinder. Der Weg schlängelt sich immer weiter in Richtung Sámara und erreicht bald wieder die ersten Pinien. Wir bleiben stets auf dem Hauptweg und gelangen kurz vor dem Sámara an eine **Gabelung** ④. Geradeaus geht es zu einem grünen Schild und zum Aufstieg auf den Sámara, links kämen wir auf direktem Weg wieder zu unserem Ausgangspunkt. Wenn die Kraft noch reicht, erklimmen wir erst den Vulkan – 50 Höhenmeter sind es

bis zum Kraterrand. Wer es bis nach oben schafft, wird mit einem schönen Rundum-Panorama belohnt. Am Kraterrand führt ein Pfad entlang, der uns bis zum **südlichen Gipfel des Sámara** ⑤ führt. Für den Abstieg nutzen wir den gleichen Weg und wählen dann beim **Hinweisschild** ④ den Weg rechts hinunter zum Ausgangspunkt.

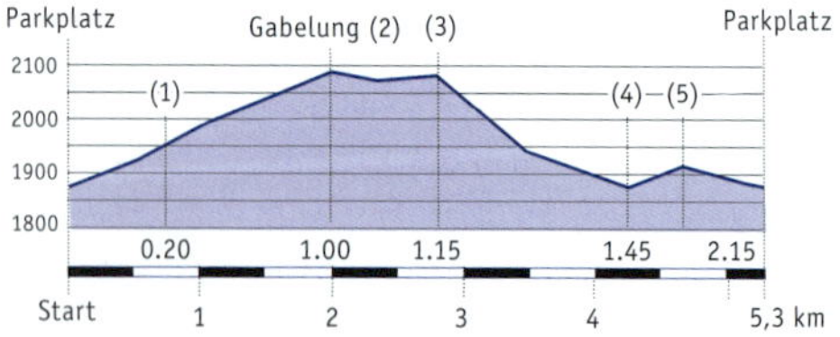

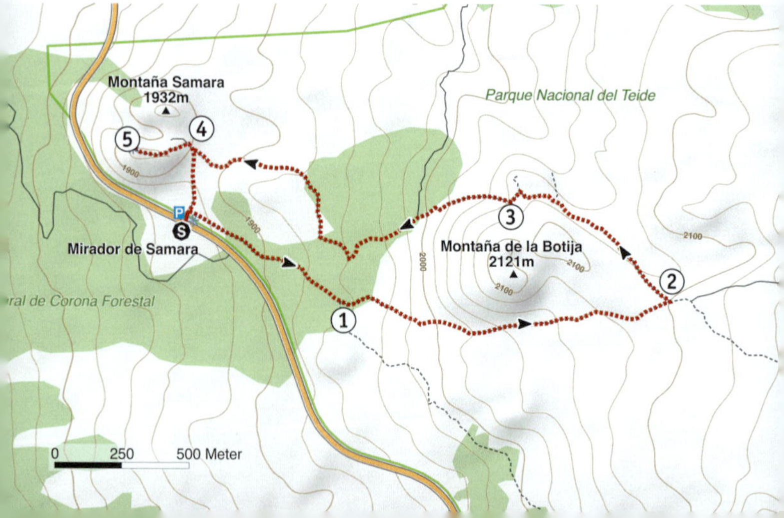

Tour 40: Boca Tauce

50 m
STRECKE 7,6 km
2 h 45
ab 6

Die wilden Berge

Was passiert mit einem Berg, wenn er älter wird? Wir befinden uns in 2.000 Metern Höhe, Nachtfrost ist hier keine Seltenheit. Die Ergebnisse der Frostsprengung liegen quasi zu unseren Füßen. Das Gesicht der Berge hier oben altert von Jahr zu Jahr. Entlang unserer Tour liegen überall die Zeugen der meist nächtlichen Ereignisse. Große und kleine Felsbrocken laden links und rechts des Weges zum Klettern ein. Über den Lavastrom der »Narices del Teide« (Nasen des Teides), der beim letzten Ausbruch im Jahr 1798 entstanden ist, und durch Teideginster-Sträucher führt uns der Weg an den Resten des sich ständig verändernden Riesenvulkans entlang.

TOUREN-STECKBRIEF

Anfahrt: Von Vilaflor über die TF-21 in den Nationalpark fahren und beim ersten freien Blick auf den Teide beim Museum »Juan Evora« den Parkplatz nutzen bei **GPS N 28°12'45.6", W 16°40'52.4".** Ebenfalls möglich ist die Zufahrt zum Nationalpark von La Orotava auf der TF-21 oder von Chio auf der TF-38 bis nach »Boca Tauce« und weiter zum Parkplatz »Juan Evora«.
Bus: Linie 342 von Los Cristianos zum Boca Tauce.
Anspruch und Charakter: Die Wanderung folgt gut erkennbaren Wander- und Fahrwegen. Wegen des gelegentlichen Lavagerölls sind feste Wanderstiefel empfehlenswert. Sonnencreme nicht vergessen!
Highlights: Alpin wirkende Gebirgskette, Lavastrom, Teide-Kulisse.
Einkehr: Keine.
In der Nähe: Roques de García, Pino Gordo, Cueva de Sámara.

In Juni ragen die riesigen Blüten der Tajinaste aus dem weißen Blütenmeer, mit dem der auf den Kanaren endemische Teideginster die Landschaft überzieht.

Wanderung: Am Ende des Parkplatzes vor dem Museum Juan Evora folgen wir dem Wegweiser in Richtung **Mirador Narices del Teide**. Nachdem wir den ersten der vielen vor uns liegenden schroffen Berge auf dem stets nahezu eben verlaufenden Weg halb umrundet haben, gelangen wir an einen Zaun, der den Weg nach links begrenzt. Der Großteil der Berghänge ist besonders geschützt und darf auch da, wo keine Einzäunung ist, nicht betreten werden!

Der erkaltete Lavastrom zu unserer Rechten wird nun immer gewaltiger, der Bereich zwischen der Lava und den Bergen immer enger. Nach einem knappen Kilometer bleibt uns keine andere Wahl, als unseren Weg auf dem deutlich sichtbaren **Pfad mitten durch den Lavastrom** ① fortzusetzen.

Die dicken Brocken der A'a-Lava prägen das Landschaftsbild rund um Boca Tauce.

Unter unseren Füßen knarzen die Steinbrocken der üblichen A'a-Lava, die ihren witzigen Namen aus der hawaiianischen Sprache hat. Er bedeutet brennend, feurig, steinig. Es gibt hier aber auch Kissen- und Stricklava, besser beschrieben durch die Bezeichnung »Fladenlava«. Etwa 15 Minuten dauert das Geknirsche durch das geröllige Lavafeld, ehe wir dieses vor dem Montaña Chavao wieder verlassen und froh sind, erneut »festen« Boden unter den Füßen zu haben. Rechts von uns zeugen **zwei riesige Felsblöcke** ② von einem gewaltigen Felsrutsch, weitere befinden sich links des Weges. Ein Blick nach oben verrät uns deren Herkunft.

Nachdem wir nach knapp 40 Minuten eine **Felswand** passiert haben und der Montaña Chavao deutlich abflacht, erreichen wir eine **Abzweigung** und folgen dem Weg, der uns nun leicht ansteigend zum **Boca Chavao** ③ hinaufführt (kein Betretungsverbot). Am Fahrweg angelangt können wir den fantastischen Ausblick auf den Pico del Teide für eine Trinkpause nutzen. Unsere Tour setzt sich nach rechts dem Fahrweg nun wieder abwärts folgend fort. Inmitten von kanarischen Pinien wandern wir am Fuße des Montaña del Cedro entlang.

Nach kurzer Zeit liegt rechts der Weg, den wir vor unserem Aufstieg zum »Boca Chavao« verlassen haben. Wir kommen dem Lavastrom noch einmal sehr nahe, ehe wir durch die sandige Ebene entlang der **Roques del Cedro** dem Fahrweg weiter folgen. Die Pinien weichen nun diversen Ginsterarten, allen voran dem Teideginster, der nur auf Teneriffa und La Plama wächst, und der »Tajinaste rojo« (auf Deutsch Wildprets Natternkopf). Im Juni, der Blütezeit beider Pflanzen, zeigt sich diese Landschaft in ihrer ganzen Pracht.

Vorsicht, fleißige Bienen!
Aus dieser Gegend stammt der leckere Teide-Honig. Während der Blütezeit von April bis Juli werden, auch nahe am Weg, Bienenstöcke aufgestellt.

Bald knickt der Fahrweg deutlich nach rechts ab zur Straße TF-38 und hält auf den Pico Viejo zu. Wir verlassen den Weg nach links, dem Wegweiser zum **Mirador Narices del Teide** folgend. Unser Weg führt jetzt durch ein weiteres **Feld aus abgestürzten Felsen** ④ – ein perfekter Kletterspielplatz für die Kinder.

Am Ende der Roques del Cedro öffnet sich an vielen Tagen der Blick auf das Wolkenmeer. Noch einige Schritte und wir erreichen eine Weggabelung mit Wegweiser zum »Mirador Narices del Teide« und nach »Guia de Isora«. Hier befindet sich der **Wendepunkt** ⑤ unserer Wanderung.

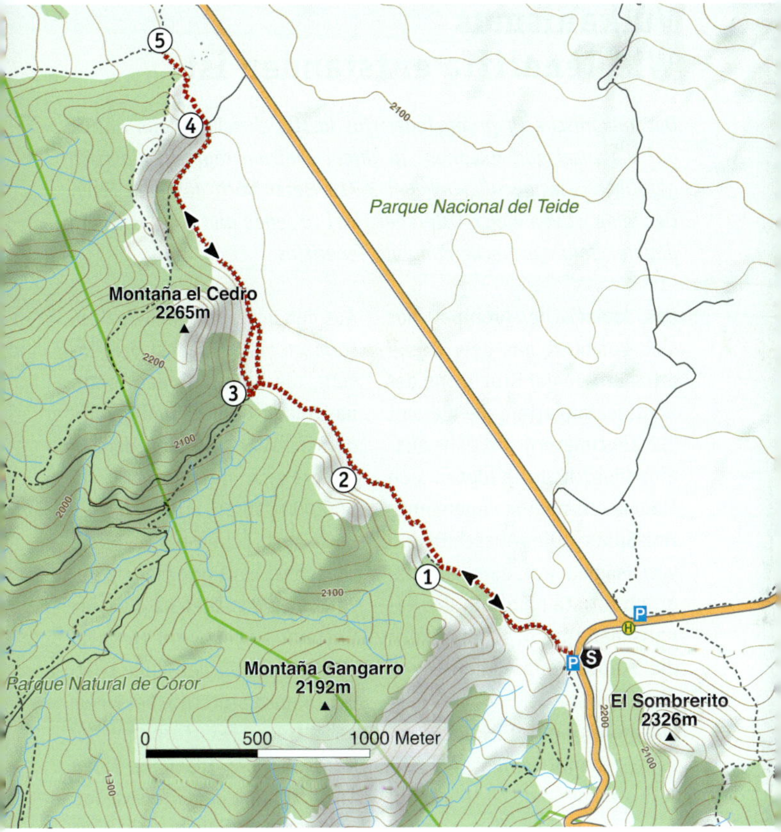

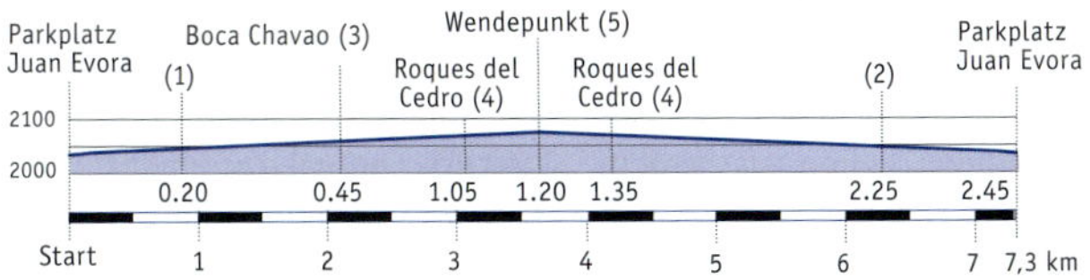

Wer ein zweites Auto positioniert oder eine Abholmöglichkeit organisiert hat, kann nun geradeaus weiter zum etwa 500 Meter entfernten Mirador gehen und von dort mit Auto zurück zum Ausgangspunkt fahren.

Unser Rückweg folgt nun für knappe 25 Minuten dem Hinweg, ehe wir den Fahrweg vor der Steigung nach links über die Eisenkette hinweg verlassen. Bald knickt der Fahrweg nach links ab, wir folgen einem kleinen Pfad auf die Felswand zu und treffen auf den Wanderweg, dem wir nach links folgen. Die Lavazunge erneut überquerend, gelangen wir über unseren Hinweg zurück zum Museum »Juan Evora«.

Vulkanismus
Wie Teneriffa entstanden ist

Der vulkanische Ursprung Teneriffas lässt sich schon beim Anflug auf die Insel gut erkennen. In ihrem Zentrum ragt ein klassisch geformter, riesiger Vulkankegel 3.715 Meter hoch aus dem Meer. Der Teide ist von vielen Orten der Insel zu sehen und prägt wie kein anderer Berg das Erscheinungbild Teneriffas.

Das kanarische Archipel hat sich komplett aus dem Ozean erhoben. An der Bruchzone der Kontinentalplatten, die hier mit 1,2 Zentimetern pro Jahr auseinanderdriften, bildeten sich Magmaaufstiege, sogenannte Hot-Spots. Die Ausschüttung von Magma auf dem Meeresgrund formte nicht nur die Kanarischen Inseln, sondern auch die Kapverden, Madeira und die Azoren, die gemeinsam Makaronesien (glückliche Inseln) genannt werden. Alle Inseln sind geologisch sehr jung, Teneriffa selbst wird auf ein Alter von 12 Millionen Jahren geschätzt. Damit haben die Inseln die Dinosaurier, die vor 65 Millionen Jahren ausstarben, nie gesehen.

Aus den unterirdischen Spalten formten sich zunächst drei Inseln, die heute als das Teno-, das Anaga-Gebirge und der Süden sichtbar sind. Erst danach bildete sich in junger Zeit, vor 500.000 Jahren, mit immensen Lava-Ausbrüchen der Ur-Teide. Übrigens: Lava und Magma bezeichnen das gleiche flüssige Gestein. Magma wird zu Lava, sobald es aus der Erde tritt. Der Urvulkan rutschte bei einem gewaltigen Felssturz an der Nordseite der Insel ins Meer. So entstand das Orotava-Tal. Erst danach baute sich nach und nach der Gipfel des Teide auf, wie wir ihn heute kennen. In unzähligen Ausbrüchen arbeitete er sich Schicht für Schicht auf 3.715 Meter hoch. Solche Vulkankegel nennt man

Vulkankegel prägen die Landschaft des Nationalparks.

folgerichtig Schichtvulkan oder, lateinisch, Stratovulkan.

Der letzte bekannte Ausbruch auf Teneriffa fand 1909 am Chinyero statt **[› Tour 38]**. An diesem Berg lassen sich die Lavaflüsse noch gut erkennen. Der letzte Ausbruch innerhalb der Caldera geschah 1798. Auch dort, an den Narices del Teide, ist der Lavafluss noch heute gut zu sehen **[› Tour 40]**.

Der einzige überlieferte explosive Ausbruch, bei dem statt schwarzer Lava weißer Bimsstein entsteht, erfolgte um 50 vor unserer Zeitrechnung an der **Cañada Blanca** und hinterließ dort eine ungewöhnliche Landschaft **[› Seite 255]**.

Auch wenn die Vulkane auf Teneriffa auf den ersten Blick schlafen, gilt die Region der Kanaren doch weiterhin als aktiv. Es gibt hier täglich mehrere kleine Erdbeben bis zu einer Stärke von eins bis drei auf der Richterskala. Die Richtigkeit dieser Einschätzung hat im September 2021 auch der Ausbruch in der »Cumbre Vieja« auf der Nachbarinsel La Palma bewiesen. Um jederzeit über den aktuellen Stand der vulkanischen Aktivität informiert zu sein, empfehlen wir den Wochenbericht von INVOLCAN, der immer freitags auch in deutscher Sprache veröffentlicht wird. www.involcan.org/guayota-tenerife

30 m

STRECKE 2 km

½ Tag

ab 4

Tour 41: Cañadas del Capricho

Wir gehen Klettern!

Klettern im Basalt der Cañadas del Capricho ist ein Abenteuer der besonderen Art an einem besonderen Ort. Die Felsen am Fuße des Guajara fallen schon von Weitem durch ihren gelblichen Farbton auf. Auch für »Nicht-Kletterer« bietet das Gebiet viel zum Erforschen und Felsen zum Erklimmen. Die Kulisse ist einzigartig. Meist ist der Himmel hier tiefblau und es gibt nahezu eine Sonnengarantie. Viele Spanier fahren mit ihren Kindern einfach nur zum Picknicken und Toben in diesen Teil des Nationalparks, wenn »unten« gerade einmal nicht die Sonne scheint.

TOUREN-STECKBRIEF

Anfahrt: Über die TF-21, 24 oder 38 in den Nationalpark fahren. Am Parkplatz Parador / Roques Garcia parken bei **GPS N 28°13'24.8", W 16°37'41.1"**.
Bus: Linie 342 von Los Cristianos und 348 von Puerto de la Cruz zum Parador.
Anspruch und Charakter: Die Wanderung zum Klettergebiet ist sehr einfach und verläuft auf einem ausgewiesenen Nationalparkwanderweg. Je nach Anspruch bietet das Klettergebiet vom steilen Spaziergang bis zur extremen Vorstiegsroute alles, was das Herz begehrt. Sonnencreme nicht vergessen und großzügig eincremen!
Highlights: Tiefblauer Himmel, Ruhe, wunderschöne Felsformationen und ein toller Sport.
Einkehr: Parador.
In der Nähe: El Portillo Besucherzentrum, Roques de García, Zapata de Reina.

Wanderung: Wir starten am Parador gegenüber der Roques Garcia [› Tour 43] und wandern, uns rechts haltend, auf die deutlich zu sehenden »gelben« Berge zu. Der Weg ist gut zu erkennen und als Wanderweg Nr. 4 ausgewiesen. Nach etwa 15 Minuten erreichen wir den Fahrweg und folgen ihm ein kurzes Stück nach links. Direkt vor der Hütte verlassen wir den Weg und suchen uns einen Pfad, der uns zu dem Felsen mit einer Felsplatte in der Mitte führt.

Nach nicht einmal 20 Minuten sind wir am Fuße der **Felswand La Losa** ①. Nun können wir uns entscheiden, ob wir Toprope-, Vorstiegklettern, Bouldern oder einfach nur die Felsen erklimmen wollen.

Die fünf Routen im Felsabschnilt »La Losa« haben maximal den Schwierigkeitsgrad 4 und sind für geübte Kletterer bestens geeignet, um Kinder ins Klettern einzuführen.

Die Wand **La Losa** lässt sich von trittsicheren und schwindelfreien Kletternden prima durch die dahinter gelegene Klamm besteigen, um ein Toprope zu legen, aber auch eine mit »4« bewertete Vorstiegsroute ist sehr gut abgesichert. Wer über entsprechendes Equipment verfügt, kann die leichten, maximal mit »4« bewerteten Routen auch selbstabgesichert bewältigen, um dann die Kinder im Toprope klettern zu lassen.

Wenn wir in Richtung dem alles überragenden Guajara an der Felswand entlanglaufen, öffnet sich bald ein **flacherer Bereich** ② links von uns. Hier kann man auch ohne Kletterausrüstung hinaufkraxeln, um das Massiv von oben zu erforschen. Die Steigungen sind herausfordernd, aber nicht problematisch.

Rechts von uns ist der etwas abgelegene Sektor **Guiri** ③ zu erkennen, der sich bestens zum Bouldern eignet.

Geübte Kletterer mit Erfahrung im Vorstieg finden im Klettergebiet Cañadas del Capricho insgesamt knapp 100 Routen im leichten bis mittleren Schwierigkeitsbereich. Für weitere Infos über das Klettergebiet empfehlen wir lokale Coaches, [› Seite 217] oder entsprechend spezialisierte Lektüre zu konsultieren.

Die Cañadas del Capricho als Wanderziel
Das gesamte Massiv darf unter Einhaltung der Nationalparkregeln frei »erforscht« werden und bietet genügend weniger steile Stellen, um auch ohne Klettererfahrung einen spannenden und abwechslungsreichen Tag unter dem blauen Himmel der Cañadas und vor der beeindruckenden Kulisse des Pico del Teides zu verbringen.

Wanderwege im Nationalpark gesperrt:
Im Mai, Oktober und November ist der Zugang zum Wanderweg am Mo, Mi und Fr von 7 – 14 Uhr wegen der Mufflonjagd gesperrt. Aktuelle Informationen sind vorab bei der Nationalparkinformation und unter Tel. 0034 922 9222 2371 erhältlich.

400 m (Aufstieg)
1000 m (Abstieg)
STRECKE 16 km
7 h
ab 10

Tour 42: Paisaje Lunar

Die Mondlandschaft von Vilaflor

Mehr Abwechslung geht kaum. Wir starten inmitten der Caldera und steigen auf deren Rand in 2.500 Meter Höhe. Von hier haben wir einen einzigartigen Blick auf den mächtigen El Teide und die Cañadas unter uns. Hinunter geht es durch Aschefelder und Sandwüsten, bis wir uns plötzlich im dichten Wald wiederfinden. Zum Schluss lockt die einzigartige Felsformation »Paisaje Lunar«, die Mondlandschaft.

Wanderung: Wir starten am Parador gegenüber der **Roques Garcia** **[› Tour 43]** und wandern, uns rechts haltend, auf die »gelben« Berge vor uns zu. Der Weg ist deutlich zu erkennen und als Wanderweg Nr. 4 markiert. Hier sehen wir auch schon das Schild Richtung Vilaflor, denn die Tour ist Teil des Fernwanderweges GR 131.

Wir folgen dem breiten Wanderweg nach links, vorbei an den gelben Kletterbergen **Cañadas de Capricho** ①, bis wir nach einer Stunde hinter dem Fels **Roque del Aqua** ② rechts den Kraterrand hinaufsteigen. Ausgeschildert ist hier Guajara, kurz vorher biegt links der Weg Richtung Talstation Teleferico ab. Nun geht es 250 Meter steil bergan. Oben angekommen haben wir den anstrengendsten Teil der Wanderung hinter uns, der Blick auf die ganze Pracht der Cañadas und den mächtigen Teide entschädigt für die Strapazen. Hier ist ein perfekter **Ort für eine Rast** ③.

Vom Sattel geht es auf der Rückseite des Guajara, des zweithöchsten Berges der Insel, nur noch leicht bergauf. Die rechts abzweigenden Wege auf den Gipfel des Guajara beachten wir nicht, wir folgen immer der Ausschilderung Richtung Vilaflor. Der Weg schlängelt sich durch eine sehr vielfältige Landschaft, sodass es immer etwas Neues zu entdecken gibt und die Kilometer recht unauffällig unter unseren Füßen verschwinden.

Zunächst geht es am Rand des **Barranco del Rio** steil bergab. Danach treffen wir auf eine nur leicht abschüssige und interessant anzusehende **Schlackeebene** ④. Der schnurgerade Weg ist hier deutlich mit Steinen markiert. An dessen Ende, kurz vor den Bäumen, geht es rechts hinab in eine Senke, den **Barranco de las Arenas**. Dann steigen wir wieder hinauf auf eine schwarze Sanddüne. Der Weg ist im dunklen Sand deutlich zu erkennen.

TOUREN-STECKBRIEF

Anfahrt: Wir parken das Auto am Ziel der Wanderung, dem Ort Vilaflor.
Von Los Cristianos die TF-51 bis Vilaflor fahren. Der öffentliche Parkplatz direkt an der Kirche ist nicht zu verfehlen. **GPS N 28°09'37.2", W 16°38'13.2"**. Von hier laufen wir hinauf bis zur Hauptstraße, dort mit Bus 342 ab Haltestelle »Castaño« Richtung Teide bis Parador (nur ein Bus täglich). Alternativ in Vilaflor ein Taxi zum Parador rufen. Wer zwei Autos zur Verfügung hat, ist natürlich flexibler.

Anspruch und Charakter: Anstrengende Ganztageswanderung mit vielen Höhenmetern. Gut beschilderte und erkennbare Wanderwege mit sehr unterschiedlicher Beschaffenheit (Geröll, Schotter, Asche, Sand, Waldboden).
Markierungen: Weiß-rote Farbbalken des GR 131.
Highlights: Abwechslung pur, Mondlandschaft, spektakulärer Blick auf den Nationalpark und den Teide.
Einkehr: Hotel Parador, Bars und Restaurants in Vilaflor, auf der Strecke keinerlei Einkehrmöglichkeiten.

Tuff ist ein poröses Gestein. Die vielen Löcher sind durch Gaseinschlüsse beim Ausbruch des Vulkans entstanden. Das vergleichsweise weiche Gestein erodiert stark und so haben sich die einzigartigen Felsformationen im Paisaje Lunar entwickelt.

Kurz danach beginnt ein lichter **Kiefernwald**. Zuerst sind die Bäume noch klein, dann wandern wir immer tiefer in den Wald hinein. Etwa 20 Minuten hinter dem Ende der Schlackeebene treffen wir auf eine gut markierte **Kreuzung** ⑤. Wir nehmen den Abzweig rechts abwärts in die Richtung **Paisaje Lunar** ⑥. Dort angekommen führt ein Abstecher links zu zwei **Aussichtspunkten,** von denen die einzigartigen Steinsäulen in der links von uns liegenden Schlucht gut sichtbar sind.

Unser weiterer Abstieg folgt der deutlichen Beschilderung nach Vilaflor und verläuft über gut ausgebaute Wanderwege, bis wir knapp drei Kilometer hinter der Mondlandschaft einen ersten breiten **Forstweg** ⑦ überqueren. Wir überqueren den Weg ein weiteres mal, berühren ihn anschließend kurz und folgen ihm einen Moment später um eine Linkskurve, ehe wir ihn am **Ausgang der Kurve** ⑧ wieder nach rechts verlassen. Ein letztes Mal gelangen wir auf den Forstweg und verlassen diesen nach 20 Metern wieder auf einem Pfad, der nach links nochmals steiler bergab in eine kleine **Schlucht** ⑨ führt. Von dort aus sehen wir schon die Häuser von Vilaflor vor uns.

Bald treffen wir auf einen weiteren Fahrweg, dem wir, meist entlang einer Steinmauer, bis kurz vor Vilaflor folgen. Noch einmal den Barranco am Ortsrand durchquerend gelangen wir ins Dorf, das übrigens die höchstgelegene Ortschaft Spaniens ist.

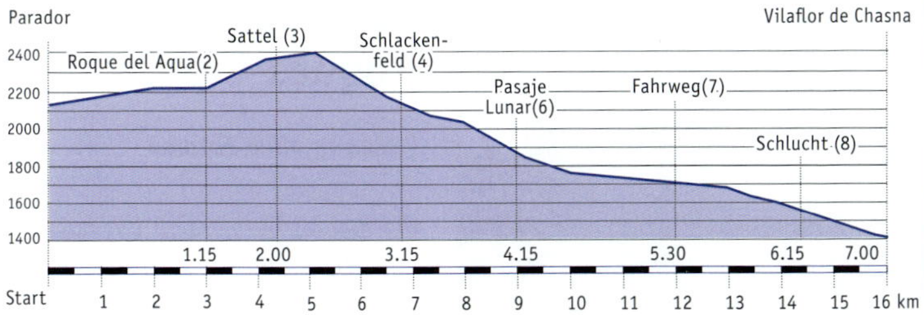

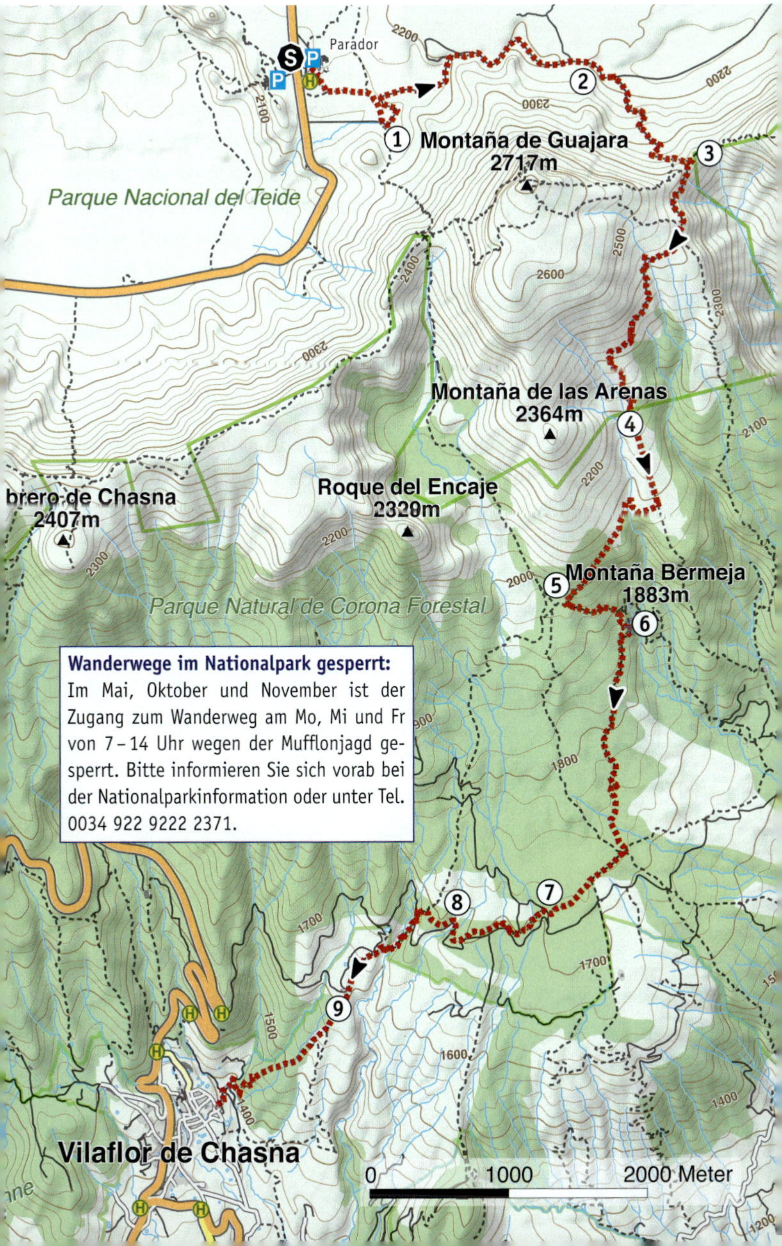

Wanderwege im Nationalpark gesperrt:
Im Mai, Oktober und November ist der Zugang zum Wanderweg am Mo, Mi und Fr von 7–14 Uhr wegen der Mufflonjagd gesperrt. Bitte informieren Sie sich vorab bei der Nationalparkinformation oder unter Tel. 0034 922 9222 2371.

Tour 43: Roques Garcia

Felsen in allen Formen

Die Roques Garcia sind ein nationales Denkmal. Der zur Felsformation gehörende Roque Cinchado zierte mit dem Teide im Hintergrund einst den 1.000-Peseta-Schein. Ein Fels hält aber länger als eine Währung und so ist es für viele Besucher noch heute nahezu obligatorisch, sich vor dem einem Daumen ähnelnden Fels zu fotografieren. Auf einer sonst weitgehend flachen Ebene ragt hier ein Felsen neben dem anderen aus der Landschaft und demonstriert dabei die große Diversität von vulkanischem Gestein.

130 m

STRECKE 3,5 km

1 h 30

ab 4

Wanderung: Wir beginnen die Wanderung am Wendehammer und folgen dem **Schotterweg rechts der Treppe** entlang der Eisenkette in Richtung Pico del Teide. Der rechts von uns verlaufende Rollstuhlweg macht bald einen Schlenker nach rechts, ehe er sich später mit unserem Weg vereint.

Bis wir nach etwa fünf Minuten den **Roque Cinchado** ① passiert haben, treffen wir immer wieder auf posierende Menschen, die in klassischer »Schiefer-Turm-von-Pisa-Manier« auf der Suche nach dem perfekten Urlaubsfoto sind. Hinter dem markanten Felsen wird es merklich ruhiger.

Wir gehen nun weiter auf dem Rollstuhlweg und verlassen diesen nach 100 Metern, um nach links zum **Aussichtspunkt über die Llano de Ucanca** ② (auf Deutsch Ebene von Ucanca) zu gelangen. Keine fünf Minuten später kommen wir am Bauklötzchenfels »Felix Mendez« vorbei. Wir folgen nun dem Weg immer weiter, bis dieser an einer **Informationstafel** ③ über die unterschiedlichen geologischen Formen endet.

Unser weiterer Weg zweigt bereits kurz vor der Informationstafel links ab. Der Pfad ist nunmehr ein gut erkennbarer und ansteigender Wanderweg. Zunächst führt er uns direkt auf den Pico del Teide zu, dann umrundet er die Felsenlandschaft zu unserer Linken in einer langgezogenen Kurve. Am Ende dieser folgen wir beim nächsten **Abzweig** ④ dem Wegweiser nach links auf den »S-3 (S-26) nach Ucanca / La Catedral«.

TOUREN-STECKBRIEF

Anfahrt: Über die TF-21, 24 oder 38 in den Nationalpark fahren. Bei den Felsen Roques Garcia bei **GPS N 28°13'23.6", W 16°37'50.0"** oder beim Parador bei **N 28°13'31.8", W 16°37'41.0"** parken.
Bus: Linie 342 von Los Cristianos und 348 von Puerto de la Cruz zum Parador.
Anspruch und Charakter: Der Weg ist größtenteils gut ausgebaut, nur im Abstieg gibt es Abschnitte mit Geröll. Der Anstieg am Ende ist kurz, aber anstrengend. Sonnenschutz nicht vergessen!
Highlights: Bizarre Felsformationen, Wandern am Fuße des Pico del Teide, Lavalandschaft.
Einkehr: Restaurant vom Parador.
In der Nähe: Besucherzentrum El Portillo, Cañada Blanca, Zapata de Reina.

Kurz vor dem cremefarbenen Felsen **Roque Blanco** haben wir einen schönen Blick über die Hochebene und über den vor uns liegenden Abstiegsweg, der uns weiter rund um die Felsen führt. Zu unserer Linken wirken sie nun besonders spannend. Der **Lavawasserfall** ⑤ zwischen den Felsen »Roque Blanco« und »El Queso« (auf Deutsch der Käse) veranschaulicht zum Beispiel sehr schön, wie sich die Lavaströme ihren Weg bahnten.

Der Abstieg erfolgt dann in Stufen, zwischen denen immer wieder flache Abschnitte einladen, den Ausblick zu genießen. Der Weg ist deutlich erkennbar und wir können die unterschiedlichsten Formen und Farben der Felsen, die fast alle mit spannenden Kletterrouten ausgestattet sind, bewundern.

Kurz nach den **Placas de Guillermo** ⑥, einer Felsformation, die großen Schuppen ähnelt, entdecken wir eine einsame Pinie in den Felsen links von uns, ehe der Abstieg erneut einen Satz weiter in die Ebene macht.

Wir haben nun bereits einen guten Blick auf das große Felsmassiv der **La Catedral** (auf Deutsch Kathedrale). Aus diesem Winkel ist die Namensherkunft jedoch nicht nachzuvollziehen. Einen letzten Abstieg noch und wir befinden uns in der Hochebene der **Llano de Ucanca**. In Kürze erreichen wir die **Gabelung** ⑦ mit einem weiteren Wegweiser und folgen dem S-3 nach links.

Der Aufstieg beginnt noch neben der Kathedrale keine fünf Minuten nach dem Wegweiser. Wir erreichen bald eine **T-Kreuzung** ⑧. Ein Abstecher nach rechts endet nach 175 Metern am Fuß der »La Catedral« und am Einstieg in die Kletterroute »Via Normal«. Wir biegen hier daher links ab. Es folgt ein zehn Minuten dauernder steiler Anstieg, der anstrengendste Teil der Wanderung.

Am Ende des Aufstiegs erwartet uns der Aussichtspunkt **Mirador de la Ruleta** mit einem grandiosen Ausblick über die Hochebene bis zum Kraterrand. Von hier erschließt sich uns nun auch die Namensgebung des Felsens »La Catedral«.

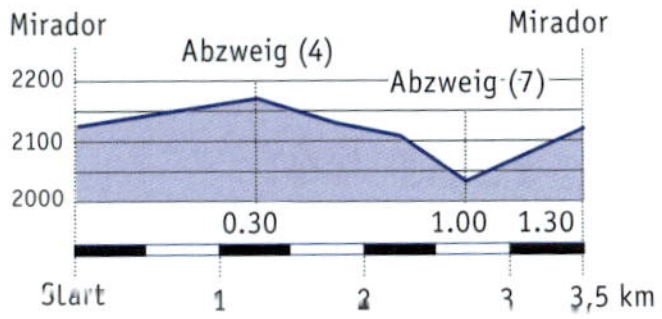

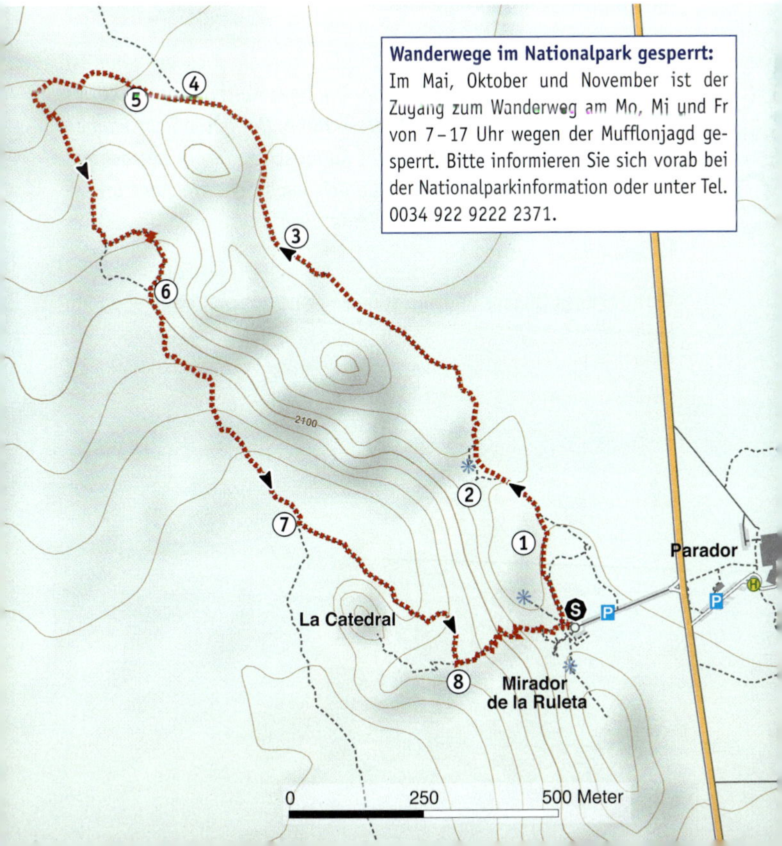

Wanderwege im Nationalpark gesperrt:
Im Mai, Oktober und November ist der Zugang zum Wanderweg am Mo, Mi und Fr von 7–17 Uhr wegen der Mufflonjagd gesperrt. Bitte informieren Sie sich vorab bei der Nationalparkinformation oder unter Tel. 0034 922 9222 2371.

50 m

STRECKE 2,7 km

2 h 30

ab 6

Tour 44: Pico del Teide

Seilbahnfahrt auf den Vulkan

Der von fast allen Kanarischen Inseln sichtbare Pico del Teide ist der höchste Berg Spaniens. Ein einzigartiger Weitblick erwartet uns in der dünnen Luft auf 3.555 Metern Höhe. Bei guter Sicht können wir von hier oben sieben der acht Kanarischen Inseln betrachten. Dabei umweht uns ein leichter Geruch nach Schwefel, der unaufdringlich präsent hält, dass der Teide auch heute noch als aktiver Vulkan gilt.

Wanderung: Unsere heutige Tour beginnt mit einer aufregenden Seilbahnfahrt von der Talstation in 2356 Metern Höhe. Es empfiehlt sich, rechtzeitig Tickets unter www.volcanoteide.com zu buchen, da ansonsten mit sehr langen Wartezeiten zu rechnen

ist. Die Seilbahn überwindet die 1.200 Meter bis zur **Bergstation** ① in knapp acht Minuten, bei jedem der vier Führungstürme entweicht den Kindern ein freudiges Jauchzen. Oben angekommen verlassen wir die Bergstation und bewundern den grandiosen Blick über die Caldera und die Küste Teneriffas hinweg auf die anderen Inseln. Wie viele Inseln sind es heute?

Auf den Gipfel des Teide
Für die Besteigung Gipfels ab der Seilbahnstation wird eine Genehmigung benötigt, die online beantragt werden kann. www.reservasparquesnacionales.es Es empfiehlt sich, das schon während der Urlaubsvorbereitungen zu erledigen.

Wer nun eine **Genehmigung zur Gipfelbesteigung** hat, kann direkt neben den Sanitärgebäuden der Bergstation den Aufstieg über 150 Höhenmeter beginnen. Das ist hier oben allerdings erst mit größeren Kids ab etwa zehn Jahren empfehlenswert.

TOUREN-STECKBRIEF

Anfahrt: Über die TF-21, 24 oder 38 in den Nationalpark fahren. Bei der Seilbahnstation (Teleférico) parken bei **GPS N 28°15'19.7", W 16°37'30.9"**.
Bus: Linie 342 von Los Cristianos und 348 von Puerto de la Cruz direkt zur Talstation.
Seilbahn: Mo bis So 9–17 Uhr, letzte Rückfahrt 18 Uhr, Kosten für Hin und Zurück €37, Kinder €18,50. Buchung unter www.volcanoteide.com.
Anspruch und Charakter: Die Seilbahnfahrt ist nur für gesunde Menschen geeignet. Von 2.356 Metern Höhe befördert uns die Seilbahn in acht Minuten auf 3.555 Meter Höhe. Die kurze Wanderung rund um die Bergstation ist wegen der dünnen Luft nicht mit Wanderungen auf Meeresniveau zu vergleichen. Die Wege sind gepflastert. Wanderschuhe und Jacke sollten zur Ausrüstung gehören, hier oben kann es sehr kalt werden. Sonnencreme nicht vergessen!
Highlights: Seilbahnfahrt, Weitblick, aktiver Vulkan.
Einkehr: SB-Restaurant in der Talstation.
In der Nähe: Besucherzentrum El Portillo, Cañada Blanca, Roques de García.

> **Übernachten auf dem Teide**
> Wer einen unvergesslichen Sonnenaufgang auf dem Pico del Teide erleben möchte, sollte eine Übernachtung im **Refugio Altavista** auf 3.260 Metern Höhe buchen. Infos und Buchung: www.volcanoteide.com.

Wir folgen dem Weg nach rechts und riechen sofort den aus den Felsspalten austretenden Schwefel. Durch die hell verfärbten Geröllflächen gehen wir im Uhrzeigersinn den felsigen Pfad weiter. Der Ausblick ist gigantisch. Nach 20 Minuten erreichen wir den Aussichtspunkt **Mirador Pico Viejo** ② und können auf den namensgebenden Nebengipfel, das Teno-Gebirge, La Gomera, La Palma und El Hierro schauen.

Der von hier beginnende Abstieg vom Teide ist nur was für sehr erfahrene Wanderer. Wir kehren daher zurück zur Bergstation und folgen dem Weg nun gegen den Uhrzeigersinn. Das Wandern auf dieser Seite ist wesentlich abwechslungsreicher. Durch Felsspalten und kleinere Schluchten erreichen wir etwa nach 20 Minuten den **Mirador Fortaleza** ③. Wir blicken über den gesamten Nordteil der Insel. Direkt vor dem Aussichtspunkt zweigt der Wanderweg zum knapp 300 Meter tiefer liegenden **Refugio Altavista** ab, in dem man auch übernachten kann. Auch für diesen Abstieg sollten Kinder etwa zehn Jahre alt sein.

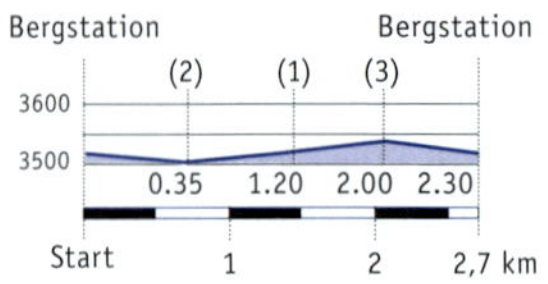

Wieder zurück an der Bergstation genießen wir den Moment und versuchen neben Gran Canaria auch Fuerteventura und Lanzarote zu erspähen, ehe wir die Rückfahrt antreten.

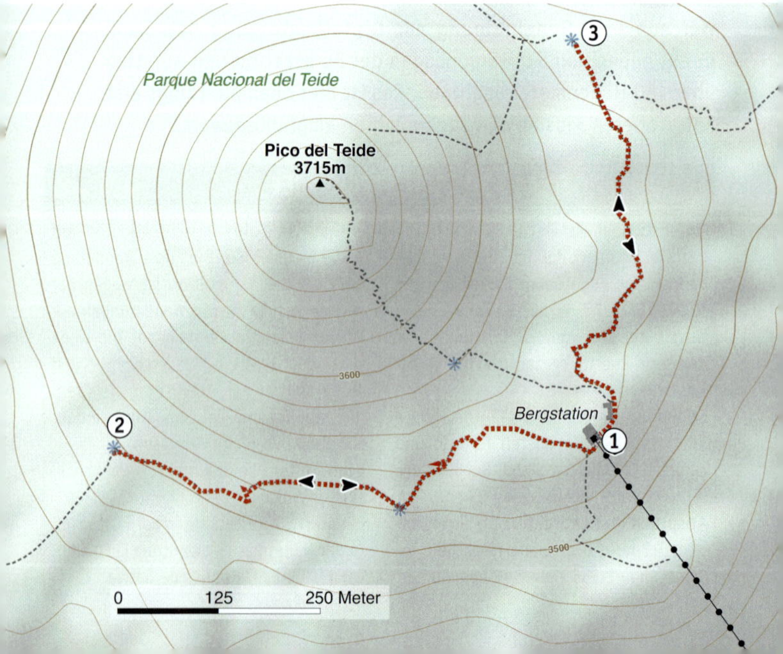

Tour 45: Fortaleza

180 m

STRECKE 9,7 km

3 h 45

ab 6

Der Pfad der Schwarzkäfer

Während die Caldera von Ost nach West über einen imposanten Kraterrand verfügt, steht der Fortaleza auf der Nordwestseite neben dem Pico del Teide ganz alleine und ist dadurch einzigartig. Ein riesiger Schwarzkäfer begrüßt uns am Anfang der Wanderung, auf unserem Weg treffen wir oft seine realen Verwandten. Immer knapp oberhalb der Waldgrenze bietet sich nach jeder Biegung ein neues Teide-Panorama. Von Mitte Mai bis Mitte Juni erwartet uns am Fuße des Fortaleza ein wahres Blütenmeer und die Aussicht vom Gipfel sucht ihresgleichen.

TOUREN-STECKBRIEF

Anfahrt: Über die TF-21 in den Nationalpark fahren. 300 Meter hinter der Abzweigung Richtung »La Laguna« befindet sich unser Startpunkt, das Besucherzentrum »Centro Visitantes El Portillo«, direkt an der TF-21 rechts bei **GPS N 28°18‘13.9“, W 16°34‘00.5“.**

Bus: Linie 342 von Los Cristianos und 348 von Puerto de la Cruz zum »El Portillo«.

Anspruch und Charakter: Der Weg ist stets gut erkennbar und in einem guten Zustand. Kurze Abschnitte im Anstieg mit Geröll und Sand. Kein Schatten. Im Sommer sehr heiß. Im Winterhalbjahr können plötzliche Wetterumschwünge auftreten. Sonnenschutz nicht vergessen!

Highlights: Bizarre Felsformationen, Wandern am Fuße des Pico del Teide, Lavalandschaften.

Einkehr: Restaurante »La Bamby«. Vom Parkplatz etwa 1,5 Kilometer der TF-21 Richtung Pico del Teide folgen.

In der Nähe: Besucherzentrum El Portillo, Cañada Blanca, Roques de García.

Wanderung: Vor Beginn der Wanderung empfehlen wir den kostenlosen Rundgang durch das Besucherzentrum El Portillo. Hier erfahren wir alles über die Entstehung, die Tiere und die Pflanzen des Nationalparks. Mit diesem Wissen gerüstet beginnen wir unsere Wanderung direkt am Ausgang des Besucherzentrums und gehen in den **botanischen Garten**. Ein überdimensionales Modell eines Schwarzkäfers begrüßt uns.

Wir halten uns links und gehen an den Gewächshäusern vorbei, ehe wir erneut links abbiegen. Wir lassen den Garten hinter uns und tauchen ein in die Welt der Lava und der Vulkanasche. Ein **Hinweisschild zur Wanderung** zum Fortaleza zeigt uns, dass wir hier auf dem »Sendero No. 1« richtig sind, ehe wir nach etwas mehr als fünf Minuten ein **Wildgatter** durchschreiten. Das Gatter dient dem Schutze des botanischen Gartens vor den hier nicht erwünschten Mufflons, die einst zur Jagd ausgewildert wurden und nun die heimische Pflanzenwelt gefährden.

Der Pfad mit sandigem Untergrund ist gut zu erkennen und führt leicht abwärts parallel zur Baumgrenze. Wer mit dem Frühstück auf einen schönen Platz gewartet hat, findet auf dem nun folgenden Kilometer drei einladende **Bänke mit toller Aussicht**. Der Weg schlängelt sich in leichtem Auf und Ab zwischen Hügeln hindurch und gewährt uns bald einen phänomenalen Blick auf den Pico del Teide und den Montaña Blanca. Kurz hinter der zweiten Bank erblicken wir dann erstmals unser heutiges Ziel: den Fortaleza.

Blüte der »Tajinaste rojo«
Von Mitte Mai bis Mitte Juni sorgen am Fuße des Fortaleza die riesigen roten Blütenspitzen der Tajinasten (auf Deutsch Wildprets Natternkopf), für besondere Eindrücke. Dann lohnt es sich, die Wanderung etwa 750 Meter zu verlängern und durch die »Cañada de los Guancheros« unterhalb des Fortalezas zu laufen.

Mittlerweile sind wir rund 20 Minuten unterwegs, gelangen an den **ersten Wegweiser** ① und folgen hier dem S-1. Nur fünf Minuten später folgt ein weiteres Schild unterhalb der Felsentürme, an dem wir ebenfalls dem S-1 folgen. Der Weg führt uns nun zu den Felsentürmen hinauf und rechts an ihnen vorbei. Der zweite Fels erinnert entfernt an eine **Fledermaus** ②.

Für ein kurzes Stück kommen wir nun den Bäumen wieder etwas näher. Wer sich aber nach dem Schatten dieser sehnt, wird enttäuscht werden, denn unsere Route führt zum Nachbarberg des Fortalezas, dem 2.177 Meter hohen **El Cabezón**. Dort beginnt der Abstieg und wir können zwischen den beiden Bergen bereits die **Kapelle** erkennen, bei der sich bald eine Rast anbietet.

Der Pfad ist jetzt in schlechterem Zustand und wir müssen Acht geben, dass wir auf dem Geröll nicht ins Stolpern geraten. Während wir zur weißen **Cañada de los Guancheros** absteigen, ignorieren wir den von rechts kommenden Weg, der zur Hauptstraße TF-21 führt, und bleiben auf dem S-1. Unten angekommen erreichen wir nach insgesamt etwas über einer Stunde den **Zaun** ③ **einer botanischen Versuchsfläche** und den nächsten Wegweiser.

Wir verlassen nun den S-1 in Richtung **Playa El Socorro** und Route »040«. Die Route »040« führt von der Playa El Socorro bis zum Gipfel des Pico del Teide und zurück, was 3.715 Höhenmeter und 55 Kilometer bedeutet. Wir sind jetzt gerade erst einmal froh, dass wir nach dem Anstieg durch den tiefen Sand die **Kapelle** ④ erreicht haben und eine Rast mit toller Aussicht genießen können. Die »040« kann warten.

Gestärkt für den letzten Anstieg folgen wir der Piste (S-38) in Richtung **Alto de Fortaleza** bergauf. Kurz hinter einem **Heiligenschrein** endet die Piste nach zehn Minuten. Wir halten uns links weiter an die Beschilderung und erreichen bald den **Gipfel** ⑤, der mit einem großen Busch und einigen Felsen verziert ist. Von dieser erhöhten Position überblicken wir die gesamten Cañadas und können den uns noch deutlich überragenden Teidegipfel bewundern. Unser Weg führt weiter über das Gipfelplateau, bis wir auf einen Wegweiser treffen. Nach einem kurzen Abstecher von 150 Metern zu einem weiteren **Aussichtspunkt** setzen wir die Umrundung der Ebene fort und treffen bald wieder auf die Piste, die uns zurück zur Kapelle führt.

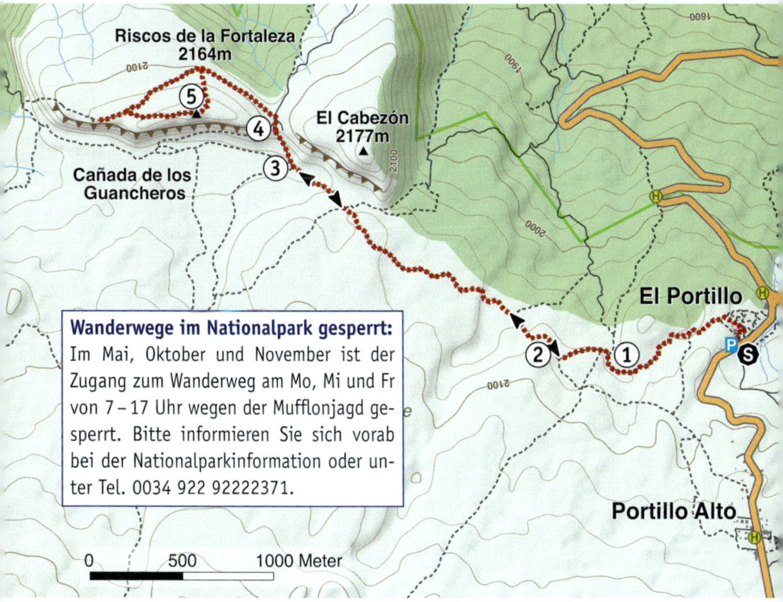

Wanderwege im Nationalpark gesperrt: Im Mai, Oktober und November ist der Zugang zum Wanderweg am Mo, Mi und Fr von 7 – 17 Uhr wegen der Mufflonjagd gesperrt. Bitte informieren Sie sich vorab bei der Nationalparkinformation oder unter Tel. 0034 922 92222371.

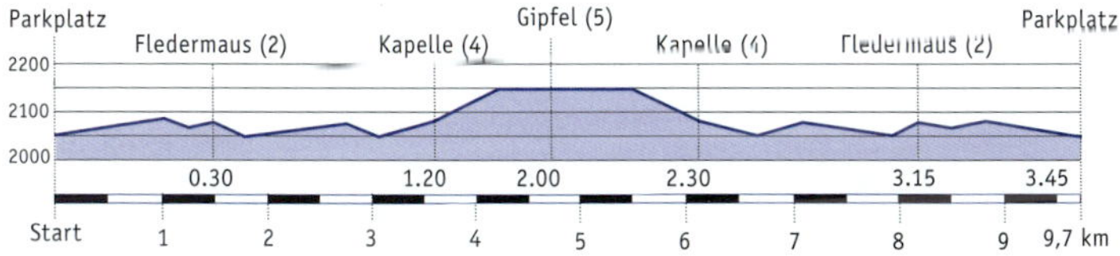

Der Rückweg ist identisch mit dem Hinweg. Nachdem wir die **Fledermaus ②** und die Felsentürme erneut passiert haben, lassen wir uns beim Wegweiser nicht von dem »X« irritieren und bleiben auf dem linken Weg S-1. Zum Abschluss wartet wieder der große Schwarzkäfer auf uns und möchte hören, dass wir alle seine kleinen Verwandten unterwegs gut behandelt haben.

Reiseinformationen

Wie kommt man nach Teneriffa

Teneriffa ist die größte der Kanarischen Inseln und liegt mitten im Atlantik. Geografisch gehört der Archipel zu Afrika und befindet sich auf dem 28. Breitengrad vor der Küste Südmarokkos. Die Entfernung zu Deutschland beträgt etwa 3.400 Kilometer. Daher erreicht man die Insel üblicherweise mit dem Flugzeug.

Mit dem Flugzeug

Viele Fluglinien bieten von den großen deutschen Flughäfen Direktverbindungen an. Durch das große Angebot sind die Preise oft recht günstig. Außerhalb der Ferien sind Tickets ab € 100 je Flugstrecke und Person zu bekommen. Die Preise variieren aber je nach Jahres- und Ferienzeiten stark. Besonders in den Ferien werden auch Flüge von kleineren Airports (Münster/Osnabrück, Kassel, Memmingen) angeboten. Durch das schnell wechselnde Angebot und die große Zahl an Airlines, die Teneriffa anfliegen, können wir hier keine pauschalen Tipps geben. Am besten informiert man sich über Flugportale im Internet (wie Skyscanner, Google Flights, swoodoo). In den Ferien und anderen Hochpreis-Phasen lohnen sich oft auch Umsteigeverbindungen über Großstädte wie Lissabon, Madrid oder Zürich.

Die meisten Ferienairlines fliegen den Südflughafen (Tenerife Sur – Reina Sofia, TFS) an, lokale Airlines und Linienflüge landen auch am Nordflughafen (Tenerife Norte – Ciudad de La Laguna, TFN).

Pauschalreisen

Für Pauschalreisende findet sich auf Teneriffa ein großes und vielseitiges Angebot. Die Quartiere liegen meist im Süden um Los Cristianos und Adeje, aber auch in Puerto de La Cruz und einigen kleineren Orten. Ob große Hotels, Appartementanlagen oder Villen – es gibt überall viele Möglichkeiten. Wir empfehlen zur Auswahl der richtigen Region vorab unsere Informationen auf den folgenden Seiten zu Rate zu ziehen. Pauschalreisen nach Teneriffa gibt es bei allen großen Reiseanbietern (zum Beispiel Alltours, TUI). Neben Flug und Unterkunft ist oft auch der Hoteltransfer inklusive. Wer die ganze Vielfalt der Insel entdecken möchte, kommt aber um einen Mietwagen schlecht herum. Die lokalen Vermieter bieten auch Bereitstellung und Rückgabe im Hotel ohne Aufpreis an.

Mit der Fähre

Wer nicht fliegen möchte oder sein eigenes Auto oder Wohnmobil mit nach Teneriffa nehmen will, kann die Fähren von Cadiz oder Huelva nutzen. Sie fahren jeweils einmal pro Woche, die Überfahrt dauert 30 bis 36 Stunden, je nach Strecke und Anbieter. Die Fahrt geht über Nacht, die Buchung einer Kabine ist mit Kindern empfehlenswert. Angeboten werden die Überfahrten von der Naviera Armas (www.navieraarmas.com), Fred Olsen (von Huelva, www.fredolsen.es) und Transmediterranea (Start von Cadiz, www.trasmediterranea.es).

Die Preise für eine vierköpfige Familie liegen pro Strecke zwischen 600 und 1500 Euro inklusive Auto und einfacher Kabine. Diese Variante lohnt sich daher nur für Urlauber, die eine sehr lange Zeit auf der Insel verbringen möchten. Flug und Mietwagen sind deutlich preisgünstiger und natürlich schneller.

Reisen auf Teneriffa

Mietwagen

Bei der Anreise mit dem Flugzeug, egal ob privat oder pauschal gebucht, empfehlen wir die Buchung eines Mietwagens. Nur mit Auto sind alle Touren in diesem Buch erreichbar. Wir geben wo immer möglich auch die Anreise mit dem Bus an, die aber oft etwas aufwendiger ist.

Mietwagen sind auf Teneriffa im Vergleich zu anderen Urlaubsregionen sehr günstig. Ein kleiner PKW ist bereits für etwa € 100 pro Woche erhältlich. Die beiden größten lokalen Anbieter sind CICAR (Canary Island Car, www.cicar.com) und Autoreisen.es (www.autoreisen.es). Die international arbeitenden Unternehmen wie Sixt, Hertz, Interrent und Europcar sind auch vertreten. Nicht nur wegen des deutlich niedrigeren Preises empfehlen wir die lokalen Gesellschaften. Durch viele Mietstationen und ein gutes Service-Netzwerk ist man im Schadens- oder Problemfall hier schneller versorgt. Vollkasko-Versicherung und ein zweiter Fahrer sind bei den lokalen Anbietern im Preis enthalten. Die Tankregelung bei Autoreisen.es und Cicar ist sehr simpel, die Autos werden mit der Menge abgegeben, mit der man sie erhalten hat.

Am besten funktioniert eine Online-Buchung im Voraus. Bei der Ankunft auf dem Flughafen Teneriffa-Süd unterhalten beide Anbieter Schalter im Gepäckbereich. So lässt sich der Automietvertrag bereits beim Warten auf das Gepäck abschließen. Wir erhalten den Autoschlüssel oft vor Ankunft der Koffer.

Wohnmobilverleih

Wohnmobile werden auf Teneriffa kaum verliehen. Da die Insel nicht besonders groß ist, sind alle Touren als Tagestouren ohne weite Anfahrt machbar. Die Nutzung eines Wohnmobils ist auf so engem Raum nur für eingefleischte Camper-Fans sinnvoll. Die Wohnmobile, die uns auf den Inseln begegnen, sind eher Langfristcamper, die im Vanlife-Stil längere Zeit auf den Kanaren verbringen und mit der Fähre kommen.

Eine Infrastruktur für Wohnmobilurlaub wie in Kontinentaleuropa gibt es nicht annähernd. Die Camper »wohnen« hier oft auf Parkstreifen am Shopping-Center, auf öffentlichen Parkplätzen an Stränden oder Wanderparkplätzen. Die wenigen offiziellen Kapazitäten sind zu den Spitzenzeiten an den Wochenenden völlig überlastet. Die Ver- und Entsorgung ist nicht ganz einfach, weil die Camper-Infrastruktur fehlt. Von Vorteil für Camper-Fans ist aber, dass es praktisch keine »Wohnmobil verboten«-Schilder gibt, wie wir sie aus dem kontinentalen Europa kennen.

Wohnmobile können bei Autocamper Tenerife (www.autocampertenerife.com) gemietet werden. Die Station befindet sich in der Nähe des Flughafens Süd, ein kostenloser Transfer ist im Mietpreis enthalten. Andere Vermieter sind McRent (www.mcrent.de) und Camper Canary (www.campercanary.com), die nur VW-T3 und T4-Vans anbieten. Auch über die Wohnmobil-Sharing-Dienste Yescapa und Campanda gibt es Fahrzeuge von privat zu mieten, meist VW- oder Toyota-Vans.

Auto fahren auf Teneriffa

Teneriffa lässt sich in zwei Stunden mit dem Auto umrunden. Die Ringautobahn führt von Puerto de la Cruz einmal im Uhrzeigersinn um die Insel bis nach Santiago del Teide. Zwischen Santiago del Teide und El Tanque ist der Autobahn-Schnellstraßenring noch nicht fertig. Der Bau des letzten Teilstücks, das durch einen Tunnel führen wird, wurde aber 2020 begonnen. Derzeit fährt man von Santiago del Teide über den Erjos-Pass bis nach El Tanque und weiter nach Puerto.

Von Puerto de La Cruz führt die TF-5 bis zur Hauptstadt Santa Cruz, von dort bringt uns die

Serpentinen im Teno-Gebirge

TF-1 über die Ferienregion des Südens bis nach Santiago del Teide.

Von vier Seiten führen Straßen in den Nationalpark Las Cañadas und schrauben sich hinauf in die Berge. Auf Teneriffa ist es in der Tat möglich, in etwas mehr als 30 Minuten vom Meeresspiegel bis auf 2.200 Meter Höhe zu fahren. Im Winter sinkt die Temperatur dabei leicht um mehr als 20 Grad Celsius. Umgekehrt kann man also im Winter in 30 Minuten von der Schneeballschlacht zum Sonnenbad an den Strand fahren. Versuchen Sie doch mal einen Schneeball mit hinunter zu nehmen.

Die vier Straßen in den Nationalpark starten auf der Westseite in Chio, im Nordwesten von La Orotava, im Norden von La Laguna und im Süden von Vilaflor. Die Strecken sind allesamt landschaftlich wunderschön, führen durch verschiedene Klimazonen und bieten teilweise eine spektakuläre Aussicht. Klar ist, dass durch die vielen Höhenmeter viele Serpentinen und Steigungen zu fahren sind. Wer im alpinen Straßenverkehr unerfahren ist, wird nur langsam vorankommen. Da Überholen auf diesen Strecken praktisch unmöglich ist, sollte man bei langsamer Fahrweise an Ausweichstellen kurz anhalten, um nachfolgende Autos oder Busse überholen zu lassen.

Im Sommer teilen wir die kurvigen Straßen mit vielen Motorrädern. Im Winter müssen wir dann eher mit Fahrrädern rechnen. Viele Profi-Fahrradteams nutzen die Insel als

Trainingsareal. Die 2.200 Höhenmeter sind für sie ein perfektes Tagespensum.

Nebenstraßen auf der Insel sind wegen der Höhenunterschiede oft abenteuerlich, aber auch spannend. Für viele Kinder ist eine Achterbahnfahrt mit dem Auto eine Gaudi – es sei denn, ihr Magen verträgt keine Kurvenfahrten. Teneriffa hat in der Tat eine öffentliche Straße mit 30 Prozent Steigung und 20 Prozent sind fast schon normal. Wer solche Strecken einmal ausprobieren möchte, sollte es mit der Straße von Los Silos nach La Tierra del Trigo versuchen, die auch zu traumhaften Aussichtspunkten führt. Noch steiler geht es vom oberen Ortsausgang von El Tanque links hinauf nach San José de los Llanos. Hier überwinden wir 350 Höhenmeter in weniger als fünf Minuten.

Eine schöne Höhenstrecke ohne viel Steigung führt von Los Llanos nach La Montañeta mit einem teils wundervollen Blick aufs Meer und den Teide, bei gutem Wetter auch bis auf die Nachbarinsel La Palma. Eine beliebte Route ist auch die Straße von Santiago del Teide über Masca bis nach Buenavista mitten durch das schroffe Teno-Gebirge. Ein ganz besonderes Highlight sind die langen Baumtunnel des Anaga, die man auf der Fahrt von La Laguna ins Anaga-Gebirge erleben kann.

Google Street View ist auf Teneriffa fast überall verfügbar, auch auf vielen Nebenstrecken. So können wir uns vorab ein Bild von der Straßenführung und Straßenqualität, der Steigung und der Aussicht machen.

Öffentlicher Nahverkehr

Der ÖPNV auf Teneriffa ist relativ gut und zuverlässig. Die grünen Busse (Guaguas) der TITSA sind allgegenwärtig. Mit dem Bus sind alle Bereiche der Insel zu erreichen. Man kommt auch in die Cañadas und in die anderen Gebirge. Falls bei Wanderungen ein Bus für die Rückfahrt möglich oder nötig ist, vermerken wir das im Tourensteckbrief. Busfahrten lassen sich anhand einer Karte auf der Homepage von TITSA gut und einfach planen.

Von den Cañadas hinunter ins Wolkenmeer

Eine Bahn gibt es auf Teneriffa nicht, lediglich zwischen Santa Cruz und La Laguna verkehrt eine Straßenbahn.

Wir empfehlen für eine regelmäßige Nutzung der Busse den Erwerb einer »Ten+«-Karte oder die Nutzung der »ten+Móvil«-App. Eine »Ten+«-Karte kostet €2 und kann mit €2 bis €100 aufgeladen werden. Verkaufsstellen befinden sich in allen Busbahnhöfen (Estacion de Guaguas), am Flughafen und an diversen Verkaufsstellen, die auf der Webseite ersichtlich sind. Kinder unter fünf Jahren fahren kostenlos. Die Karte wird beim Einsteigen und Aussteigen des Busses gescannt, der Fahrpreis wird automatisch ermittelt und vom Guthaben abgezogen. Es gibt Tageskarten für €10 und Wochenkarten für €50. Die »ten+Móvil«-App funktioniert auch mit Kreditkarte. Vor Antritt der Fahrt wählt man die gewünschte Fahrt aus, scannt im Bus den QR-Code und erhält dann ein Ticket in der App. Einzeltickets können auch im Bus erworben werden. Bargeld wird nur bis €10 angenommen. Empfehlenswert ist auch die Titsa-App. www.titsa.com

Taxi

Eine flexible Alternative für kürzere Touren und zum Erreichen von Oneway-Wanderungen ist das Taxi. Die Preise auf Teneriffa sind moderat. Die Grundgebühr beträgt €3,15, dazu kommen €0,55 pro Kilometer (nachts €0,63). Kürzere Strecken bis zehn Kilometer, wie sie häufig der Transfer bei einer Streckenwanderung erfordert, sind somit schon für unter zehn Euro zu haben. Bei längeren Touren lässt sich der Fahrpreis auch vorab aushandeln. Den gesamten Urlaub auf Taxis zu setzen, können wir aber nicht empfehlen, denn ein Mietwagen kostet weniger als €20 am Tag. Wer keinen Führerschein hat, sich das Autofahren auf Teneriffa nicht zutraut oder aus Überzeugung kein Auto nutzen möchte, dem empfehlen wir eine Kombination aus Bus und Taxi zum Erreichen unserer Touren.

Verkehrsregeln

Die zulässige Höchstgeschwindigkeit ist auf Landstraßen 90 km/h und auf Autobahnen 120 km/h. Tunneldurchfahrten sind oft auf 80 km/h begrenzt und viele Bereiche sind in der Geschwindigkeit sehr reglementiert. Innerorts gibt es drei verschiedene Höchstgeschwindigkeiten: 50 km/h auf Straßen mit zwei Spuren pro Richtung, 30 km/h auf Straßen mit einer Spur pro Richtung mit klar abgegrenztem Bürgersteig oder Radweg und 20 km/h auf Straßen mit einer Spur pro Richtung ohne gesonderten Fuß- und Radweg. Verkehrsknotenpunkte sind meist mit Kreiseln geregelt, Ampeln gibt es nur in größeren Ortschaften. Die Promillegrenze liegt bei 0,5.

An gelben Seitenmarkierungen oder auf gelb schraffierten Flächen ist das **Parken** verboten, blaue Seitenmarkierungen weisen häufig auf kostenpflichtige Parkplätze hin. In Tunneln herrscht Lichtpflicht, worauf vor jedem Tunnel mit einem Schild (weißer »Duschkopf« auf blauem Hintergrund) hingewiesen wird.

Kraftstoff

Tanken macht schon allein wegen der Preise Freude. Durch den Steuervorteil kostet ein Liter Superbenzin nur knapp über €1 (Stand 2021). Tankstellen sind außer in den Cañadas und im Anaga überall zu finden. Es gibt Gasolina 95 (Super) und 98 (Super Plus), sowie Diesel (Diesel). Tankstellen haben oft noch einen Tankwart-Service. Die Tankstellen dienen meist auch als kleine Bar und haben oft ein angeschlossenes Restaurant, in denen sich meist einfach, aber gut speisen lässt.

Zollbestimmungen

Auch wenn Teneriffa politisch zu Spanien und somit zur EU gehört, gilt es als steuerliches Sondergebiet. Vor Ort macht sich das anhand der geringen Steuersätze bemerkbar, bei der Einreise nach Deutschland möglicherweise mit einer unangenehmen Überraschung beim Zoll. Bei der Einreise auf Teneriffa gibt es hingegen keine Freimengen zu beachten, sofern es sich um Dinge für den privaten Gebrauch handelt. Um Unannehmlichkeiten beim deutschen Zoll zu ersparen, möchten wir hier die Eckdaten ohne Gewähr und Anspruch auf Vollständigkeit nennen. Es muss sich dabei stets um Reisemitbringsel handeln, die für den privaten Gebrauch gedacht sind.

Tabakwaren: max. 200 Zigaretten oder 100 Zigarillos oder 50 Zigarren oder 250 g Rauchtabak. Mindestalter 17 Jahre.

Alkoholika: 1 l Spirituosen mit mehr als 22 % Alkohol oder 2 l mit weniger als 22 % Alkohol oder 4 l Wein oder 16 l Bier.

50 g Parfum oder 250 ml Eau de Toilette.

Alle anderen Waren dürfen den Wert von € 430 (unter 15 Jahren € 175) nicht überschreiten.

Vor der Ein- oder Ausfuhr größerer Mengen Bargeld sollte man den deutschen oder spanischen Zoll konsultieren.

Krank oder Notfall?

EU-Notruf: 112
Guardia Civil: 062
Policía Local: 092
Feuerwehr: 080

Deutsche Ärzte

Es gibt auf Teneriffa eine Menge deutscher Ärzte für nahezu alle Fachrichtungen.

In Puerto de la Cruz befindet sich im Stadtteil La Paz das Deutsche Ärztehaus Teneriffa
Plaza Laurel 3
38400 Puerto de la Cruz
www.deutsches-aerztehaus.de
Tel. 0034 922 38 51 59.

In Adeje im Stadtteil Playa de las Americas befindet sich das »Deutsche-Ärzte-Zentrum« (www.daez.eu). Es ist rund um die Uhr unter Tel. 0034 922 79 29 08 erreichbar.
Av. V Centenario, Playa de la Américas / Adeje.

Zahnärzte

Dr. Britta Wolf, Tel. 0034 922 32 06 53, in Puerto de la Cruz.

Dr. Martin Seth, Tel. 0034 922 78 10 03, in Adeje.

Örtliche Gesundheitszentren

In nahezu allen Städten gibt es die sogenannten »Centros de Salud«, welche größtenteils auch von der spanischen Sozialversicherung anerkannt sind. In diesem Fall werden hier Behandlungen in Kooperation mit den deutschen gesetzlichen Krankenkassen durchgeführt und abgerechnet. Ansonsten müssen Ratsuchende zunächst in Vorkasse gehen, können sich aber einen Teil der Kosten nach Vorlage einer ausführlichen Quittung bei der Krankenkasse zurückholen. Hilfreich ist in so einem Fall eine zusätzliche Auslandskrankenversicherung.

Krankenhäuser

In den größeren Städten, unter anderem in Puerto de la Cruz, Santa Cruz und Adeje, gibt es öffentliche und private Krankenhäuser. In La Laguna befindet sich die Universitätsklinik.

In den privaten Kliniken muss man die Kosten der Behandlung zunächst selbst übernehmen.

Apotheken / Farmacias

In jeder größeren Ortschaft gibt es Apotheken, erkennbar am grünen Kreuz (häufig beleuchtet) und der meist grünen Schrift.

Impfungen

Es gibt keine von den deutschen abweichenden Impfempfehlungen für Reisen auf die Kanaren.

Obwohl es auf Teneriffa Zecken gibt, sind diese nicht mit dem FSME-Virus infiziert, auch hinsichtlich der Infektion mit Borrelien scheint es keine nennenswerten Vorfälle zu geben. Es schadet aber sicher nicht, einen Zeckenbiss für ein paar Tage genau zu beobachten.

Unterkunft und Übernachtung

Ferienwohnungen

Auf Teneriffa empfehlen wir besonders die Unterkunft im Ferienhaus, der Finca oder Ferienwohnung. Diese finden sich in großer Zahl überall auf der Insel verteilt und in allen Gegenden, ob an der Küste oder in den Bergen. Von der luxuriösen Finca mit Swimmingpool bis hin zur einfachen Hütte in den Bergen ist alles zu haben. Die Kosten liegen bei €40 am Tag für eine einfache Wohnung bis über €250 für eine Finca – nach oben gibt es bei Luxusunterkünften kaum eine Grenze.

Die Preise sind regional sehr unterschiedlich. Während im Norden eine einfache Ferienwohnung auch für unter €40 zu finden ist, kostet ein kleines Apartment im Süden kaum unter € 50. Die besten und umfangreichsten Angebote finden sich bei den großen Anbietern fewo-direkt (homeaway), AirBnB, Tripadvisor und booking.com. Es gibt auch viele private Anbieter und spezielle Agenturen, die über eine Internetsuche leicht zu finden sind. Das Angebot ist riesig. Laut Info der ISTAC (Statistikinstitut der Kanaren) existieren, Stand 2019, 340.000 eingetragene Ferienhäuser oder Wohnungen auf der Insel. Folgende Punkte sollten daher geklärt sein, um die Internetsuche zu vereinfachen:

Gegend: Dazu geben wir auf den folgenden Seiten detaillierte Hinweise, was die Charakteristik jeder Region ausmacht.

Lage: Lieber am Meer, in den Bergen, in einer Stadt, außerorts, einsam, in einer touristisch geprägten Ferienregion?

Welche Kategorie: Villa, Finca, Haus, Apartment?

Ausstattung: Was muss unbedingt vorhanden sein? Pool, Klimaanlage, gute Küchenausstattung, etc?

Ländlicher Charme statt »Luxus« im Hotel: der Hofladen der Finca El Quinto

Finca El Quinto in Los Realejos

Die wunderschöne Finca mit traumhaftem Atlantik-Blick befindet sich in abgelegener Lage im Ort Los Realejos, am Rande einer Schlucht oberhalb des Strandes Playa El Socorro. Sie ist nur zehn Fahrminuten von Puerto de la Cruz entfernt. Bereits beim Betreten der Finca stellt sich eine entspannte Urlaubsstimmung ein. Mitarbeiter und die internationalen Gäste begrüßen neu ankommende Besucher stets mit einem Lächeln. Die auf der Finca zwischen den 15 Häusern freilaufenden Hunde und Hühner sind tobende Kinder längst gewohnt und verlangen gelegentlich nach Zuneigung.

Die Häuser sind individuell im landestypischen Stil gestaltet. Für die Kinder aus vielen Nationen ist es einfach, beim Versteckspielen zwischen Bananenstauden, Avocadobäumen und Felshöhlen Anschluss zu finden. Für Eltern bieten sich auf dem weitläufigen Gelände viele natürliche Ruheoasen. Neben Yoga- und Meditationskursen werden noch viele weitere Aktivitäten angeboten. Eine Fitnessstation und zwei Pools (kein Nichtschwimmerbereich) stehen den Gästen zur Verfügung.

Der Hofladen mit Früchten von der Finca und weiteren Produkten aus der Region ist Teil des ganzheitlich ökologisch durchdachten Konzeptes. Die Wasserversorgung der Finca erfolgt über einen eigenen Wasserstollen. Wer seinen CO_2-Fußabdruck nach dem Flug nicht weiter vertiefen möchte und doch einen entspannten Urlaub auf Teneriffa wünscht, ist hier genau richtig. Sollten Probleme oder Fragen auftauchen, stehen Anna und ihre Familie gerne zur Verfügung.

Preise ab € 40 pro Nacht,
Tel. 0034 922 345002. www.fincaelquinto.de

Auch wer üblicherweise keinen Urlaub in Ferienhäusern macht, sollte sich das auf dieser Insel trotzdem überlegen. Da die Auswahl an Restaurants sehr groß ist, kommen auch Koch-Muffel auf ihre Kosten und die Ausstattung von Häusern ist bei gleichem Preis einem Hotel weit überlegen, vom Platz ganz zu schweigen. Meist verfügen die Häuser und Wohnungen auch über Terrasse oder Balkon mit schönem Blick. Links in der Box geben wir unseren persönlichen Tipp für eine Unterkunft auf einer Finca.

Hotel

Das Angebot von Hotels auf Teneriffa ist ebenso gigantisch wie das der Ferienhäuser. Die meisten Hotelanlagen liegen in den intensiv touristisch geprägten und stark besiedelten Regionen im Süden sowie in den Städten (Puerto de la Cruz, Santa Cruz). Aber selbst in kleineren Gemeinden finden sich lokale Hotels. Auch bei der Auswahl eines Hotels sollte die Entscheidung über die gewünschte Region vorangehen.

Das Hotel Gran Meliá Palacio de Isora in Alcalá

Die wenigen Campingplätze auf Teneriffa sind einfach, naturnah und eigentlich für Wanderer auf Mehrtagestouren gedacht.

Camping

Camping ist auf Teneriffa eher ungewöhnlich. Es gibt nur wenige Campingplätze und diese sind als Zwischenstationen für längere Wanderungen ausgelegt. Am Wochenende werden sie häufig von den Einwohnern der Insel genutzt. Trotzdem ist Camping durch das Klima und die naturnahe Umgebung für Camping-Freunde eine Überlegung wert, wenn sie sich vorher mit den örtlichen Gegebenheiten vertraut machen. Auch eine Campingnacht in den Bergen als kleines Abenteuer und zusätzlich zum Ferienhaus ist eine Bereicherung des Urlaubs.

Die offiziellen Gemeinde-Campingplätze heißen Zona de Acampada. Sie sind kostenlos, müssen aber über www.central-reservas.tenerife.es reserviert werden. Es gibt 13 Plätze, sechs davon akzeptieren auch Wohnmobile. Sie befinden sich allesamt mitten in der Natur, meist in einem Naturschutzgebiet. Außerdem liegen sie alle im Wald. Die einfachen Plätze verfügen über Toiletten und teilweise auch über (kalte) Duschen. Oft gibt es einen Grillplatz.

Darüber hinaus gibt es wenige private Campingplätze. Alle bieten neben Zelt- und Wohnmobilplätzen auch Holzbungalows (Campamentos) an. Die Plätze haben einen höheren Standard als die Gemeinde-Plätze, sind aber im Vergleich zu Ferienwohnungen teuer. Ein Campingplatz für Zelte kostet etwa €20, ein Bungalow etwa €40. Für diesen Preis lässt sich auch schon eine einfache Ferienwohnung mieten. Daher macht Camping nur für eingefleischte Camper Sinn. Wildcampen mit Zelt ist auf Teneriffa streng verboten und wird mit hohen Geldbußen geahndet. Übernachten im geparkten Wohnmobil wird aber toleriert.

Die passende Ferienregion

TENO-GEBIRGE

Das Teno-Gebirge ist wild, ursprünglich und alpin geprägt. Die wenigen Ferienhäuser befinden sich in den Orten Masca, Los Carrizales und El Palmar. Hotels gibt es nicht. Die kleinen »Casa Rural«, die hier angeboten werden, sind oft renovierte Bauernhäuser mit meist spektakulärem Blick über die Schluchten und den Atlantik 1.000 Meter tiefer. Empfehlenswert ist diese Gegend hauptsächlich für Besucher, die bevorzugt im Teno wandern wollen oder eine Auszeit vom Trubel wünschen und die ruhige Seite Teneriffas kennenlernen möchten. Allerdings fahren tagsüber viele Reisebusse den Ort Masca an, der wegen der abgeschiedenen Lage und Ursprünglichkeit mittlerweile zum beliebten Ziel des Tagestourismus geworden ist.

Wer hier wohnt, wird aber spätestens am Abend eine traumhaft ruhige Umgebung genießen. Für Besucher, die viel von Teneriffa sehen möchten, ist eine Unterkunft in dieser Region weniger sinnvoll, da die Anfahrtswege zum Rest der Insel sehr lang sind. Es gibt nur eine Bergstraße. Auch die Anzahl an Restaurants ist sehr begrenzt und die Öffnungszeiten sind abenteuerlich.

ISLA BAJA

Als »Isla Baja« (untere Insel) wird der Landstrich im Nordwesten der Insel zwischen Buenavista und Garachico bezeichnet. Er besticht durch wunderbare Aussicht auf die Berge auf der einen und das Meer auf der anderen Seite. Tourismus ist hier wenig ausgeprägt, neben den Gebirgen ist dies die ruhigste Ecke Teneriffas. Die Ortschaften wirken noch sehr ursprünglich.

Entsprechend ist das Angebot an Ferienhäusern und Wohnungen überschaubar. Es gibt aber einige Perlen zu entdecken, einige befinden sich sogar an den vereinzelten Stränden. Hotels gibt es einige wenige in den Städten und am Golfplatz bei Buenavista sowie im Ortskern von Garachico. Die Lage der Isla Baja ist ideal zum Erkunden der Insel, man ist relativ schnell im Süden (über den Erjos-Pass) und über die TF-5 geht es in den Norden. Wer etwas Abgeschiedenheit sucht, lange Strände nicht wichtig findet, aber unbedingt die Insel erkunden möchte, der ist hier richtig. In den Ortschaften gibt es auch genug Restaurants, Bars und kleinere Supermärkte.

Ein einziger Campingplatz für Zelte befindet sich oberhalb von Buenavista (Zona de Acampada de Los Pedregales).

DER NORDEN

Als »den Norden« bezeichnen wir hier im Buch die Gegend ab Icod bis zum Esperanza-Wald.

Dieser Bereich der Insel ist deutlich stärker besiedelt als die Isla Baja, hier wohnen auch viele Einheimische. Vor allem das Orotava-Tal oberhalb der Stadt Puerto de La Cruz ist eine beliebte Wohngegend. Die Stadt selbst hat 30.000 Einwohner und gilt als touristisches Zentrum des Nordens. **Puerto de La Cruz** einmal ausgenommen, ist diese Gegend aber deutlich weniger touristisch geprägt als der Süden. Hier gibt es noch viele typisch kanarische Orte.

Ferienhäuser und Wohnungen stehen in großer Anzahl und allen Preisklassen zu Verfügung. Auch Hotels sind gut vertreten, allein in der Stadt Puerto gibt es 200 davon. Eine gute Infrastruktur mit Restaurants, Supermärkten und lokalen Märkten macht die Region zum angenehmen Urlaubsquartier. Der Norden ist die ideale Gegend für einen Ferienhausaufenthalt und die Erkundung der Insel. Von hier aus lassen sich alle Bereiche Teneriffas in weniger als einer Stunde Anfahrt erreichen. Viele Ziele für Aktivitäten und Wanderungen liegen hier sogar direkt vor der Haustür. Dieser Landstrich ist ein ideales Basisquartier, wenn wir unseren Urlaub nicht inmitten rein touristischer Ortschaften verbringen möchten.

Der große Unterschied zum Süden ist das Wetter. Daher ist das touristische Zentrum der Insel auch nicht hier, sondern im vom warmen und trockenen Klima verwöhnten Süden der Insel. Hier im Norden hängen oft die Passatwolken fest, egal zu welcher Jahreszeit. Im Sommer kann dies sogar von Vorteil sein, denn hier ist es unter der Wolkendecke oft angenehm kühl. Außerdem ist es im Norden deutlich grüner als im kargen Süden.

Die Stadt **Icod de Los Vinos** (22.000 Einwohner) zieht sich vom Meer vom Ortsteil Playa de San Marcos bis hin zum 800 Meter hoch gelegen Ortsteil La Vega. Ferienhäuser finden sich zahlreich, meist mit schönem Ausblick aufs Meer. Im Ortsteil San Marcos gibt es eine idyllische Badebucht mit schwar-

Icod de Los Vinos

zem Sand und einer Vielzahl von Ferienhäusern und Apartments. Wer also nicht auf Strand verzichten möchte, aber den Norden bevorzugt, ist hier gut aufgehoben. Der Ort hat mit seinem Fischerhafen und den daran angrenzenden kleinen Restaurants einen besonderen Charme. Die höher gelegenen Ortsteile bieten schöne Ausblicke von den Terrassen der Ferienhäuser. Die Preise sind im Vergleich zu Anlagen im Süden moderat, wir haben Apartments bereits für unter €30 pro Tag gefunden. Das ist sogar günstiger als eine Hütte auf dem Campingplatz.

Zwischen Icod und Puerto liegen mehrere kleine Orte an die Küste geschmiegt, es ist wenig Platz zwischen Meer und Bergen. Die Auswahl an touristischem Wohnraum ist begrenzt, es gibt aber einige Fincas direkt an der Steilküste mit einem spektakulären Blick aufs Meer. Durch die Nähe zu Puerto de La Cruz mit seinen vielfältigen Versorgungsmöglichkeiten eignet sich diese Gegend sehr gut, wenn denn Strandnähe kein Thema ist. Hier befindet sich auch die Finca El Quinto, die wir auf der Seite 314 beschrieben haben.

Puerto de La Cruz ist mit seinen vielen Hotels und Ferienanlagen das touristische Zentrum des Nordens. Eine lange Promenade mit vielen Geschäften, Ausflugsangeboten und Restaurants aller Klassen zieht sich am Meer entlang. Die Hotels verteilen sich über den gesamten Ort bis direkt an die Küste. Auch im höher gelegenen Bereich gibt es eine große Auswahl an Ferienhäusern, Apartments und Hotels. Puerto de la Cruz eignet sich für Reisende, die ein bisschen Trubel und touristische Umgebung mögen und auch gerne mal in ein nicht-spanisches Restaurant gehen möchten.

Im **Orotava-Tal** oberhalb der Stadt liegen die ruhigeren Ortsteile. Hier stehen Ferienhäuser in ruhiger Umgebung. Viele sind ehemalige Fincas oder im Finca-Stil erbaut und liegen inmitten von grünen Berghängen. Besonders oberhalb von La Orotava gibt es in luftiger Höhe sehr ansehnliche Objekte.

Das malerische Dorf La Guancha liegt zwischen Icod und dem Orotava-Tal.

Nördlich von Puerto dünnen sich die verfügbaren Unterkünfte wieder aus. Nur um Santa Ursula gibt es eine größere Anzahl von Wohnungen und Ferienhäusern.

ANAGA UND SANTA CRUZ

In den **Höhen des Anaga-Gebirges** bietet ein Hostel (www.alberguestenerife.net) Doppelzimmer (€40 pro Zimmer) und Gruppenschlafräume (€20 pro Person).

Um hoch im Norden der Insel individuell zu wohnen, eignen sich die Ferienhäuser an der Küste um das Gebirge herum. Die größte Auswahl gibt es ganz im Westen in der Gegend zwischen Tejina und Punta Hidalgo. Aber auch in den kleinen Ortschaften an der Nord- oder auch an der Südküste des Anaga finden sich einige Objekte. Dabei gilt: je weiter östlich, desto ursprünglicher und landestypischer. Generell ist die Gegend wenig touristisch geprägt, sehr einsam und ruhig. Die Anfahrt zu vielen Touren in diesem Buch ist aber deutlich weiter als vom zentral gelegenen Norden.

In **Santa Cruz** oder **La Laguna** wohnt eigentlich nur, wer quirliges Stadtleben ohne viel Tourismus erleben möchte. Wer mag, findet hier mehrere Hotels und AirBnB-Apartments mitten in der Stadt oder etwas außerhalb.

Im Anaga gibt es zwei private Campingplätze, beide in der Gegend von Punta Del Hidalgo (Agro Camping Invernaderito und Camping Punta del Hidalgo).

DER SÜDEN

Der Süden Teneriffas ist das touristische Zentrum der Insel. Wegen des deutlich stabileren Wetters, den langen, wenn auch künstlich aufgeschütteten Sandstränden und dem ruhigen Meer befinden sich hier 90 Prozent des touristischen Wohnangebotes der Insel. Die Gegend zwischen Los Cristianos und Costa Adeje ist praktisch vollständig bebaut, bis in die Berge hinein. Hier drängeln sich tausende Hotels, Ferienanlagen, Bungalows, all-inclusive-Clubs und alles, was die Tourismus-Branche sonst noch zu bieten hat. Auch das Angebot der Restaurants und vieler Läden hat touristischen Charakter. Auf den Straßen gibt es Ticketvermittler und Animation. Die Uferpromenaden sind mit Souvenir-Shops und Bars bestückt. Eine ruhige Ecke findet sich in dieser Region kaum. Viele Hotels sind großzügig am Meer entlang gebaut, die Apartmentanlagen verteilen sich drumherum. Die Preise sind deutlich höher als im Norden. Ein Apartment kostet hier manchmal mehr als ein ganzes Haus auf der Nordseite. Wer Pauschalurlaub bucht, findet das umfangreichste Angebot genau in dieser Gegend.

Auch im Süden gibt es einige Besonderheiten, je nachdem

in welcher Gegend wir uns befinden. Je weiter wir uns in den Süden bewegen, desto dichter stehen die Ferienanlagen.

Der **östliche Süden** von Güímar bis zum Südkap ist wegen seiner schroffen, kargen Natur weniger bewohnt als der Südwesten. In den Orten finden sich einzelne Ferienhäuser. Diese Gegend ist deutlich preiswerter, aber auch abgeschiedener und landschaftlich weniger interessant – von den Ausnahmen unserer Touren in diesem Gebiet einmal abgesehen. Hier finden sich die meisten Gewerbegebiete und Industrieanlagen der Insel und Ferienanlagen passen nicht so richtig ins Bild. Wer preiswert in der Nähe der Strände wohnen möchte, findet hier einige Angebote.

Eine Besonderheit ist der Ort **El Médano**. Hier sind die Ferienanlagen auf Surfer und Kitesurfer eingerichtet. Neben der Möglichkeit zur Lagerung von Boards und Equipment bieten viele Anlagen auch eine Surfschule. Südlich von El Médano liegen die kleineren Ferienorte Palm-Mar, Las Galletas und der vom Golfplatz dominierte Ort Amarilla.

Bei Los Cristianos beginnt das **Zentrum des Pauschaltourimus** und die Küste bietet bis Costa Adeje ein recht homogenes Bild mit weitgehend geschlossener Bebauung. Durch seinen Hafen gibt es in Los Cristianos schon lange ein touristisches Angebot in eher städtischer Umgebung. Playa de la Américas ist sehr dicht bebaut und durch viele Hotels, Bars und Nachtclubs für Partygänger gut geeignet. In Costa Adeje haben sich einige große, luxuriöse Hotelanlagen angesiedelt, die mit Parks, Gärten und großen Poolanlagen werben.

Im Anschluss daran wird es etwas ruhiger. Der nördliche Ort **La Caleta** ist zwar lange kein Fischerdorf mehr, hat aber ein wenig von seinem Charme erhalten können, obwohl mittlerweile viele Hotels und Appar-

An der Playa las Americas im Süden der Insel

tementanlagen dort angesiedelt sind. Weitere Anlagen sind im Bau, was dem Ort zur Zeit das Flair einer Großbaustelle verleiht.

Auch nördlich von La Caleta bleibt es touristisch, die Infrastruktur ist aber weniger konzentriert. **Playa Paraiso** ist eine Bausünde der 70er-Jahre, dort stehen hohe Hotels inmitten von Ferienanlagen. Playa San Juan ist dann schon etwas kleiner, typischer und ruhiger, auch wenn Ferienwohnungen dominieren.

Bei **Los Gigantes** endet die Bebauung, was vorrangig der riesigen, wahrlich gigantischen Felswand des Teno-Gebirges zu verdanken ist. Der Ort ist geprägt von Apartmentanlagen und Ferienwohnungen, viele davon haben einen spektakulären Blick auf die Küste.

Ruhe und Abgeschiedenheit gibt es im Südwesten aber auch. **Oberhalb von Adeje**, so ab 500 Höhenmetern, finden sich einige Fincas und Ferienhäuser, Bungalows und Feriendomizile weit außerhalb des touristischen Trubels. Es handelt sich um teilweise aufwendig renovierte Fincas in hohen Preiskategorien, aber auch um ältere Häuser und einfach ausgestattete »Finca Rural«, die vergleichsweise preiswert angeboten werden. Allen gemeinsam ist ein toller Blick weit über das Meer auf die Insel La Gomera.

CAÑADAS

Die Cañadas oberhalb der 2.000-Meter-Marke sind eine eigene Welt. Wer meint, hier in der Abgeschiedenheit gebe es keinerlei Unterkünfte, irrt. Inmitten des Nationalparks findet sich das **Hotel Parador**, das nicht nur für Wanderer ein Domizil in der Einsamkeit bietet. Es gibt sogar einige Ferienhäuser im Gebiet Portillo Alto, sehr abgeschieden und einsam. Wer nachts gerne Sterne beobachtet, in absoluter Einsamkeit und weitab von Trubel Urlaub machen möchte, ist hier richtig.

In den hohen Lagen der an die Cañadas angrenzenden Bereiche gibt es alpin geprägte Unterkünfte. Die größte Auswahl hat, mit einigen Ferienhäusern, Wohnungen und Hotels, der Ort **Vilaflor**. Im Norden in Los Llanos oder La Montañeta ist das Angebot deutlich überschaubarer. Auch hier bekommt man eine einfache Unterkunft in sehr einsamer Umgebung. Einige Berghütten liegen auch ganz oben im Orotava-Tal in Aguamansa.

Rund um die Cañadas befinden sich auch die meisten offiziellen Campingplätze der Insel. Sie sind alle in der Corona Forestal etwas unterhalb der Caldera gelegen und müssen über die Website www.centralreservas.tenerife.es reserviert werden. Der Besuch ist auf sieben Tage begrenzt und kostenfrei.

Essen gehen auf Teneriffa

Die kanarische Küche ist eine einfache, deftige Landküche und im Grunde genommen spanisch geprägt. Beeinflusst wird sie durch die kanarischen Ureinwohner und die südamerikanische Kochkultur. Bevorzugt werden gegrillte und frittierte Speisen, das Angebot variiert nach Region. In den Küstenorten werden hauptsächlich Fisch und Meeresfrüchte angeboten, in den höheren Regionen liebt man auch Fleisch und Käse. Als Beilage dominiert die Kartoffel. Und natürlich gibt es im touristischen Zentrum auch Pizza-, Burger- und Döner-Restaurants, die wir hier mal ausklammern.

Generell ist auf Teneriffa die Gastronomie in drei Kategorien unterteilt. Es gibt Guachinchen (rotes Schild mit V), Bars (gelbes Schild mit Bc) und Restaurants (gelbes Schild mit R).

Die **Guachinches** sind eine kanarische Besonderheit. Es handelt sich um Weingüter mit Schanklizenz. Die meist einfachen, aber wunderschön gelegenen Betriebe dürfen aus steuerlichen Gründen auf ihrem Landgut nur ihren eigenen Wein sowie Wasser ausschenken. Dazu werden einige wenige Speisen der Region angeboten, offiziell darf eine Guachinche maximal drei verschiedene Gerichte auf die Speisekarte setzen. Die Preise sind meist moderat – ein Liter Landwein kostet selten mehr als €8. Oft finden sich am Abend auch die Bewohner der Region zusammen, musizieren und singen. Eine solche folklorische Zusammenkunft wird Tenderete genannt. Die kanarische Verwandte der Gitarre, die fünfsaitige Timple, unterstützt dabei den gemeinsamen Gesang. Die Öffnungszeiten der Guanchinches sind sehr begrenzt, oft ist nur am Wochenende abends länger geöffnet. Wenn der eigene Wein verbraucht ist, endet die Saison in einer Guachinche. Wir empfehlen jedem Besucher mindestens einmal im Urlaub den Besuch, typischer kann man auf Teneriffa nicht speisen. Die meisten Guachinches finden sich im Orotava-Tal oberhalb von Puerto de la Cruz, aber auch in den Berglagen bei Icod gibt es einige. Unser Tipp: Guachinche El Miradero, Camino Pino Valois, 35, 38434 Icod de los Vinos, GPS N 28°21'21.0", W 16°41'14.2".

Eine weitere Besonderheit der Gastronomie auf Teneriffa sind die **Tankstellen mit angeschlossener Bar**, die einfache, aber typisch kanarische Speisen und Tapas anbieten. Wer hier essen geht, wird feststellen, dass viele Einheimische das auch tun. Man wird hier preiswert und unkompliziert satt. Unser Tipp ist das Cepsa

El Mirador mit herrlicher Aussicht an der TF-5, bei GPS N 28°23'34.1", W 16°37'07.9".

Bars und Restaurants gibt es in allen Variationen, von einfach bis zum Sterne-Restaurant. Die regionalen Unterschiede sind enorm. Während im Süden in großen Restaurants eher gehobene, an den Ansprüchen der Feriengäste orientierte Küche serviert wird, finden wir im Norden viele einfache, landestypische Restaurants. Die Preise sind dort entsprechend niedriger.

An der Küste locken unzählige Fischrestaurants, die alles auf den Tisch bringen, was aus dem Meer kommt. Auch die typisch spanische Paella wird fast überall angeboten. Den fangfrischen Fisch können wir uns meist an einer Theke selbst aussuchen. In einfachen Restaurants fragt man nach dem Fisch des Tages (pescado del dia). Es finden sich in Touristenregionen aber auch unzählige Grill-Restaurants und Tapas-Bars.

Im Restaurant wird üblicherweise auf Nachfrage vorab ein Brot mit Aioli oder Ähnlichem serviert. Bestellt werden eine Vorspeise (Primero) und die Hauptspeise (Secundo). Typische **Vorspeisen** sind Meeresfrüchte wie Garnelen (Gambas), Napfschnecken (Lapas), frittierter Tintenfisch (Chipirones) sowie gebratener Ziegenkäse (Queso asado), gebratene Paprika (Pimientos de

Papas Arrugadas

Zutaten:

1 kg kleine Kartoffeln (auf dem Markt nach »Papas Bonitas« fragen)
1 Liter Wasser
300 g Salz, am besten selbst geschürft!
[› Tour 11 und 27]

Die Kartoffeln waschen, aber nicht schälen und in einem nicht zu kleinen Topf mit Wasser bedecken, es sollte etwa ein knapper Liter sein. Dann das ganze Salz dazugeben. Das hört sich viel an und das ist es auch, es ist aber richtig. Kleiner Exkurs: Salz hat eine Löslichkeit von 356 Gramm pro Liter, man stellt also genau eine gesättigte Lösung her. Deckel drauflegen!

Dann die Kartoffeln in etwa 20 Minuten gar kochen. Den Deckel abnehmen und ganz kurz, etwa zwei bis drei Minuten, aufkochen lassen. Auf keinen Fall weit einkochen, sonst hat man eine Salzpampe. Das Salzwasser abgießen und die Kartoffeln in einen anderen Behälter umfüllen, das ist wichtig. Beim trocknen bekommen die Kartoffeln dann eine feine Salzkruste.

Kleiner Exkurs zum ursprünglichen Rezept: Kartoffeln sind fast das einzige Lebensmittel, welches in Meerwasser gegart werden kann, deshalb sind sie auf Schiffen so beliebt. Auch auf den Kanaren gibt es mehr Salz- als Süßwasser. Meerwasser hat etwa 35 Gramm Salz pro Liter also eine Sättigung von 3,5 %. Um eine Salzkruste zu erzeugen, muss das Wasser also weiter reduziert werden: auf ein Zehntel, das dauert. Mit der oben genannten Variante mit gesättigter 35 %-Salzlösung geht das viel schneller.

Padrón) oder einfach Schinken und Käse.

Tapas sind übrigens keine Vorspeise. Man verzehrt sie üblicherweise ohne Hauptgericht als Snack zu Bier oder Wein.

Als **Hauptspeise** sind Fleisch- oder Fischgerichte beliebt, die üblicherweise mit Kartoffeln serviert werden. Zur Auswahl stehen meist die kanarischen Schrumpelkartoffeln (Papas Arrugadas) oder Pommes Frites (Papas Fritas). Dazu gibt es die typischen Mojo-Saucen in rot und grün. In viel von Einheimischen besuchten Restaurants werden die Gerichte oft auf einer großen Platte zum gemeinsamen Essen serviert.

Als **Nachspeise** (Postres) sind neben klassischen internationalen Nachspeisen die kanarische Spezialität »Polvito Uruguayo« sowie verschiedene Variationen von Gofio-Honig Mischungen beliebt. Besonderheiten der kanarischen Küche sind in der Einleitung unter »Spezialitäten« zu finden. Zwei Rezepte verraten wir auf diesen Seiten, um diese im Ferienhaus oder nach dem Urlaub zu Hause nachkochen zu können.

Nach dem Essen werden auch gerne **Kaffeespezialitäten** gereicht. Üblich ist Milchkaffee. Er wird in verschiedenen Variationen angeboten. Cortado natural ist Espresso mit Milch, Cortado leche y leche ein Espresso mit gesüßter Kondensmilch und ein Barraquito (regional auch Zaperoco) ist ein Espresso mit Milch und Likör, üblicherweise Licor 43.

Zum **Trinken** gibt es Wasser (agua) mit (con gas) oder ohne Kohlensäure (natural). Bier und Wein sind sehr beliebt, wobei wir einheimische Sorten empfehlen. Der lokale Wein kommt zum großen Teil aus dem Orotava-Tal oder von der Nachbar-

insel Lanzarote. Sie finden aber auch überall Weine aus Kontinentaleuropa, spanische Weine natürlich bevorzugt. Ein Hauswein (vino de la casa) ist empfehlenswert, preiswert, üblicherweise lokal und wird in Karaffen ab einem Viertelliter (cuarto litro) angeboten.

Ein Bier zu bestellen, ist komplexer, als man sich vorstellt. Der Satz »Una cerveza, por favor«, den man vielleicht für den Urlaub gelernt hat, wird von den Einheimischen eigentlich nie verwendet. Er ist viel zu unspezifisch. Es gibt auf den Kanaren nämlich viele Möglichkeiten, ein Bier zu trinken. Die Formulierungen variieren, je nachdem wie viel Bier wir trinken möchten und in welchem Gefäß es serviert wird. Bier von Fass bestellt man als kleines Bier (caña) oder als großes Bier (jarra). Bier aus der Flasche (cerveza de botella) gibt es in der 0,2-Liter (botellín) oder 0,3-Liter-Flasche (tercio). Wer einfach nur »cerveza« bestellt, bekommt üblicherweise Flaschenbier. Ein Radler heißt Clara und ein alkoholfreies Bier nennt man einfach »sin« (ohne).

Wie alle Südländer essen auch die Canarios sehr spät. Wer bereits um 18 Uhr ankommt, wird teilweise vor verschlossenen Türen stehen und auch um 19 Uhr isst man dann meist allein oder unter Feriengästen. Essen nach 21 Uhr ist nicht unüblich.

In allen Restaurants trifft man auf sehr kinderfreundliches Personal. Auch die anderen Gäste stören sich nicht an spielenden Kindern, die noch zu später Stunde im Restaurant umhertollen. Das ist völlig normal und gehört zum Lebensstil der Canarios.

Polivito Uruguayo

Zutaten für 4 Gläser:

400 – 500 g Kekse (»Maria« oder «Digestive«)

1 Packung Baiser (»suspiros de moya«)

1 Dose/Glas »Dulce de Leche«

800 ml Schlagsahne

60 – 80 g Butter (optional)

Die Kekse zerkleinern, gerne mit Stabmixer oder Küchenmaschine, bis nur noch kleine Krümel vorhanden sind. Wer einen etwas festeren Boden möchte, kann nun etwa die Hälfte der Krümel mit der Butter (Zimmertemperatur) vermengen und in die Gläser füllen.

Wir zerbroseln das Baiser zu maximal 1-Centgroßen Stücken und vermischen diese mit den (restlichen) Kekskrümeln. Dann schlagen wir die Sahne und beginnen mit der Schichtung. Immer in der gleichen Reihenfolge füllen wir ins Glas:

- feine Schicht des Keks-Baiser-Gemisches
- ½ – 1 Teelöffel Dulce de Leche
- mit Schlagsahne bedecken

Das wiederholen wir, bis eine der Zutaten verbraucht ist oder die Gläser voll sind. Wichtig ist, dass die oberste Schicht aus Sahne besteht.

Die restlichen Keks- und Baiserkrümel werden zur Deko über den Nachtisch gestreut. Wer möchte, kann auch Dulce de Leche oder Kakaopulver zum Verzieren benutzen. Der Nachtisch kann direkt serviert oder im Kühlschrank aufbewahrt werden.

Variante: Einige mögen den Polvito Uruguayo mit einer leichten Zitronennote. Dafür kann man Baiser mit Zitronenaroma (in vielen Supermärkten erhältlich) oder zusätzlich Zitronenzesten nutzen.

Besondere Aussprache:

LL = j (z.B. lleno = jeno / voll)

Ñ = nj (z.B. montaña = montanja / Berg)

J = ch (z.B. jarra = charra / großes Bier vom Fass)

Das Wichtigste

Danke ....gracias

Bitte (Höflichkeit)............por favor

Bitte (Erwiderung) ....de nada / encantada

Entschuldigung...................perdón

Es tut mir Leid.................lo siento

ja .... sí

nein .... no

vielleicht ....quizás

ok ....vale

Restaurant und Speisekarte

Speisekarte ....la carta / ....el menú

Ein Tisch für vier.......una mesa para Personen, bitte......cuatro personas, por favor

Getränke ....bebidas / para tomar

trinken ....tomar / beber

Wasser ....agua

mit Kohlensäure.................con gas

ohne Kohlensäure................sin gas

kalt .... frio

ungekühlt ....del tiempo

Rotwein .... vino tinto

Weißwein .... vino blanco

Rosewein..................... vino rosado

Bier .... cerveza

kleines Bier von Fass .... caña

großes Bier von Fass...............jarra

Apfelsaft.............zumo de manzana

Orangensaft ....zumo de naranja

Kaffee (schwarz) ....café (solo)

kl. Milchkaffee...................cortado

kl. Milchkaffee.............................

- mit Kondensmilch .... cortado leche
- mit Sahne, Zimt ....barraquito und Likör 43 ... (zaperoco) con licor

Schwarztee................................té

Kräutertee........................infusión

Schnaps ....chupito

Flasche ....botella

Glas........................... copa / vaso

ein Viertel (Liter Wein) .... un cuarto (litro de vino ...)

ein halber (Liter Wein).................... .... un medio (litro de vino ...)

Eiswürfel.............(cubitos de) hielo

Nachbestellen .... otra vez, (Bier/Wein) .... por favor

Vorspeisen (entradas) und Tapas

Brot mit Alioli........... pan con alioli

Butter.........................mantequilla

Oliven............................ aceitunas

Garnelen .... gambas

im Knoblauchsud................al ajillo

kl. gekochte Garnelen......camarones

Napfschnecken...................... lapas

frittierter Tintenfisch ...... chipirones

Tintenfisch ....pulpo

Bastardmakrele ....chicharro

gegrillte Paprika .. pimientos padron

Käse .... queso

(gegrillt / frittiert) .... (asado / frito)

Schinken .... jamon serrano

Fleischbällchen............. albóndigas

Runzelkartoffeln ....papas arrugadas

rote Paprikasauce............ mojo rojo

grüne Petersiliensauce.... mojo verde

Hauptspeisen .... platos

Fisch ....pescados

Fisch des Tages ....pescado del dia

Zackenbarsch....................... cherne

Seehecht..........................merluza

Muräne (frittiert).........morena frita

Thunfisch ....atun / bonito

Tintenfisch (weiß, gebraten) .... chocos

Tintenfisch (rot, gekocht)...........pulpo (cocido)

Calamares.......................calamares

Paella .... paella
- mit Meeresfrüchten...........marisco

Fleisch .... carnes

Kaninchen........ conejo en salmorejo

Ziegenfleisch .... carne cabra

Festtagsfleisch .... carne fiesta
Schweinefilet .... secreto
Schnitzel......................... escalope
- vom Schwein ..... escalope de cerdo
- Hähnchen .... escalope de pollo
- Kalb .... escalope de ternera
- Wiener Art ... escalope a la milanesa
Rinderfilet................solmillo de res
Rumpsteak .... entrecot de res
Schweinekotelett ... chuleta de cerdo
Spare ribs.........................costillas
(halbes) Hähnchen ......(medio) pollo

Beilagen...................guarniciones
Pommes Frites ....papas fritas
Kartoffeln ....papas
Kroketten........................croquetas
Süßkartoffel....................... batata
Reis......................................arroz
Suppe .... sopa
Gemüse.............................verduras

Essen .... comida
essen.................................. comer
halbe Portion .... medio racion
Teller..................................el plato
Platte (zum gemeinsam essen).........
.... a bandeja (para picar)
Besteck...........................cubierto
Messer ....cuchillo
Gabel.................................tenedor
Löffel ....cuchara

Salate .... ensaladas
gemischter Salat .... ensalada
.... mixta (con)
Kopfsalat ....lechuga
Tomate...............................tomate
Gurke................................. pepino
Avocado .... aguacate
Mais .... maíz
Paprika .... pimiento
Oliven........................... aceitunas
Ei .... huevo
Thunfisch .... atún
Salz...sal
Pfeffer............................ pimienta
Olivenöl .... aceite de oliva

Essig .... vinagre

Nachspeisen ....postres
Tiramisu...........................tiramisu
Mousse au chocolat......... mousse de
chocolate
Eis..................................... helado
(süßer) Pudding .... flan
Die Rechnung bitte ....
.......................la cuenta, por favor
mit Karte zahlen .... con tarjeta

Verkehr
Tankstelle .... gasolinera
voll ....lleno
Führerschein.......................permiso
Werkstatt............................. taller
Autobahn .... autopista
Ausfahrt .... salida
Parkplatz ....aparcamiento
frei.. libre
besetzt............................. ocupado
Bus.....................................guagua
Bushaltestelle .... parada

Im Gelände
wandern............................caminar
Wanderweg.........................sendero
Weg.................................. camino
Straße ....calle / avenida
Berg .... montaña
Fels .... roque / roca
Schlucht .... barranco
Strand .... playa
Meer.. mar
Ebene ....llano
Haus....................................... casa
Bauernhof .... finca
Quelle................................ fuente
Wasserkanal........................ galeria
Tunnel .... tunél
Brücke .... puente
Höhle .... cueva
klettern .... escalar
abseilen...................... hacer rappel

Torben Andersen
ist selbständiger Immobilienverwalter, lebt in Flensburg und verbringt seit über 25 Jahren jede freie Woche in seiner zweiten Heimat Icod de los Vinos auf Teneriffa. Zusammen mit seiner Frau Sabrina und den Kindern Kjell und Smilla ist er ständig auf der Suche nach neuen, noch unbekannten Winkeln auf »seiner« Insel. Außer mit Wandern verbringt Familie Andersen ihre freie Zeit gerne am Fels beim Klettern und am Meer. Mit diesem Buch möchten sie Reisende mit Kindern in die schönsten Ecken der Insel begleiten.

Alexander Ramin
ist Torbens Bonus-Vater und außerdem Reisebuchautor. Er lebt in Tornesch in Norddeutschland und liebt Inseln mitten im Atlantik. Ob nun Island ganz im Norden oder Teneriffa sehr viel weiter im Süden – beides sind für ihn Traumziele. Das Buch »Mit dem Wohnmobil nach Island« ist sein erster Reiseführer und die Arbeit daran hat ihn begeistert. Mit diesem Wanderführer für Familien ist nun seine zweite Lieblingsinsel an der Reihe. Alexander und seine Frau Jutta wandern gerne durch einsame Landschaften und sind mit Paddelboot oder Wohnmobil unterwegs.

Mehr Infos über die Insel und die Autoren gibt es auf der Seite www.teneriffa-mit-kindern.de. Über weitere Reisen berichtet Alexander auf dem Reiseblog »Going Places« unter www.ramin-urlaub.blogspot.com und dem YouTube-Kanal »Alexander Ramin«. Dort gibt es auch Videos zu einigen Wanderungen aus diesem Buch. Unter der Adresse **info@teneriffa-mit-kindern.de** sind die Autoren auch per Mail erreichbar.

Das größte Dankeschön gilt Kjell und Smilla, dafür dass sie auf all den vielen Wanderungen meistens gut gelaunt und mit viel Energie mitgeholfen haben, dass dieses Buch erscheinen kann. Ein großer Dank gilt unseren Frauen Jutta und Sabrina, für die Unterstützung während der Wanderungen und des Schreibens dieses Buches. Danke auch den weiteren Wanderbegleitern Miriam und Björn Andersen und den vielen anderen Tippgebern und Testwanderern.

1. Auflage, März 2022

Naturzeit Reiseverlag e.K.
82288 Kottgeisering
www.naturzeit-verlag.de
info@naturzeit-verlag.de

Vertrieb: Geo Center, 70794 Filderstadt

Satz und Gestaltung: designbuero Holtkamp

Lektorat: Stefanie Holtkamp, Lena Marie Hahn

Druck: Druckerei Louis Hofmann, 96242 Sonnefeld, www.lh-druckerei.de. Gedruckt auf Papier aus nachhaltiger Waldwirtschaft.

Karten: Jonathan Holtkamp, Geoinformationen ©OpenStreetMap-Mitwirkende (www.openstreetmap.org/copyright), Höheninformationen ©MDT05 und MDT25 2021 CC-BY 4.0 Instituto Geográfico Nacional (centrodedescargas.cnig.es)

GPS-Daten: GPX321TE329

Bildnachweis:

Bildagentur Adobe Stock: Seite 249 ©YamMo

Bildagentur iStock: Seite 69 Fischadler ©Ian Cale, Seite 69 Pardela ©Stu Weiss, Seite 250 Hammerhai ©abadonian, Seite 251 Potugiesische Galeere ©Idania le Vexier

Turismo de Tenerife: Seite 13, 104, 106-107, 113, 199.

Alle weiteren Fotos: Alexander Ramin und Torben Andersen

Illustrationen: Stefanie Holtkamp

ISBN 978-3-944378-32-9

klimaneutrales Druckerzeugnis | durch CO_2-Ausgleich | www.natureoffice.com/DE-928-KR3ET8T

Mehr Natur, mehr Abenteuer, mehr Erholung …

Weitere Ziele für erlebnisreiche Familienferien zwischen Wasser, Wald, Bergen und Meer gibt es in diesen Bänden der Buchreihe *Naturzeit mit Kindern*.

Damaris Weiss

Naturzeit mit Kindern: Mallorca

Harsche Klippen, duftende Pinienwälder, malerische Dörfer und weite Strände – Mallorca hat tolle Plätze für jeden Geschmack. Familien können hier Sonne und Sand am Mittelmeer genießen, aber auch mit unseren Wanderabenteuern die stilleren Winkel der Insel erkunden. Unsere Streifzüge führen am Meer entlang, vorbei an Piratenwachtürmen und mittelalterlichen Burgen, zu magischen Quellen und skurril geformten Felsen, hinab in Höhlen und in die Berge.

1. Auflage 2021, 264 Seiten, **€ 18,00**
ISBN 978-3-944378-30-5

Eva Wieners

Naturzeit mit Kindern: Soca und Triglav-Nationalpark

Das türkisblaue Wasser der Soca, glasklare Bergseen, Wasser-fälle, Almen mit Kühen und Schafen und raue Karstlandschaften in den Bergen – der Triglav Nationalpark hat viele Facetten. Schwankende Flussbrücken, kleine Kletterpassagen und schmale Bergsteige machen das Wandern in den Bergen Sloweniens auch für Kinder spannend. Eine Pause an einem der zahlreichen Bäche bietet die Gelegenheit zum Planschen und Füße kühlen. Einige Flüsse und die Seen im Nationalpark kann man aber auch mit Raft, Kajak oder SUP erkunden.

1. Auflage Mai 2022, 288 Seiten, **€ 18,00**
ISBN 978-3944378-34-3

Alle weiteren Titel der Reihe und eine Leseprobe zu jedem Buch unter

www.naturzeit-verlag.de

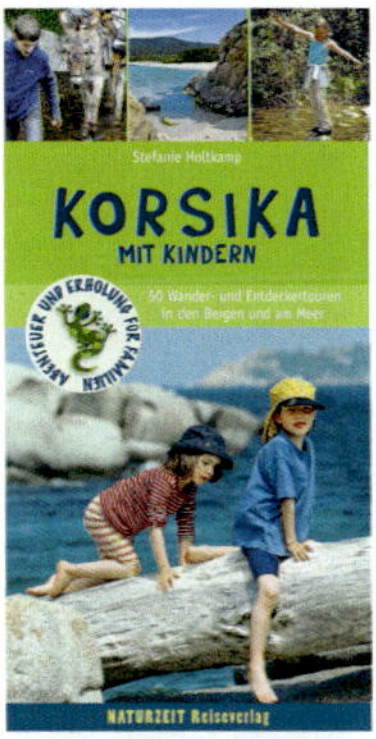

ISBN 978-3-944378-17-6 4. Auflage 2018, **€ 17,90**

ISBN 978-3-944378-11-4 Auflage 2020, **€ 16,90**

ISBN 978-3-944378-19-0 1. Auflage 2019, **€ 17,90**

ISBN 978-3-944378-18-3 3. Auflage 2018, **€ 19,90**

ISBN 978-3-944378-15-2 1. Auflage 2017, **€ 17,90**

ISBN 978-3-944378-20-6 1. Auflage 2019, **€ 19,90**

Regina Stockmann, Stefanie Holtkamp, Johanna Kraus

Trekkingträume für Familien

Vom Mikroabenteuer zur Trekkingtour

Gemeinsam raus in die Natur. Weit weg vom Lärm der Zivilisation, der Alltagshektik und vom Überfluss. Sich nur noch um elementare Dinge kümmern und ein bisschen langsamer leben. Draußen sein, kleine Abenteuer erleben, Neues entdecken, in die Sterne gucken, näher zusammenrücken und als Familie ganz viel Zeit miteinander verbringen.

Für Outdoor-Anfänger und erfahrene Outdoor-Fans, die vor der Herausforderung stehen, ihr liebstes Hobby mit ihren Kindern zu teilen.

1. Auflage 2020, 384 Seiten, **€ 19,90**
ISBN 978-3944378-25-1

Naturzeit in Deutschland und Österreich

ISBN 978-3-944378-31-2
3. Auflage 2021, **€ 18,00**

ISBN 978-3-944378-28-2
1. Auflage 2021, **€ 18,00**

ISBN 978-3-944378-29-9
1. Auflage 2021, **€ 18,00**

ISBN 978-3-944378-14-5
2. Auflage 2020, **€ 15,90**

ISBN 978-3-944378-37-4
3. Auflage 2022, **€ 17,00**

ISBN 978-3-944378-36-7
2. Auflage 2022, **€ 19,00**

Lisa Edelhäußer

Naturzeit mit Kindern: Fränkische Alb

Bizarre Felsformationen, Höhlen und liebliche Flusstäler – die Vielfalt der Landschaft in der Fränkischen Alb ist einfach einmalig. Ob beim Klettern und Kraxeln an Felsblöcken und auf Klettersteigen, beim Wandern zu Quellen, Höhlen und Berggipfeln oder einer gemütlichen Radtour am Flussufer – große und kleine Entdecker*innen kommen hier voll auf ihre Kosten. Einige Flüsse können wir auch mit dem Kanu erkunden und an vielen Wanderrouten gibt es Spielplätze oder spannende Stationen, die jede Menge Abwechslung und Familienspaß bieten.

1. Auflage Mai 2022, 288 Seiten, **€ 18,00**
ISBN 978-3-944378-35-0

Regina Stockmann

Alles bleibt anders

Mit Kindern auf Abenteuer-Reisen

»Alles bleibt anders« erzählt von Familienreisen im Campingbus, mehrtägigen Trekkingtouren in Norwegen und im Val Grande, einer Kanufahrt auf der Loire und ersten Fernreisen nach Marokko und Südafrika. Ein Buch, das outdoorbegeisterten Eltern Spaß und Mut macht, Ideen liefert, Erfahrungen teilt und zum Reise-Träumen und Reise-Planen anregt.

ISBN 978-3-944378-12-1, **€ 15,90**

Stefanie Holtkamp

Naturzeit mit Kindern: Wie ihr aus einer Wanderung ein Kinder-Abenteuer macht

eBook im pdf-Format,
optimiert für Handy und Tablet
ISBN 978-3-944378-99-2
Mai 2021, € 7,99

Ihr wollt hinaus in die Natur und eure Kids sollen mit?

Wenn ihr eure Kinder fürs Wandern begeistern wollt, geht mit ihnen Felsen klettern, durchs Wasser waten, balancieren, kleine Schätze finden und Tiere beobachten. So wird die Natur für Kids zum Spielplatz und eure Wanderung zum spannenden Mikroabenteuer, das die ganze Familie stärkt und zu einem guten Team zusammenschweißt. Geht gemeinsam hinaus, erforscht die Welt und erlebt Abenteuer!

- **Basis-Know-How zum Wandern mit Kindern:** Was geht auch mit den Kleinsten, wie motiviert ihr große Kids, Gehzeiten und Höhenmeter, die richtigen Wege, Ausrüstung für Wanderfamilien, Orientierung im Gelände.
- Ideen für Kinder-Wanderabenteuer.
- Wanderspiele und Spiele im Wald und am Wasser.
- Kleine Auszeit: Tipps für ein Familien-Wochenende in der Natur.
- Naturwissen für Wander-Kids.

Alle weiteren Titel der Reihe und eine Leseprobe zu jedem Buch unter
www.naturzeit-verlag.de

TENERIFFA

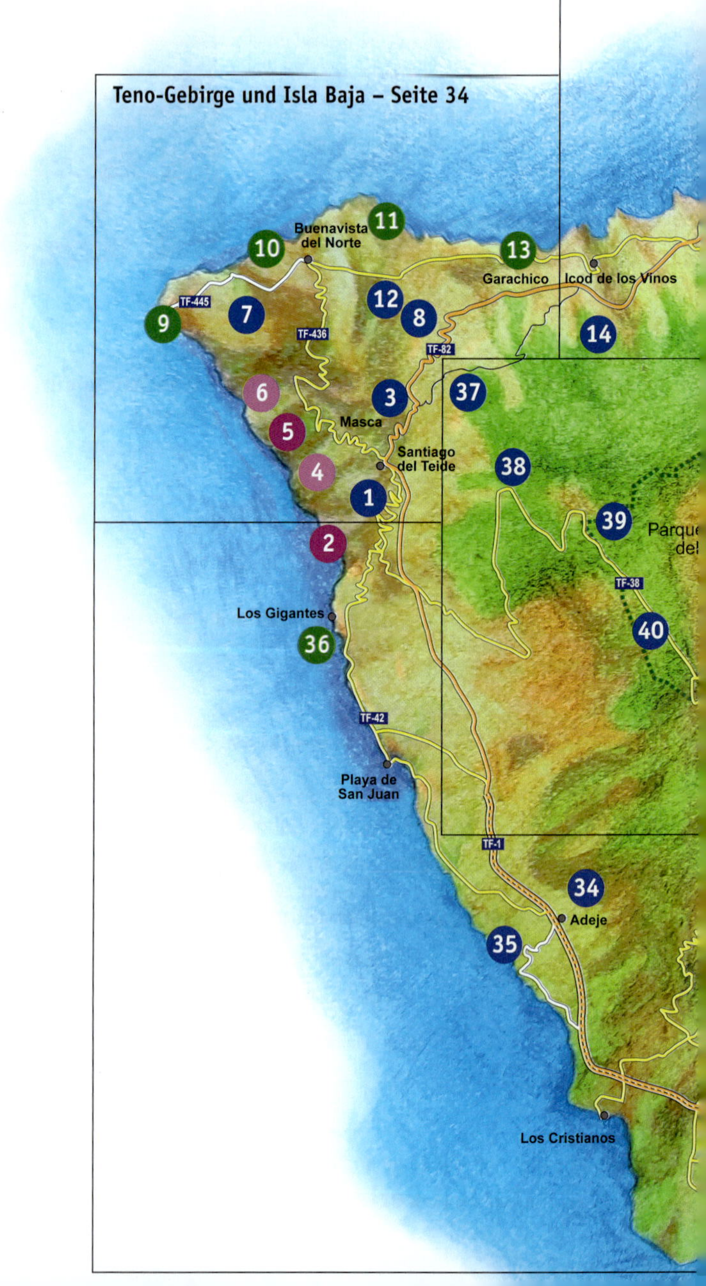
Teno-Gebirge und Isla Baja – Seite 34
Buenavista del Norte
Garachico
Icod de los Vinos
TF-445
TF-436
TF-82
Masca
Santiago del Teide
Los Gigantes
TF-42
Playa de San Juan
TF-1
TF-38
Adeje
Los Cristianos
11
10
13
9
7
12
8
14
6
3
37
5
4
38
1
39
2
40
36
34
35